U0113795

【文史资料百部经典文库】

全国政协文化文史和学习委员会 编

HUIYI CAOJUREN

回忆 曹聚仁

上海市政协文史资料委员会
上海鲁迅纪念馆 编

中国文史出版社

曹聚仁

20世纪20年代在上海

20世纪30年代初在上海

20世纪30年代在上海

曹聚仁与邓珂云合影

抗战初期当战地记者时

1956年与母亲摄于上海

1956年回京参观与邵力子先生摄于北京

1956年摄于鲁迅墓前

1957年赴赣参观时摄于庐山

1957年与香港作家送萧红骨灰至广州（左二为曹聚仁）

1957年与邓珂云摄于庐山

1958年4月与曹雷摄于上海大厦

1958年赴冀参观摄于河北农村

1958年回沪参观摄于上海闵行新区

1959年深秋全家
摄于上海

20世纪60年代摄于香港

20世纪60年代末
摄于香港宅中（时大
病后）

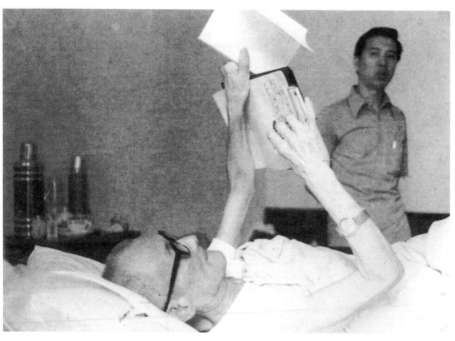

1972年病中写稿（摄于澳门镜湖医院病房）

鲁迅1933年9月7日致曹聚仁信手迹。曹聚仁请人将此信按手迹制成锌版，使得信的内容和真迹得以留存（原信已不存）。1981年版《鲁迅全集》及《鲁迅手稿全集》均据此锌版录制。锌版现存于上海鲁迅纪念馆内之曹聚仁专库。

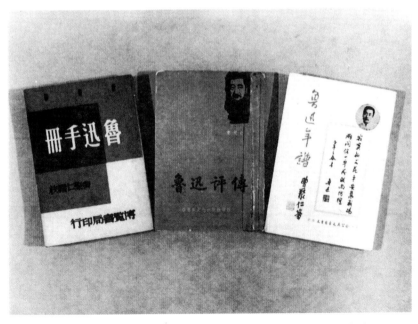

编著的《鲁迅手册》、港版《鲁迅评传》和《鲁迅年谱》书影

致曹雷信手迹（部分），文见本书《寄雷女》

CONTENTS 目 录

目 录 CONTENTS

目 录 CONTENTS

回　忆

回忆曹聚仁

HUIYI CAOJUREN

文 史 资 料

百部经典文库

怀曹聚仁

夏　衍

　　曹聚仁和我同年，也是20世纪的同龄人。五四运动那一年，我们都是中学生，不过，他在浙江第一师范，我在甲种工业学校。浙江第一师范，是和长沙湖南第一师范齐名的进步学校。校长是经亨颐，教员中有前后"四金刚"，前"四金刚"是陈望道、李次九、刘大白和夏丏尊；后"四金刚"是朱自清、俞平伯、刘延陵和王祺。还有知名的李叔同（弘一法师）和朴学家单不庵。

　　曹聚仁是单不庵的得意门生，单不庵对他的早期思想有很大的影响。在五四运动时期，第一师范是浙江最进步的学校。但是，据我记忆，当我和浙江第一师范的学生施存统等人办《双十》和《浙江新潮》的时候，他没有参加。他读了许多书，在单不庵的影响下，他对于朴学，对于乾嘉学派的考据之学，有了很大的兴趣。

　　我们这一辈人通过五四运动，向往科学与民主，曹聚仁却是独辟蹊径，他从朴学的角度，正视当时那个半封建半殖民地的社会。他研究中国的哲学和历史，他自称接受了老庄的影响，但我看，他对世事并不"逍遥"，他没有出世，他始终是一个热烈的爱国主义者。

　　1920年，我们都到了上海，我们都穿上了中山装和西装，他却一直穿着那一件蓝布长衫。

　　他的旧学根底比我们强得多，才二十二三岁的人，就把章太炎的演讲整理出一部《国学概论》来，对那样的年纪来说，是很不简单的事。他教书，办杂志，当记者，特别是抗战一开始他就穿上军装当记者，那真是再入世不过的了。

　　他不参加任何党派，但和"左"、右两方面都保持着个人的友谊，都有朋友，虽然爱独来独往，但他基本上是倾向于进步和革命的。

　　他和鲁迅有着良好的关系，常有来往，常通书信。他办《涛声》，鲁迅替他写文章；他和陈望道、徐懋庸合办《太白》《芒种》，鲁迅替他们写文章；他和陈望道等七人提倡"大众语运动"，鲁迅更替他们写了好些篇重要的文章。抗战时期，宋云彬在桂林编了《鲁迅语录》后问曹聚仁："为什么鲁迅文章中没有骂你的？"这是事实，鲁迅从来没有在文章中骂过曹聚仁。

　　曹聚仁50年代在香港出过《鲁迅评传》，60年代又出过《鲁迅年谱》，还因此受过"左"派的批评。他说，30年代初期他在上海和鲁迅谈到，如果替鲁迅写传记，"与其把你写成为一个'神'，不如写成为一个'人'的好。"曹聚仁这两部书我都没有看过，但他这"神不如人"的议论，我却认为说得有道理。

　　曹聚仁常挨骂，一是因为他自比乌鸦。在上海办《涛声》时，他用了乌鸦做标记，意思是报忧不报喜，在当时来说，国难当头，报国家民族之忧，报国计民生之忧，并没有什么不对。

　　后来到了香港，50年代中期他开始了一次又一次"北行"，前后六次，最北一直到了鸭绿江边。他是以新加坡《南洋商报》驻香港特派记者的身份"北行"采访。在北京他对朋友说，现在要做喜鹊，不做乌鸦了。这是真话，他的确在海外侨报上说了许多新中国的好话。

　　1950年他刚由上海到香港，发表《南来篇》，写了一句"我从光明中来"，于是右派骂他。后来他把新中国和蒋经国当年的"新赣南"相比，又以《门外谈兵》评说朝鲜战争，又挨了"左"派的骂。陈毅同志对我说过，曹聚仁偶发怪论，但是他的用心是好的。

　　据我所知，第一个在海外华文报纸上为新中国系统地作爱国主义宣传的，是曹聚仁。他写了大量的报道和通讯，出了《北行小语》《北行二语》《北行三语》《人事新语》《万里行记》等书。

在他七十二年的生命中，新闻工作几乎占了一半。他曾以中央社记者的身份，到过台儿庄。事后对人说，蒋介石的嫡系部队多半抗战不力，真正打仗的是非嫡系的地方部队。从这里可以多少看到他的原则：客观真实。后来他到赣州替蒋经国办过《正气日报》，也到上饶参加过宦乡主办的《前线日报》的工作。抗战胜利后，他在上海办过短暂的《前线日报》，在大学教过新闻课程。新中国成立后他"南飞"香港，替海外报纸工作，还协助林霭民办《循环日报》《正午报》，直到生命的结束，前后计三十余年。

他的一生，学者、作家、记者，以记者生涯最长。

他在旧学方面的著作中，死后出版的《中国学术思想史随笔》是重要的一部。他的学识渊博而深厚。他记忆力很好，许多前人的议论都不是照引古书原文，而是凭记忆写下的。不过，这也成了一个缺点，使得后人不能作为准确的引述根据。

他的文学作品早年有《文心》式的《笔端》《文思》《文笔散策》等。晚年有章回体小说《秦淮感旧录》（写国共和谈期间的南京），还有《酒店》（写新中国成立之初跑到香港去的"过气官僚"和舞女生活）。这些小说我都没有看过。

我倒是看过他一些诗，是从他的文章中看到的。他的诗主要是旧体，也没有出过集子。较有印象的一首是：

迷茫夜色出长栏，白发慈亲相对看；

话绪无端环如茧，泪澜初溢急于汍！

抚肩小语问肥瘦，捻袖轻呼计暖寒；

长笛一声车去也，四百八秒历辛酸！

诗题较长：《戊戌仲秋，自京归沪，夜过下关车站，老母夜半相候，历更次相见，仅八分钟即别去，感赋一律》。戊戌是1959年，下关车站在南京，八分钟合四百八十秒。他为什么赶得这么急？主要不是为了"归沪"，恐怕是为了返港，可能有些新闻工作以外的事要赶着回去办。这就难为了老母亲了。这是充满了感人的亲子之情的诗篇。

说到新闻工作以外的事，有一个时期他很有兴趣于促成海峡两岸和解与祖国和平统一。一次周总理对我说："曹聚仁真是书生，他想说服蒋经国学张学良，要台湾像当年的东北一样'易帜'，他把复杂的政治问题看得太简单了。"他是书生，但毕竟是有志报国的书生。

我曾在《懒寻旧梦录》中替他说过几句公道话，认为他骨头是硬的，晚节是好的。

在香港那样复杂的环境中，他能二十多年不改其志地坚持爱国，是不容易的事，是当得上晚节可风的赞誉的。

他1972年病逝于澳门。岁月匆匆，今年是他的二十周年祭。写下这些，既是对上海教育出版社为他新出版的遗著《论杜诗及其他》作代序，也算是对这位爱国主义者、民主主义者的一点纪念吧。

（1992年1月）

现代东方一但丁

—— 陪伴先兄南行记事

曹 艺

半个世纪来，家兄曹聚仁一直在文坛上被视为一个"谜样的人生、谜样的人物"的怪人。尤其是他于1950年8月，离开上海的家人，跑到香港去，更加增加世人的猜疑。

那个年头，中国大陆，新中国建立未久，新政权才开始站住脚跟，他这位在上海滩上颇有点名望的知识分子，突然离开大陆，往国门之外跑，是个敏感的问题；而他到香港后，在香港发行量颇大的《星岛日报》开辟了《南行篇》的专栏文章，开宗明义头一句话，说："我从光明中来"，就更让人们摸不着头脑了。

一句"我从光明中来"，激起千重浪，台湾当局下令给他们设在香港以及南洋各埠的御用舆论机器，总动员起来对曹聚仁实施围剿、讨伐，延续达五个多月。香港某报资料室的一位小姐，为他设立了专门档案，剪报文章接近千篇。而"左"派在香港的出版物，同样对之冷嘲热讽，斥责谩骂得更为激烈狠毒，为时也持久不衰。《周末报》很有代表性，于1950年11月14日，刊出《赠乌鸦》七律，仿鲁迅的《无题》诗改成："惯投显贵过春时，颂主心劳鬓有丝；梦里模糊奴才相，文坛高插×龙旗。笑看志士成新鬼，跪向刀从献颂诗。吟罢请封多赏赐,骨头有血染绸衣。"而曹聚仁在左右责难中我行我素,仍旧在香港卖文度日,"曹聚仁之谜"自然更令人如堕五里雾中,捉摸不清了。

笔者是当年伴他南行的唯一亲人。由于笔者前一年有幸参加人民解放军第二野战军后方勤务部的行列,从南京渡江,解放大西南。四川解放后,笔者在改编为西南军区后勤部办的后勤学校任职。办完一期训练班后,奉假东下省亲,顺便接受敌工部老领导的指示,南行策动原联合勤务总司令部几位老上司起义回大陆投向人民。途经上海,乘机看望胞兄曹聚仁。眼看他肩负着一家七口,在解放了一年的上海滩上,尚无固定工作,卖文章出路不宽,一切都在待价而沽阶段。一家人嗷嗷待哺,可靠的收入只有东南亚几家华文报纸给的通讯文稿的稿费。守株待兔的窘态下,正在组织一家人,剪剪贴贴,在编辑一种新词典,准备卖点版权作济急之需。为要过一个比较安定的日子,他正在采纳几位南洋学生的建议,走出国门,去就某报的总编职位。兹事体大,不能草率从事,他向京沪各方师友,投石问路,尚未接到什么不良的回音。看见笔者有南行一转的打算,触动了他的决心,对笔者透露衷曲,表示想趁笔者的这阵东风,走出国门,去"乘桴浮于海"。于是说走便走,两人打点了行装,购到火车票便束装就道(那时从上海往返香港手续简单,没有什么限制)。

天气热,火车上并不拥挤。兄弟俩难得有这样携手同车的长途旅行机会。每逢车抵大站,停下车来,哥哥几乎一次不漏地端起他那个特大搪瓷茶杯,上月台去买白米稀饭。笔者羡慕钦佩他那吃粥的好胃口,百吃不厌!那年头,火车停站,月台上和车站栅栏侧边,都有站里或小贩的白米稀饭出售,秩序井然,看起来也还清洁卫生。一路坐到广州,两人有说有笑,并不感觉过分疲乏。

反正我俩这次南行,并无时间限制,到广州站下得车来,忽然谈起黄埔军校,笔者很想看看新中国成立后的军校状况。哥哥则本着他那新闻记者的习惯,兴致勃勃地愿意同去走走。

很容易地从陆路到了黄埔,岛上驻有少量人民解放军和级别不高的政府机关，一片寻常乡镇景象，我们也没有任何准备，不便进去深入访问，只环岛巡回，遥望近观原来的营房、操场、礼堂、教室、宿舍和辕门景物，物是人非，不免产生淡淡的沧桑之感。两人任意谈论，很自然地谈到这儿虽然是蒋介石的发祥之地，可更加是孙中山领导两党合作的产物。几十年中，国共两党驰驱疆场的风云人物，有几个不是从这儿脱颖而出的英雄好汉！我们兄弟俩感慨于蒋介石这个枭雄的自掘坟墓，毋宁更加向往于廖仲恺邓演达的英烈楷模。笔者生也晚，未能早一步进入黄埔，没有亲聆到周恩来主任的训导和一大批共产党教官的政治熏陶而引以为憾。哥哥却突发高论，他说："既然孙中山能创建两党合作的革命黄埔，你们黄埔学生也应当完成两党合建的中国；孙中山率领黄埔学生，东征北伐以武力统一中国，然而他同时挺身北上，身体力行地争取从谈判桌上统一中华。你们黄埔学生，各为其党，流够了血，没有完成全国统一的任务，今后能不能够发扬你们黄埔的'亲爱精诚'的校训精神，先把散布在全世界各地的黄埔种子团结起来，抛开党见，团结一致，把祖国统一起来呢？不知道你们黄埔学校是否学过战场上和谈判桌上相辅相成的道理？人世间，战争是经常出现的，但无论哪一场战争，最后总是用议和来宣告结束，战争和议和，貌似相反，而实相成。国共党人以相帮相助开始打交道，接下去势不两立地打了多少年，为了共同对外，携手抗日。又中道化离，翻脸为仇。大陆都统一了，海岛一隅，却依旧是金瓯之缺。中国人相信合久必分，分久必合，这实际上也是辩证法，历史趋向和人民意愿都向往和平、向往统一，你们这些黄埔学生，在战和问题上，该挑起仔肩了。"他触景生情，一向以书生、土老儿自赏的人，突然发出异常关心国家民族的议论，笔者听了初觉突然，细想又觉自然。但没有想到这是他这次南行埋藏在内心深处的主导思想。

离开黄埔回到广州，不作停留便车到深圳，准备辞别国门。深圳，这个祖国的南大门，荒草离离，房舍零落，几家小店铺，几家餐旅社，组成一条小街道。使笔者回忆起印度边境"列多"那个小镇，何其神似？！乞丐、小扒手、黑帮小喽啰踯躅街次，一双双不安分的眼睛尖视行人，时时刻刻在企图猎取他们的猎物。笔者告诉哥哥，别看这条小街毫不起眼，可是当年省港大罢工，中英关系紧张，黄埔军校第四、五、六期入伍生团，先后在这里站岗放哨。眼望着罗湖桥那头的港英哨兵，武装华贵整齐，武器先进，神态骄横，恨得我方岗哨咬牙切齿，暗暗发誓，有朝一日冲过桥去，收复港九，把英帝国主义者赶下海去，看他们还能张牙舞爪到几时？如今，我们中国人民站起来了，可我俩今日走过那边去，还必须接受英港军警的盘查、刁难，还受着他们包庇着的地痞流氓的骚扰与劫掠。哥哥心中早作准备，有意地在胸口小袋里分别放点小额钱钞，让小扒手尝点甜头。笔者却小气地把几个分子、角票也严严地密藏在最贴身的衣裤袋里，稍为大一点票额的钞票，则藏在紧密的裤缝之中。

经过一番折腾、一些口舌，还算比较顺利，我们进入九龙。第三天傍晚，我们渡海到香港跑马地的老朋友，原在蒋军联勤总部当署长的人家做客。风尘仆仆，到此头一晚宁静地安定下来。朋友殷勤招待，我俩酒足饭饱。哥哥一上床倒头便睡。笔者则衔命来港策反，两天来初具眉目，下面难度还大，而辗转没有成眠。忽听哥哥笑出声来，接着吐字清晰地说："想不到这把钥匙会落到我手里来。"说着转个身又打呼噜了。笔者当即摇醒他，问他："什么钥匙，落到你手里了？"他讶然失笑，睡意惺忪地说："我说什么了，我做梦，做了个好梦！"笔者是有为而有踏出国门来的，推己及人，直觉哥哥此次南来，不会单求衣食所资，可能会还有更神圣的庄严使命。

当年的香港九龙，在从上海去的人眼目中，算不上繁华的都市，就是港口、车站，秩序比上海更紊乱拥挤一些。由于年余间大陆大批华人，带着财富，拥过罗湖桥，人口骤然膨胀起来，旅社、饮食店，生意特别兴隆起来。我们兄弟俩随"寓"而安，在维多利亚海湾两岸两晚换一家旅馆，第四天便在大坑道租下一间民房。别看曹聚仁是位名作家、大教授、大记者，在自理生活方面还是个干家，安排房间，购置食住用品，比我这个当兵的还熟练些，样样自己动手，处处因势利用，一点没有架子。租好房子的当天，就开出午餐，饭后安然午睡起来。等我访亲问友回来，他的《南来篇》就已在《星岛日报》发表，真是随军记者作风，不等写字台摆有定点，随处打开书包，下笔成章。我日夜都在他身边，不知他的《南来篇》是何时写就何时寄出去的。

　　"我从光明中来"，这《南来篇》开宗明义的第一句话，就割断了他亲台的可能，招来台湾的围剿，又招来"左翼"报刊的诟骂，"左右不是人"。在那极"左"思想占主导地位的年代，唯我独尊的革命家很普遍，不容许曹聚仁那样既跑出国门而又宣告是"从光明中来"的人存在，疾言厉色地把他往台湾推，不由笔者不忧心忡忡，挂虑哥哥在未来的日子里，怎样在港九这特别地区站住脚？笔者办完南来的任务，急乎要辞别哥哥北归。临行的前夕，联床夜话，足足畅谈了一个晚上，直到东方大白，意犹未尽。开头谈的是今后将有相当长时间的单身汉流浪生活，在这个既陌生又熟悉的香港小岛和九龙半岛，资本主义社会里，人与人的关系是冷酷的，出门接触的是利害矛盾；回到家里，又是凄凉冷落，孤独一身，生活般般要自己动手。他说做记者后习惯了，还不难对付。其次谈到妻、子留在大陆，时代在突变，在资本主义社会的父辈努力，能不能得到下一代的理解，由隔膜而产生的"代沟"，将怎样来填平？他说，他自信不会做孩子们的绊脚石，不会堵住孩子们进步的道路；再接下去是谈到时代的伟大，世界在突飞猛进，你不作弄潮儿，潮水就会掀翻你，你在香港该不是权宜之计罢？但不带家眷，便是诈降，资本主义制度不会容许你安身立命的。哥哥胸有成竹，但期期不以为答。最后谈到逝者如斯，时不我与，客观规律，是不以个人意志为转移的，生理上既过中年，老之将至，事若不顺心，独居海外，疾病袭来，其将奈何？哥哥忍不住喟然叹息说，人生衣食真难事，为儿女求食四方，何尝不丈夫？个人艰苦一些，让妻、子们相对地安宁一些，从长远计，把妻、子留在上海，接受新中国的新教育，总比带着群雏响响，到海外觅"冒险家的乐园"要高明些。这一点，我们兄弟俩深表同感。事到如今，已是义无反顾，他若负有使命似的嘱咐笔者回国去再读读他前些年推荐给我细读过的波兰作家显克维支的代表作之一：《灯台守》，他俨然在私淑那位叫斯凯闻斯奇的灯台守，一生风尘仆仆，终于在孤岛上过着灯台守的生活，海浪白鸥，伴着他的宁静，可说是安享天年的理想天地了。可是，人，终于是感情动物，单就怀乡一念，就会激起无限情怀；当时，他舍得半世俗缘，保住清名，来到这黑雾弥天的港湾，及时点起塔上灯光，为海上无数航船，指明航向。这不是一时心血来潮，权宜之计，而是一语承诺，便当五年、十年、十数年、数十年、后半辈子的终身宏愿。等到老了，病了，举举手，移移步，也喘息艰难了，为了许下凤愿，海外飘零，孤独一身，仍得坚守岗位，完其晚节，那种乡愁亲情缠心难祛，就不是一个愁字所能了得了！

　　笔者现在已经回忆不起来，握别那一刻，我们是怎么想的？怎么说的？只记得离别时，他已接受林蔼民先生的委托，主持《星岛日报》香港版的笔政，以《南行篇》这个专栏，代表他的风格，一篇又一篇，鼓足他自信的史笔，写他当世的春秋。笔者离他越远，越担心他孤军作战，时时刻刻要承受四面八方来的明枪暗箭，不但思想上孤立无援，生活上更孤立无援，出门工作遇到的是冷酷无情，回家休息，也得不到丝毫温暖，人的承受力是有限度的，不知哥哥哪来那么多的精力来挺住没完没了的四面楚歌？笔者北返过上海，先后把母亲和母亲安排给哥哥的一个继子随笔者搬到北京安下家来，从生活上减轻一点哥哥肩上的经济负担。但是，他在香港那个万箭齐来，特别是从"左翼"射来的那阵阵毒箭，不是常人所能挺得下来的。笔者从北京中央交通部工作岗位深思之余，给他去信，劝他把屁股挪一挪，更加向革命这一边靠拢点。笔者自作聪明，以一个持正义感的人为例说，在新中国成立前执一条左右扯着的绳的中间偏左处而立，大家都看清楚，那人虽不在左边，可也并不为右边助力。新中国成立了，绳子从中间断了，那个人不是恰巧执其右端，成为左方的对立面了吗？中立是没有的，"中庸"是不可能的，把立脚点移到左端来吧。不想哥哥回信来了，他说："你寄给我这根绳子很有趣，我收起来作为裤带束在腰间了。"随信，抄示他的一首七言诗："海水悠悠难化酒，书生有笔曰如刀；战场碧血成虹影，生命由来付笑嘲。"原来他并没有把那些苍蝇蚊虫嗡嗡之声放在心里。

　　1954年，香港报刊界大站队，所有刊物都从新标明立场，《星岛日报》向右转，他和林霭民等相继离开《星岛》，生计遭到连根拔的危机，亏得《南洋商报》坚持中央偏左的立场未变，聘请曹聚仁去任总编辑。偏偏当时的新加坡还在英帝国主义的殖民统治下，行政当局下令阻止曹聚仁入境。莫奈何，曹聚仁只能遥领主笔职务，辛勤地写社论写通讯寄去。笔者闻讯十分为哥哥的生活来源濒临绝境而焦急。那个春天，笔者刚巧作为中央交通部教育司的教育检查小组成员，赴鄂、川视察部属大专院校的办学情况，头一站到了武汉，碰上在武汉大学担任校务委员会主任委员（实质上就是校长）的徐懋庸，他很关心曹聚仁，很为曹在香港混世界担心，建议笔者劝劝哥哥，早日回大陆来，向新中国表明心态。他说："以曹聚仁二三十年代的爱国表现，党和政府不会让他挨饿的。今日之事，绝没有刘玄德三顾茅庐的事了。旧知识分子，不要背着进步的包袱，思想改造是免不了的。"笔者同意徐的看法，就从武汉发信给哥哥，请他和徐联系联系。哥哥没有理会笔者的建议，半年后，笔者结束了交通部属的鄂川院校检查工作，回到北京，清理积函，得到哥哥抄给我意大利爱国诗人但丁（Dante Alighieri 我国初译为丹第）说过的两句名言，"走自己的路，让别人去说吧！"原来他早有定见，我行我素，无论在港在沪，都并不是在待价而沽的。他并不在追逐名利，求所倚仗。他的南行，正是在走他早有安排的路，不仅是为衣食所迫的。

又一年后，笔者在一个个政治运动中被作为重点，被搞得焦头烂额时，接到曹聚仁一封来信，其中主要一段说：

"许多年前，我曾以但丁自比，并非我会那么狂妄，会以但丁的天才及其伟大成就自比，而是以但丁的立身处境自况。但丁的心中，对于社会革命与国家统一这两种工作的先后轻重，常是彷徨苦闷，不知应当把哪一方面看得重要些？后来，他终于为谋国家统一而努力了，这是我走的路子。"

到此，笔者才对哥哥真正有了认识，他冒天下之大不韪，要笔者伴着南行，从当时环境看起来，政治上、生活上都冒着绝大风险，原来并非他一时冲动，心血来潮之举。当时他50之年既过，是过了知天命之期，行动当是有成熟的主张了。他单身南行，别妻母，抛儿女，原来他是经过深思熟虑的，他舍不得他笃信的自由主义和虚无观点，他不想改变他的信念，但他也不想把自己的信念传之后世，延之子孙，而且决意及身而止，在有生之年，打下一个句号。所以他在南行时把儿女留在大陆，让儿女们接受新中国的教育，培养成才，为新中国的建设大业，增一块砖，添一片瓦。他自己则在贯彻自由主义与奔走祖国统一的矛盾中继续斗争，明知单身南行，衣食起住上会有多大苦难，人际关系上会遭受到多少冷落误解，他还是抱着我不入地狱谁入地狱的怀抱去接受煎熬。

转眼间，40多年过去了，哥哥病逝澳门，也已28年，历史条件，还没有翻到曹聚仁南行之谜的谜底可以大白于天下的那一页，可是时不我与，笔者也已逾90之年，多少朋友焦急地想从笔者这个唯一伴同曹聚仁南行的人口中掏出点什么。很遗憾，笔者还只能引用社会上流传的有关说法中摘抄几许，聊予甲乙，供有心人参考。虽然待河之清，人寿几何？笔者自知已等不及有关部门认为时机成熟，自然会把历史档案还之历史工作者那一天了。也许笔者的追忆，全不合乎历史真实，则本篇所记，全都是废话，笔者也不欲置辩一词了。

1982年间，笔者为纪念哥哥曹聚仁80阴寿和逝世十周年，写了一篇《无限绮思忆不真》的小文章，在香港《新晚报》发表，这篇东西经国内两家刊物转载，曹聚仁南行之初，梦里得到一把钥匙而欢呼畅笑的故事开始在国内外流传。

他梦中得到一把什么钥匙，值得他如此兴奋呢？笔者当时唤醒他、问他，他没有答复；1956年他回到北京，再问他，他还是"王顾左右而言他"；如今他逝世近30年，这钥匙之谜，在他本人，也只是个梦，死无对证，然而笔者却耿耿至今，当年的哥哥睡容笑貌，历历在目，总想有个说法。

说法是有了的，李伟先生在1989年《金岛》的《穿梭于海峡两岸的秘密使者》一文中说："他（指曹聚仁）为着使梦境变现实，追求这把去开封闭之门的钥匙，锲而不舍地辛苦了22个年头，已经到了成功的边缘——门就要开了，结果还是失败了。……这是开启第三次国共和谈之门的钥匙！"

李伟先生是圆梦的好手，一语中的，把曹聚仁梦里的这把钥匙，猜准是"开启第三次国共和谈之门的钥匙"。换句话说，是打开祖国统一、民族团结的大门的钥匙，如果说只是为国共两党的和谈，曹聚仁死而有知，他会说他是个自由主义者，不是接受哪个政党的派遣，为哪个政党的利益而奔走的。

曹聚仁六次北归，除了采访新闻和探视母亲、亲属之外，主要还干了些什么？1956年7月曹聚仁以访问北京的新加坡工商考察团的随团记者的身份，为《南洋商报》作大陆探访，一入国门，中央统战部便派专员迎候，安排他的食宿旅行工具，以国宾之礼接待，而后便由有关部门派的大员引导入京，住上高级宾馆，而后迁入新侨饭店，长期包住大套间，派有座车，专供他任意行动，说明他归国之前，和新中国党政领导不仅早有接触，而且深得信任和礼遇的。他初入国门，便为说清楚他北上动机，以给香港友人一封公开信在《南洋商报》发表。信中一段说：

"我所以要向你来做一番讨论，我们的观点或有不同，但站在国家民族的立场来论，是非得失，那是一致的。记得《真报》（艺按：是一张香港出版的中间靠右的报纸）弟也曾做扫边工作二年多，其中接连不断，写了二年的《观变手记》。当时对于中国问题的前途，我曾指出几个要点：（1）中共政权已经逐渐稳定，面对现实，不必作其他幻想，今后五十年中，大陆的局势已定，不会有多大变动，要梦想改朝换代，已经不可能了；（2）台湾反攻大陆的希望，韩战结束以后，越来越渺茫了；依我的说法，简直是绝望了。当时还有人和我打赌，我抛出十对一的比例，他们也输定了；（3）因此，我的看法，要解决中国问题，诉诸于战争，不如诉诸于和平。国共这一双政治冤家，既曾结婚同居，也曾婚变反目，但夫妻总是夫妻，床头打架，床尾和好，乃势所必至。为什么不可以重新回到圆桌边去谈谈呢？（不过我声明，我只是主张国共重开和谈的人，而不是发动和谈的人，那些谣言专家用不着多费心力的。）我们站在人民的立场，为什么不可以对于国事表示如此的意见呢？这都是三年前的看法，目前的事实，不是替我的看法作证明吗？月前，有一位华侨实业家，他诚恳地告诉我，'国共'之争不止华侨间的矛盾所引起的痛苦不会消除的！华侨既有此共同期望，我们在舆论界，为什么不出来高声疾呼呢？

　　这一回，政府当局允许我这样一个没有党派关系的新闻记者到大陆去采访，而且尺度这么宽大。这就表明人民政府的政权，已经十分稳固了。一个身体健康的人，自不怕风吹雨打的。我希望这次北行，能够真实地报道，这样才合乎侨胞的期望……"

　　这封公开信，虽然声明他北归的目的，只是深入大陆做采访，切切实实做报道以满足侨胞的期望。他一到北京，当天就来到笔者寓居，然后把笔者一家大小跟随老母亲接去新侨饭店叙居了几个日夜，这一切费用，都蒙接待哥哥的部门包下了。笔者不禁破戒请教哥哥，是谁让你回国来？所为何事？怎么会受到政府如此破格接待？他回答是："五六年来，在香港写了不少文章，出了几本书，毛主席都看到了，挨了右边左边的谩骂攻击，毛主席也注意到了，指示周总理派人来动员我，要我回国来看看真相。周总理太忙，他不可能看那么多书报的。你知道我是个既不能令，又不受命的绝物，但是士为知己者死，北京既如此重视我的通过和平谈判来统一祖国的建议，则我当然愿意俯首甘为孺子牛了。今后回到香港去效法灯台守的生活，步武但丁走过的道路，我既不受台湾派遣，也不是北京的密使，只受中华民族的指挥，听从人民牵着鼻子走。"

　　然而，他并没有专心致志地单为两岸统一而穿梭海峡两岸，他至死没有抛开新闻记者这份自由职业，为《南洋商报》抢新闻，造成1958年8月23日炮打金门的炮声响前几小时，《南洋商报》登载的炮战消息早到了战地和同年10月6日毛主席手草的《告台湾同胞书》发表前一天《南洋商报》就发表这一独家新闻，引起周总理就在新侨饭店责令曹聚仁闭门整风。

　　顺便提一下，曹聚仁初次到北京，无意中和周总理谈起来李光耀在香港有意在竞选新加坡独立后的第一任总理前，想来北京参观学习的意愿。周总理很欢迎李光耀来华，让曹聚仁立即回港去陪他同来。曹聚仁首次进京，未旬日就走了。又一星期，便和李光耀一同在新侨饭店出现了。后来笔者的女儿曹景滇写文章提到李光耀在新侨饭店和笔者的几个儿女开玩笑的故事，连嫂嫂邓珂云也觉意外，疑为曹景滇的回忆有误了。笔者在这里替女儿做证，那确是实情，说明曹聚仁多次进京，并不是专门为奔走和谈的。对北京、对台湾，都不曾担任任何职务，也没有受过什么俸禄，到两地，都受到贵宾上客的优待，只望事有成就，对于事成之后，两地当局都未许过给以什么利禄，他自己也从不曾有过什么要求。他只求后半生能有个安静环境，让他读书，写完几种文史哲学著作。然而功败垂成，祖国统一的大业，仍是功亏一篑，这是不以他的意志为转移的。

1959年笔者调入交通部属的在南京的一个学校工作后，哥哥来了一次，以后他再也没有回国，1964年母亲去世，电报告知他，他也未能回来奔丧。几年后，才知他因为编著《现代中国剧曲影艺集成》那本大书，不肯销毁其中蓝平20年代在沪宁影剧界活动的资料，触犯了江青，周总理保护他，劝诫他不得北京的许可，不要回国；他便成为海外哨兵，坚守岗位，直至含憾以殁。

香港《七十年代》首先发表经过曹聚仁谈妥六条的故事，正如哥哥生前爱引用的"诚所谓假作真时真亦假，无为有处有还无"。笔者实在无力来澄清六条的真假，但一直未见双方的主管部门提到过只语片言。可见是空谷之风，并不足据的了。此前笔者和哥哥闲谈中听他说过美国国务卿杜勒斯两度专访他，以10万、20万美金诱胁他，要他去美讲学而被他婉拒，北京关心他的安全，为他在香港租下三处房子，在澳门租了两处房子，真个成了狡兔三窟，看守不过来，就靠三妹一家子帮忙了。

最后，请允许笔者节录夏衍同志的《怀曹聚仁》作本文的结束。夏衍文章说：

> 曹聚仁和我同年，也是20世纪的同龄人……他研究中国的哲学和历史，他自称接受了老庄的影响，但我看，他对世事并不"逍遥"，他没有出世，他始终是一个热烈的爱国主义者。
>
> ……
>
> 他的旧学根底比我们强得多，才二十二三岁的人，就把章太炎的演讲整理出一部《国学概论》来，对那样的年纪来说，是很不

简单的事。他教书，办杂志，做记者，特别是抗战一开始他就穿上军装当记者，那真是再入世不过的了。

他不参加任何党派，但和"左"、右两方面都保持着个人的友谊，都有朋友，虽然爱独往独来，但他基本上是倾向于进步和革命的……

他的一生，学者、作家、记者，以记者生涯最长……

说到新闻工作以外的事，有一个时期他很有兴趣于促成海峡两岸和解与祖国和平统一。一次周总理对我说："曹聚仁真是书生，他想说服蒋经国学张学良，要台湾像当年的东北一样'易帜'，他把复杂的政治问题看得太简单了。"他是书生，但毕竟是有志报国的书生。

我曾在《懒寻旧梦录》中替他说过几句公道话，认为他骨头是硬的，晚节是好的。

在香港那样复杂的环境中，他能二十多年不改其志地坚持爱国，是不容易的事，是当得上晚节可风的赞誉的。

……

一口气抄下夏老的《怀曹聚仁》，如饮琼浆，夏老是公正的，认为曹聚仁晚节可风，这是哥哥南行在香港的二十多年中体现出来的，他过着比灯台守更凄苦的晚年，走着但丁走过的路，笔者有幸伴他南行，今天想起来，还是无限兴奋，无限光荣！可谓不虚此行的。

（1994年9月草于南京）

（2000年2月修正于紫金山麓）

曹聚仁先生的红豆深情

墨 人

　　我突然收到上海鲁迅纪念馆的来信，先看信封不免有些诧异。我生也晚，鲁迅过世甚早，我与鲁迅并无因缘。上楼拆开信封一看，才知道是该馆编辑出版《曹聚仁先生纪念集》，向我约稿，我才恍然大悟。

　　时间过得真快，世事几度沧桑。我是大难不死，居然活过了80岁，比曹先生、邓女士都活得久，真是叨天之幸！

　　曹先生是抗战一开始就当战地记者，他倒不是"投笔从戎"，他是以教授身份担任"中央通讯社"的战地特派员。我是1935年以学生身份"投笔从戎"，当"入伍生"。1939年毕业后又学新闻，奉派前方办军报，当战地记者，我受过军官养成教育，有正式上尉军官身份。就在1939年12月间，在江西临川前线第三十二集团军总部与曹聚仁邓珂云夫妇不期而遇。曹先生矮墩墩的身材，一身黄马军呢中山服，腰系着宽皮腰带，没有挂"斜皮带"。当时的军服就是中山服，只有军官才能挂"斜皮带"，还要佩领章。曹先生并没有违反规定，其实他的盛名，早为前方将领景仰，他要会见的多半是领章上有一两颗金星的将军。邓女士也穿中山服，腰系皮带，只是我已记不清楚是什么质料颜色，但比我的服装好。在前方采访的记者，为了方便，多半是这种打扮。但没有谁像曹先生那样穿黄马呢制服，只有少数将领才穿。邓女士好像是上海《正言报》的特派记者。她那时很年轻，端庄肃穆，硕人颀顾。照中国习俗计算我是20岁，照西方习俗计算是19岁。我是初出茅庐的记者，比她还年轻。

曹先生人很随和亲切，他并未小看我这位后生。邓女士实际上亦平易近人。不过前方戎马倥偬，我们各有工作，并未多谈就分手了。

那时曹先生正值壮年，作品很多，除了战地通讯特写之外，还有其他的作品，发表最多的地方是上饶《前线日报》，那是四开报纸，编排、印刷、纸张都很好，篇幅也不少，副刊是整版，主编是我新闻研究班同期学长叶家怡，曹先生也在副刊写稿，他和总编辑宦乡交情不错。他的作品风行一时，笔力之健，无人能及。

以后我因结婚关系，由前方转到后方报纸当编辑兼中学教员，曹先生也转到赣州蒋经国先生的行政区去了。直到1942年日军沿浙赣铁路西犯，会合南昌日军南下，包抄江西南城，我便携带妻女在端午节那天随同大难民潮向赣州逃难，大热天苦不堪言。到赣州几经转折，回转到新闻界工作。又同曹先生见面了。

当时赣州有《正气日报》，赣南《民国日报》《青年报》三大对开报纸。曹先生是《正气日报》主笔，也在《民国日报》副刊写方块专栏，他笔健如昔，下笔之快我前所未见。我编国际版新闻，他往往在我们的编辑桌上赶写明天的方块专栏，他可以和我们一面谈话一面写稿，他腹笥宽广、学识渊博，信手拈来，便成文章。轻轻松松，笑嘻嘻地来，又笑嘻嘻地去。我没有看见过他皱眉头拉长脸。他的新闻触角非常敏感，我记得在外地的报纸上看过他报道"某巨公"私生子的新闻，当时不知道那位"巨公"是谁，也一直未向他求证，后来才知道"某巨公"就是他写过的"蒋青天"，这自然犯了"忌"，可能是他当时没有弄清楚，上了别人的当，不然不会"捋虎须"。但今天真相早已大白，章孝严、章孝慈这一对双胞胎都是台面上的人物。章孝慈是东吴大学毕业的，步步高升，后来当了东吴大学的校长。我在东吴大学兼课19年，看到他当上法学院院长，最后中风死于校长任上。他们两兄弟性格作风不一样，章孝慈谨守学人分寸，当选了国大代表都辞掉。乃兄平日洋洋自得，走路摇摇晃晃，故作潇洒，其实轻飘飘。直到闹出一个大桃色新闻才鞠躬下台，才少在媒体出现。曹先生如果活到100岁，就可以看出自己的"旧闻"的"历史价值"了。

写过这段插曲后必须再回到原点。曹先生和我都是直到日军进攻赣州时才离开赣州的。那时兵荒马乱，曹先生交游广，人际关系好，又有中央社的大招牌，他比我早逃难到赣东北乐平。我因一向不善交游，不是当记者的料，逃难时已经阮囊羞涩，又带着一岁、三岁大的两个孩子，在严冬时冒着风雪徒步逃难，走走停停，拖拖拉拉，走了很久，才逃到鄱阳，看到乐平的《长江日报》，发现小同乡、文友陈迟在主编副刊，便写信和他联络，他邀我到《长江日报》工作，我这才转到乐平。到乐平后，才知道曹先生一家人早到乐平了。我们在乐平是第二度重逢。

曹先生他们住在乐平郊外，离报社大约一里路，我和陈迟时常在他家聊天，那时他们夫妇已经有三位小孩，曹雷还很小，下有一弟一妹。曹雷和我大女儿年龄相近。她妹妹在乐平夭逝时，曹先生不在家中。

乐平虽近前方，但无警报，生活相当平静，小城风味不差，我编第一版新闻也很轻松，不必熬夜。曹先生则常去上饶采访。直到有一天美机在广岛投下原子弹，我刚编好头条新闻，曹先生赶到报社来，我问他这是什么炸弹？威力怎么这么大？他笑着说他也搞不清楚，但判断日本人快投降了。

一阵胜利的狂欢之后，他举家先去上海。我则迟迟离开乐平，先回到故乡九江看看，然后才去上海。

在上海我又和曹先生三度重逢，他来看我三次。我记得他每次都穿着日军黄呢大衣，那是日本军官穿的好料子，地摊上都有不少，也不贵，曹先生身高和一般日本军官不相上下，穿起黄呢大衣倒有些像日本军官，只是脸上没有日本军人那股杀气，他还是不修边幅的名士派头，他带我去过他家中一次，夫人邓珂云女士和孩子都不在家，我们天南地北地聊了不少时间。那是一排两层楼的旧房子，不大，室内也没有什么摆设，和逃难时相差不大。我告别时，他从口袋里摸出几粒大红豆往我手上一塞，笑着轻吟：

红豆生南国，春来发几枝。

劝君多采撷，此物最相思。

　　我的新闻触角没有他那么敏感，人情世故更不如他。他送我到兆丰公园电车站后才回去。不久我就离开上海了。

　　以往几年的巨变，我一直没有和他见面。1949年我来到台湾，1950年他去香港，我从报上知道他的消息，很想和他联系，但那时连家信都不敢写，曹先生的名气大，更不敢造次。那时我在香港倒发表过不少作品，也出过几本书，但是否知道我在台湾，就很难猜了。

　　他去世的消息我也是在港报上看到的。人天永隔、生死异路，连他送我的那几粒红豆我也没有保存住。我一直颠颠倒倒，未遑宁处。来台湾时我只带着一家六口和夏天换洗的衣服，在基隆上岸之后，真的身无长物，两袖清风，谁都没有我那样狼狈。

　　台湾开放探亲之后，两岸交流就比较多了。湖北作家余力文先生和我联系，他向我打听他令尊的下落，我也请他打听曹先生家属的消息。幸好曹先生女公子曹雷不让乃父专美于前，他很快就和曹小姐联络上了，余先生还在信上说，曹小姐看过她母亲的日记，说她妹妹死时我协助过料理后事，但我已完全忘记有那回事。曹先生在上海住家的路名原先我记得很清楚，写这篇文字时却怎样也想不起来。曹小姐在1997年7月4日写了第一封信给我，说她母亲在1991年6月去世，享年74岁，并附来她十年前同母亲游美国的合照。还说她正在整理出版父亲的遗稿。有女继承衣钵，曹先生可以无憾矣。但他的著作星散太多，要出全集恐不容易。鲁迅纪念馆能编辑出版曹先生纪念集，可以算是集外集，不无小补。我这篇短文不能道出曹先生平生万分之一，但我对曹雷小姐很有信心。我在台北《联合报》上看过她登了两三天整版的长文《父亲原来是密使》那篇大作，漆高儒先生曾著文否认，但我相信不是虚构，不是空穴来风。她写她父亲上庐山的人文、地理情况，我是十分了解的，我是九江人，少年时又在庐山求学三四年，我相信曹先生不会无缘无故上庐山。他有没有来过台湾就非我能知了。

曹先生是一介书生，无冕之王。他之所以那么热心，非为个人着想，而且他够格作鲁仲连。如今曹先生已过世近30年，这样的书生现在已经没有了。过去几年有人想尽方法剪断两岸的脐带关系，曹先生那番热心，早已付诸东流。但他50年前送我的那几粒红豆的深意和真情，我是永远不会忘记的。不幸他客死"南国"澳门，我更身在"南国"之外的海岛51年。爱国诗人陆放翁，至死未见"九州同"，我这个炎黄子孙的"边缘人"，更不知百年之后埋骨何处呢！

（2000年1月13日上午5时正于台北北投）

（红尘寄庐）

记曹聚仁先生

赵家欣

一

抗日战争爆发后，曹聚仁先生执笔从戎，从教授、作家改行为战地记者，活跃在大江南北的东战场。这一时期，我也从事战地采访工作，偶尔与曹先生相逢，叨在同行，也就熟悉起来了，但在那动荡的岁月里，见面的机会是不多的。新中国成立后，曹聚仁的名字从国内报刊上消失，后来听说他客居香港，从事写作。多年来，国内政治运动频繁，海外关系，自以回避为是，时日一久，他的情况，也就一无所知了。"文化大革命"中，我在"牛棚"里交代写"反动文章"和社会关系时，许多早已相继谢世，或长期失去联系，死生未卜的朋友的形象，一一映现在记忆里，他们当中有曹聚仁。我忽然想到，曹聚仁如果在国内，而且还活着，一定是和许许多多人一样进"牛棚"，交代30年代的"罪行"吧！这就增添了我对他的忆念。粉碎"四人帮"后，我怀着新生的喜悦，怀念逝去的朋友。在写寄托哀思的文章时，时常想起曹聚仁。尽管我和他接触不多，而且时隔三四十年，诸多往事，在记忆里逐渐淡漠了，但他给我的某些印象，依然是鲜明的。近些时日，看到报刊上一些关于曹聚仁是否"反动文人"的文章，从中得知曹先生已于1972年在澳门去世。对于"反动文人"的恶谥，

他是无从为自己辩护了。这就促使我拿起笔来，写下曹聚仁在我记忆里的一些片段。

二

我初次看到曹聚仁是在徐州前线。1938年春，李宗仁将军指挥的第五战区广西部队，收复战略要地台儿庄。这是七七事变后国民党战场传来的第一个捷报。中外记者从四面八方云集战区所在地徐州，转赴前线采访。当时曹聚仁是"中央通讯社"战地特派记者，他的夫人邓珂云是香港《立报》通讯记者，随军到达台儿庄。我读过这位被国民党御用文人骂为"乌鸦"作家的文章，看过他主编的《涛声》周刊和《芒种》半月刊（与徐懋庸合编），对这位文学界前辈，早有印象，只因一向局处海隅，无由会晤，在抗战前线不期而遇，我是十分高兴的。这时曹先生已是年近不惑，我才20出头，无论是年龄还是学识，他都是理所当然的前辈。但是他平易随和，谈笑风生，我想象中的教授、作家的道貌岸然，在曹先生身上是看不到的。我已记不清谈话是怎样开始的，曹先生是个健谈的人，他谈战地采访的故事，谈当教书先生的甘苦，我听起来都觉得津津有味。印象较深的是谈到教书生涯时，他说：大家都认为教书先生是春蚕，是蜡炬，随着岁月的流逝，丝尽泪干，只是片面地销蚀自己。我却不以为然，桃李遍天下之说虽属夸张之词，但教了几年书，到处可以遇到学生，则是事实。学生尊敬老师，不仅给你精神上的慰藉，有时还帮助你解决困难。我当了战地记者，足迹所至，就因为到处有"桃李"而在交通食宿上得到不少方便。一朝受教，终身爱师，这是中国人的优良品德，这种情谊并非金钱所能换取的。曹先生说，待到抗战胜利，朝野清平，我还要去教书的。这些话给我留下深刻的印象，善良的人们都希望抗战早日胜利，有个清明的政府，得以各安所业。但是历史的发展是曲折的，人生的道路是不平坦的。抗战胜利，内战又起，曹先生的这一愿望，最终没有实现。

其后，曹聚仁一度应邀到赣南，主持蒋经国创办的《正气日报》，担任这家报社的主笔、总编辑。当时，中国人民对蒋介石的消极抗战，政治腐败感到失望，不少人对曾经留学苏联的蒋太子抱有幻想，希望赣南成为政治民主、动员群众的抗战基地，希望《正气日报》成为宣传抗战、真正"为民喉舌"的舆论工具。曹聚仁是抱着这种热望去的。他就任之初，约我写战地通讯。我写了一篇题为《海上十日》的长篇通讯，在《正气日报》连载。这篇通讯写的是我从台儿庄南下经香港搭乘海轮"芝巴德"返厦门。5月10日清晨，船抵厦门港，正值日寇发动海、空军进犯这个孤悬海上的岛屿，不能靠岸，我随船到上海，搭原船折返鼓浪屿。停留一天，改搭载运难民的"金马"轮重到香港。海上漂泊，来去十天，历经种种险阻的经过。曹聚仁原想以《正气日报》为阵地，宣传抗战，有所作为。但不久后，有感于蒋太子徒具虚名，不足共事，便匆匆离去。我也不再为这家报纸写文章了。

1940年，曹聚仁40岁，写了一篇题为《四十之年》的文章。文章说他虽已年华老大而童稚之心未泯，喜欢到青年群中去。可是有几次，青年们看到他来了，便肃然起敬，鸦雀无声，拘束起来，等着他先开口说话。两代人思想感情上的无形藩篱，使得他，人到中年的淡淡的寂寞之感油然而生，慨叹自己在青年们面前，已经是个"老头子"了。对于这篇文章，我印象颇深，而对于曹先生的心情，当时却无法理解。待到若干年后，自己也进入中年，成为青年人心目中的长者，这才发现，自己虽心情未老，而在处世接物方面，和青年们却有了距离，这大约就是"四十之年"所感受的心情吧！

曹聚仁写的战地通讯，文笔流畅清新，深受读者欢迎。他的通讯往往在国内外几家报纸同时发表。我工作过的《星岛日报》《前线日报》就经常发表他的通讯，在那几年中，我经常读到他的文章，却一直没有机会和他见面。1941年9月，侵占福州的日寇撤离马江。我到福州采访新闻，曹聚仁也后我一天来到。他到福州时已是午夜时分，由熟悉福州的人带领，不去旅社投宿，却到澡堂过夜。福州温泉远近闻名，澡堂有很好设备，曹先生以浴室当旅舍，别有一番风味。第二天见面时，他向我竖起拇指，对福州温泉浴室

赞不绝口。这是一位教授、作家在生活上随遇而安的体现。

抗日战争胜利后，曹聚仁所希冀的清平政治局面并没有出现。他仍然从事新闻工作，在迁到上海出版的《前线日报》担任过主笔。国民党发动全面内战，曹聚仁又写起战地通讯。这一时期，他再不是"中央通讯社"特派记者，而是《星岛日报》《星闽日报》等"星字报"的特派员了。"星字报"是华侨资本家胡文虎创办的，它以民营、侨办面目出现，标榜"为民喉舌"，自不能和国民党《中央日报》唱完全一样的腔调。曹聚仁在福州《星闽日报》发表不少战地通讯。如1947年9月4日的《鲁豫战局》，9月26日的《九月战场》，1948年3月17日的《时局漫谭》等等。当时国民党统治区出版的报纸，在电信、通讯、社论以及其他文稿中，对解放军都用侮辱性的"匪"字，曹聚仁的通讯却与众不同，用的字眼是"共方"或"共军"。1948年1月22日，《星闽日报》刊登曹聚仁题为《京沪报界的逆流》的通讯，其中一段说："戡乱军事开始之时，《大公报》独树一帜，'共匪'字样绝对不在新闻中出现，家家报纸，都标出了'共匪'，它独仍'共军'之旧。这个把柄落在别人手中，王芸生便吃了一下闷棍。其后不久，《大公报》也只好看风使舵，揭出'共匪'字样……"在国民党反动派的重重压力下，当时坚持不用"匪"字是难能可贵的。随着解放战争的节节胜利，在国统区写如实反映战局的报道就更困难了。曹聚仁有下笔难之苦，因而他的通讯也就渐渐的少了。

三

抗日战争期间，曹聚仁虽然一度担任国民党中央通讯社特派记者，但他所写通讯比较客观，不写反共反人民的文章。他到重庆时，蒋介石企图拉拢他为蒋政权效劳，他没有落入彀中。蒋经国想利用他，他一发现这位太子"依旧落在庸俗的窠臼里"，便拂袖他去，他在《前线日报》工作时，托词拒不参加国民党。在旧中国，有不少像曹聚仁这样的知识分子，应该给予实事求是的评价。

再就20年代后期到30年代初期来说，曹聚仁活跃在上海文学界，编刊物，写文章，和鲁迅的关系很好，从鲁迅书简中可以看到。1933年到1936年间，鲁迅给他的书信就有二十多封，对曹聚仁先后主编的《涛声》周刊和《芒种》半月刊，鲁迅关怀支持，为刊物撰写文章。尤其值得称道的是，1933年5月，曹聚仁为了纪念李大钊烈士，甘冒风险出版《守常全集》，鲁迅则为全集写了题记。鲁迅先生逝世，曹参与执绋，送殡到万国公墓。到了50年代、60年代，他还写了《鲁迅评传》，编了《鲁迅年谱》，纪念这位文豪。这一时期，国民党反动派对曹聚仁采取又打又拉的手法，他都没有上当。九一八事变后，曹聚仁投入抗日行列，遭暨南大学无理解聘，其后他索性改行当记者。国民党御用文人攻击谩骂曹为"乌鸦"，为的是《涛声》周刊以乌鸦为标志，曹又尽写些他们不中听的逆耳文章。可以说，早年的曹聚仁，表现了一个正直的爱国文人应有的品质。

曹聚仁晚年客居香港，从事爱国文化活动，他的情况我不甚了了。最近从一些文章和朋友们的谈论中，得知他在新中国成立后曾数度回国参观访问，受到毛主席、周总理的亲切接见，并将所见所闻，写了不少反映新中国建设成就的报道，在海外报纸刊载。"四人帮"横行时，对曹在国内的家属也不放过，抄去他的藏书，迫害他的儿女。对于这样一个在现代中国文坛有过一定影响，各个不同的历史时期始终站在爱国立场的人物，似不应因为他久居海外，病死澳门而抹杀一切，他的功过是非，应该历史地、全面地看待。

最近国内出版了几种现代文学家词典一类的书，没有曹聚仁的条目。1979年第四次全国文代会编写的《六十年文艺大事记》，在1935年5月"徐懋庸主编《芒种》半月刊在上海创刊"条款中，把曹聚仁的名字略去。《芒种》半月刊是曹聚仁、徐懋庸合编，30年代过来的无人不知晓，略去曹的名字，也是极不实事求是的。

（1980年8月）

读《听涛室人物谭》谈曹聚仁

何满子

　　曹聚仁30年代在上海教大学和办《涛声》杂志时，曾和鲁迅有过交往，多次宴聚，在鲁迅的日记和书简中有所记载。鲁迅有时还托他查一些资料，我记得的有鲁迅请他找《隋书》查隋炀帝"焚草"之变的出典。那时，徐懋庸寄住在曹聚仁的寓所，鲁迅给徐懋庸的信通常由曹转致。同时，曹聚仁和鲁迅虽不同邑，却是浙东大同乡，方言俗语彼此相通，鲁迅致曹聚仁的信中曾用土语"娘东实杀"（犹粤语的"丢那妈"）之类的别人难懂的词汇，可见彼此交往中有某种不拘形迹的坦荡。

　　我对曹聚仁的这点最初印象是从鲁迅的书里得来的。抗战前，他的文字几乎没有读过。只在抗战期间，读到过他的一篇《新闻文艺论》，那好像是他的一篇讲稿，在江西报上（忘了是《正气日报》还是《前线日报》连载的）。那时我也从业新闻，也写点报告文学，曹聚仁的文章正好谈及报告文学，因此留下了印象。他在主《前线日报》笔政时，我曾给该报写过文章，因此也通过一两次信，至于他本人，直到1946年秋，他因事从上海到南京短住，才在《前线日报》驻南京办事处和他相识，虽然只有几天工夫的短暂交往，但谈得相当投契。不论年龄和治学，他都长我一辈，可是彼此却很少距离，初交就无话不谈，给我的印象是坦率风趣，而且直觉地感到他葆有某种"童心"。

　　长久以来，从30年代起吧，对曹聚仁有各种不同的议论。人是复杂的，人际关系和社会事态更是多维的。曹聚仁一生处于一个世变迅捷的动乱时代中，前半生作为学人和文人，已有广泛的交往；抗战后从业新闻，更和社会上层有较多的关系，和国民党政要顾祝同、蒋经国、马树礼等周旋，关系也不平常。不卷入政治旋涡也至少处身于政治边缘，惹人议论势所难免。晚年滞居香港，不去台湾，做自由撰稿人，还几度回大陆，保持着中性的"统战"身份，其言行大致是倾向人民共和国的。总体来说，在复杂的政争环境下还努力保持了自由的学者和文人的身份，这也就颇不容易了。

　　由于他和各派政治人物有不即不离的交往，和文化学术界有深广的渊源，涉世中所积蓄的广博见闻写下来都能成为有用和有趣的历史资料。上海人民出版社的这本《听涛室人物谭》所以很值得关心中国现代史和近现代社会风习的人一读，而且读起来还饶有兴味。

　　这本40万字的笔记体的书是由曹聚仁的女公子曹雷女士收集其尊人晚年发表在香港等地的报刊专栏文字按类编成的。前于此书，曹雷已从其父亲的遗作中编出了《上海春秋》一书，那是一本关于上海史地、人文、风物的掌故性著作，也是笔记体。曹雷很不简单，她是以影视剧配音艺术著称的，想不到还能如此发奋搜集和编纂先人的遗泽，可称是曹聚仁的肖女。

　　曹聚仁治学广而杂，但其向往和精力集中的方面是近现代史。就目前他已出版的几种书来看，与其说他是近现代史学家，更确切地说应该是涵泳丰硕的史料家。《听涛室人物谭》的内容和风味，大抵和黄濬的《花随人圣庵随笔》、徐一士的《一士谈荟》这类掌故笔记相近。所写的人物轶事，绝大多数是亲自的见闻，套用曹聚仁自己的标题，他是以"'旧'闻记者"的身份写下这些人物和事象的。

　　书中所记的人物，依对象性质分为六个方面，《政海谈秘》记的是现当代的政要，都是民国史上的风云人物，部分进入新中国后也还很活跃，如张治中、李宗仁、程思远、黄绍竑等。《文坛述往》大抵记"五四"至30年代前后文艺界著名人物的遗闻轶事。《学苑思故》记作者曾接触过的学者旧事，自章太炎、王国维直到新近逝世的钱钟书，牵涉到许多学术上的公案。

《报界忆旧》以作者抗战后长期的报业生涯，本该可记者甚多，却只有短短的十则，质和量都是全书中最弱。《支离杂话》则如题名所示，是杂忆各种领域中的人物和事象，既有戏剧家和画家的故事，也有社会各色闻人的勾勒；既有中国名人的事迹，也有外国文人、学者、政治家的印象记；有些珍闻秘事，极有趣味。最后部分《檐下絮语》则是纵谈古近史事，早的如王昭君、岳飞；近人如珍妃、赛金花，以至辛亥革命的一些掌故。各辑间的人物和事象其实也互有交叉，不宜强分。要之，是近现代史中许多值得关注的人物和世象的掌故汇编。

全书总的倾向是在直叙事实，而不在阐发议论，故是史料之书。当然谈人物和事件时不能不有作者的主观评骘，但作者尽量以客观的（客观主义的）、中性的态度出之，不带较多的倾向性表态。可举我读此书印象最深的一例，在《谈郁达夫与王映霞》一则时，我回忆新中国成立前在南京和曹聚仁纵谈时，他曾大骂破坏郁、王婚姻的许绍棣，斥之为"党棍""淫棍""恶棍"。但在这篇记郁王婚变的文字中，对许绍棣只轻描淡写地略给讽嘲，还称之为"许兄"，与当年同我面谈时的义形于色迥异。是不是因为久历世变，晚年已修养得炉火纯青，不再有火气之故呢，还是有意保持史家的平和敦厚而敛藏其锋芒呢？

30年代曹聚仁在上海办《涛声》杂志，鲁迅曾祝此刊"长寿"，因为它呈送出动荡年代的波涛之声。晚年的曹聚仁自署其斋名曰"听涛室"，只是在一旁听世变的涛声了。这斋名象征着饱经世变之后，他离人间的纷争更远，更与世无竞，文字也更平和疏淡。《听涛室人物谭》的文风也是娓娓而谈不夹火气的一路，印证了"风格即人"的名言。

与曹先生的学术因缘

——《上海春秋》序

胡道静

　　曹聚仁先生是前辈中一位学问非常渊博、见识十分深刻的学者。他是浙江金华人，父亲梦岐先生思想开通，在清末开办新学，旨在改造教育，改造社会。正是他的为人匡达，从不摆尊长架子，故而他们父子之间便出现了自由辩论的条件。这对于聚仁先生的能力培养十分有利。1921年，聚仁先生到了上海，在《民国日报》的《觉悟》副刊上发表文章，一年之中写了几十万字。其时，上海江苏教育会聘请章太炎先生讲国学，要在保存国粹上加点功夫。聚仁先生就为《觉悟》笔录讲稿，后来印成《国学概论》一书，销行甚广，刊印了32版。我少年时代也读过聚仁先生笔记的这本书，对于我的影响也是十分巨大的。

　　1923年，聚仁先生就在上海几家有名的大学当教授，包括复旦大学、暨南大学、持志大学等，当时他还只有20多岁，但已是桃李满园了。同时，他又勤于写作，到30年代之际，声名大著。这时由于国难严重，他奋起议论时事，创办《涛声周刊》，提倡"乌鸦主义"，即是不给当政者做喜鹊。这在群众中赢得了普遍的支持。他与鲁迅先生缔交，也是源于《涛声周刊》的关系。

1937年抗战开始，聚仁先生从书斋走上战场，担任"中央通讯社"战地特派记者，曾采访淞沪战役、台儿庄战役，足迹遍及东南各战区，后来在赣南及赣东，从事战地新闻工作。抗战胜利后回上海，继续在各大学任教，并从事报刊编辑工作。1950年到香港，仍从事新闻工作及写作。其间，他曾数次返回大陆采访，见到对他关怀备至的周恩来总理，并致力于祖国统一大业。1972年，这样一位对祖国有着深厚眷恋之情的新闻界和学术界前辈因病逝世于澳门。

聚仁先生一生著作70多种。80年代起，经夫人邓珂云先生的整理，出版了《我与我的世界》《中国学术思想史随笔》《万里行记》《听涛室剧话》《书林新话》《曹聚仁杂文集》等，都拥有广大的读者。

聚仁先生还曾在香港报纸陆续发表有关旧上海方方面面的记事的文章，极有裨于上海史料，同时又是极有兴味的小品文字。过去没有辑集成书，今由他的女儿曹雷女士编成《上海春秋》一书，以贡献于读者，无疑会引起读者的重视。编辑过程中，又请曹宪镛先生加以校订。宪镛先生是研究和编纂《上海市通志》的专家，使本书内容益臻完善。

我于聚仁先生为后辈，少年时代以来，即一直学习他的著作。老先生在青年时代即曾参加柳亚子先生组织的新南社，所以与我父亲怀琛先生和伯父朴庵先生早就相识。但我直到抗战结束后才有机会请教于曹先生，多蒙先生启发、指教。新中国成立后又失去联系。1956年我的《梦溪笔谈校证》出版，曹先生在香港看到，就在香港《大公报》力加推荐，使我衷心感激。50年代中，曹先生一次返回大陆，到京见周恩来总理后，经上海小住上海大厦，约我相见，并告我周总理意欲曹先生在香港主办一份日报，用清末名士王韬在香港办过的同一报名。他说办成后希望我写文章。但后来因局势变化，没有落实。"文化大革命"接着发生，我又与曹先生失去联系。我自己也受"四人帮"迫害，关入大牢蹲了九年，不知世事。曹先生的逝世，我也是在粉碎"四人帮"出狱后才知道的，心中十分悲痛这位对我多所关怀的前辈学者的逝世。但邓珂云先生和曹雷女士常将所编曹先生遗著赠我，使我能不断受益承教，这是我一生中最为欣幸的事。现因曹先生又一遗著《上海春秋》由上海人民出版社出版，丰富了上海史料的宝库，故喜为之序，同时也记下了我对曹先生的学术因缘，对曹先生的尊敬的深谊。

（序于劫后海隅文库）

（1995年9月1日）

回忆曹聚仁先生

方汉奇

　　1947年我在国立社会教育学院新闻系念二年级，这一年的下学期，系主任马荫良先生宣布将聘请曹聚仁先生为我们讲新闻采访课，大家早就知道曹先生是名作家兼名记者，听说请他来给我们上课，都很高兴。

　　国立社会教育学院的院址在苏州，曹先生当时的住家在上海。这门课每星期上一次，每次上课，曹先生都是头天晚上到校，在校内的教师宿舍下榻，第二天上完课就回去。苏州和上海相距只98公里，一个多小时的车程，很方便，新闻系的很多老师也都住家在上海，和曹先生一样，往返于苏沪之间，为莘莘学子们传道授业解惑。

　　曹先生第一次上课时，先向同学们作了一个简单的自我介绍，然后就拿出讲稿来开讲。我打量了一下这位在当时就享有盛名的教授，给我的印象是，他身材中等，但是头很大，显得很有智慧。身上总是穿着一套修饰得非常整洁的中山装，脚上总是穿着一双擦得很干净的皮鞋，手上总是拿着一个那一时代比较流行的公事皮包。讲稿和参考书都十分有序地装在皮包里，根据讲课的需要随时取出放进。他讲课时，带有较浓重的江南一带的口音。当时，我对方言的识别能力还不强，一度把他当成了江西老表，后来听多了，熟悉了，才知道他讲的是带有浦江口音的浙江官话。

　　曹先生讲的是新闻采访课，但是有关新闻采访的内容究竟讲了些什么，现在已经想不起来了。印象比较深的有以下两点：一是他向我们介绍了很多他和鲁迅等文坛巨擘们的交往，和30年代以来的"左翼"作家们的情况。他的口才并不十分出色，但是讲课的时候很投入，很有激情，而且旁征博引，显示了他的渊博的学识。二是他向我们传授了如何作卡片和如何利用卡片来积累资料的经验。并且带来了他自己作的卡片，给我们示范。后一点，使我终身受用。我用卡片，就是在他指导下开始的。从那时到现在，半个世纪过去了，我作的卡片，累计已达10万张。直到现在还在作。不但自己作，而且教我的学生作。追根溯源，应该万分感谢曹先生的教诲。

　　1948年，新闻采访课上完，和曹先生的师生缘分也随之终结。此后，虽然时时听到有关曹先生的消息，但再也没有和他见过面。他的音容笑貌只能在记忆中寻找了。

忆曹聚仁先生

袁义勤

今年是聚仁先生诞辰一百周年。回忆当年我在新闻界工作，虽然早闻先生大名，而相识较晚，大概在1948年。次年年初，上海《金融日报》开辟《新闻透视》专栏，专载时事分析文章，该报发行人兼总编辑何伊仁约请曹先生、鲁莽、胡道静和我，在新雅菜馆晤谈。商定4人轮流执笔，他们3人每周每人各两篇，我专写国际时事，每周一篇。这段时间不长，大约两个月，这个专栏也就结束了。

执笔从戎

曹先生是集作家、教授、记者于一身的。这里仅摭述他在新闻界的二三事。记得"八一三"上海抗战一发生，他便走出书斋，执笔从戎，开始当了随军记者。先是在闸北战区，为上海《立报》《大晚报》写战讯，几十天中，几乎天天居于头版头条地位。当时这两家报纸，在上海日报、晚报中，销数分别列于前茅。接着受聘为"中央通讯社"战地特派员，在徐州会战中，就是他第一个发出台儿庄大捷的电信。

专栏文章的特色

抗战胜利后，他在上海《前线日报》任主笔，兼海外报纸特约记者。他的通讯，素以"如实道来，直言无忌"著称。不仅登载在海外报刊上的是如此，就是发表在国内的也是如此。他曾经说过，"我承认自己可以看错说错，却不能故意看错说错"，以此自律，自然是"直笔"了。"国民党不亡，是无天理"这样的话，就曾经出现在当时《前线日报》的"南京通讯"上。

他写的时事分析文章，读来令人感到富于书卷气，知识性很强。往往古今结合，旁征博引。娓娓而谈，层层剖析。议政论事，似乎总离不开"以史为鉴"。1949年春中共大军渡江前夕，进行和谈时，上海许多报纸上的时事分析，有的是"猜谜式"的渲染，有的是"打赌式的武断"。聚仁先生在《金融日报·新闻透视》中发表的文章，则显得与众不同。他运用丰富的资料与战地记者的经验，分析战争形势，言必有据。例如他在《谣言之雾》一文中，从美国军事专家林泼斯的《军事新闻读法》，谈到《孙子兵法》，使读者从他所介绍的大量知识中，理解他的观点，领会他的分析，从而拨开"谣言之雾"。在当时专栏文章中，引用之广，知识量之大，实在罕有其匹。这可说是他写作上的一大特色。而这样特色的形成，也并非偶然。他早年就以史学家自勉，因而在他手中的一支记者之笔，也就成为史家之笔了。

也是历史学家

1946年秋，南京中宣部曾经组织"京沪平昆记者访问团"去台湾，团长是副部长许孝炎，成员有《申报》陈训愈，《新闻报》詹文浒，《东南日报》杜绍文，上海《中央日报》冯有真，《华北日报》张明炜等人，聚仁先生是代表《前线日报》参加的。此行的背景，是访问陈仪（时任台湾省主席）的政绩。然而，曹先生是意不在此，而"别有所图"的。活动日程两周，时间安排并不算紧，但是他却忙得不亦乐乎。开会有时看不到他，游山玩水更是见不到他。团长许孝炎时刻要问："曹先生哪里去了？"在旁的人总是回答："到图书馆去找。"原来他是忙于搜集历史资料。在台北、台南、高雄等地，不仅跑大图书馆，即使是中等学校的图书馆，只要听说有资料可寻，也总是全力以赴，尤其是关于郑成功的史料。访问团成员在先只知道他是作家、教授兼记者，这时才发现他也是一位历史学家。

其实，曹先生曾在《在上海生根》一文中说过，他在20年代初，便开始"有做史学家的抱负"。他不仅继承了浙东学派余绪，而且受荷兰历史学家房龙的影响很深。他曾经说过，自从读了房龙的《人类的故事》以后，"改变了我的历史观点，开拓了我的眼界，影响了我的一生，这是王船山《读通鉴论》以后的大进境"。

"半客卿顶上了石臼"

曹先生与《前线日报》的关系，是有其因缘的。他一向以"自由主义者"自居，他参加《前线日报》工作，如他所说，就是因为该报"有自由主义的倾向，容易合作些"。在抗战期间，宦乡任总编辑，倾向进步。该报与重庆《新华日报》在言论与新闻方面，时有不指名的互相引用。这深为国民党右派所不满。有一次《前线日报》通讯版转载《新华日报》关于陪都文化界纪念高尔基大会的报道，因处理不慎，而引起轩然大波。第三战区政治部主任邓文仪曾主张"查办"。抗战胜利初，《前线日报》迁沪出版后，宦乡终于因受国民党右派势力的攻击而离去。这时社长马树礼因病住院，经理邢颂文尚在上饶主持工作。上海《前线日报》既受到政治上压力，又处于高层领导无人负责状态，处境几乎是"风雨飘摇"。在此困难时刻，曹先生挺身而出，担当起报社的临时总管，包办了"三总"（总主笔、总编辑、总经理）的工作。如他后来所说，当时是以"半客卿"的地位，顶上了"这只石臼"。直到马树礼出院，邢颂文来沪，才调整人事。这位"半客卿"脱掉石臼，只肯担任主笔名义，从事专栏通讯撰述。他不愧为报界的全才。当年在赣州主办《正气日报》时，也是身兼"三总"，接办时报纸销数不过几千份，苦于亏损，而两个月后，销数就增至1万份。有了盈余。

"有德有言不朽"

曹先生自杭州第一师范毕业后，1921年一到上海，就在邵力子先生引荐下，为《民国日报·觉悟》写了不少稿子。所以他在《在上海生根》中曾说："我一进上海，想不到一脚踏到的是文坛，又一脚踏到的是报坛。"1923年他23岁时，又开始登上大学讲坛，不久便以"蓝布衫教授"闻名。他一生中"左"派、右派的朋友都不少，而自己则始终以"自由主义者"自居。晚年作为海峡两岸的信使，为促进祖国统一而竭尽心力。他滞留香港，以"灯台守"自喻，成为人所称道的爱国主义者。我不禁想起曹先生的好友，另一位新闻界前辈俞颂华先生。俞先生逝世时，王芸生先生曾挽以一联："有德有言不朽，无党无派以终。"今天我默诵此联，缅怀聚仁先生。

我和曹聚仁的交往

郑子瑜

　　曹聚仁先生是现代著名作家、记者和学者，早在60余年前，抗日战争爆发的前数年，他只有30余岁，已经是上海的名作家、名教授了。那时候郑振铎出任上海暨南大学文学院长，罗致了不少的名作家、名学者在那儿当教授，曹聚仁先生便是其中的一位。我只有20出头，便很喜欢拜读曹聚仁先生的杂感文，觉得篇篇都隽永有味。

　　40年代初，四川省教育厅厅长郭君有守，创设教育科学馆，编印《国文教学丛刊》，以指导中学国文教师的教学，尝聘请叶圣陶、朱自清二氏合编《国文精读指导》《国文略读指导》二书。二氏乃当代既有国文教学经验又富有教学研究的专家，其所编著的上述二书，对于改进全国中学的国文教学所做的贡献之大，自然不在话下。到了50年代，这两本最切实用的指导书停版已久，购置匪易。50年代中，香港语文教学研究会诸君，约请曹聚仁先生谈语文教学问题，曹先生找到了这两本书，为万千青年学子着想，将《国文略读指导》重订再版；我也为了同样的动机，将《国文精读指导》改订再版。

　　我的改订本于叶、朱二氏原编，只保留欧阳修的《泷岗阡表》，徐志摩的《我所知道的康桥》，柳宗元的《封建论》，其余胡适的《谈新诗》、蒋介石的《第二期抗战开端告全国国民书》都是当时国文课本所不易见的，实不足与国文课中的教学指导相配合，只得删去；至于鲁迅的《药》一篇，则改选同是鲁迅所作，但不是小说而是散文诗《秋夜》，"指导大概"是由我来写的。理由和上述一样：《药》在当时国文课本中也不易见，而《秋夜》一文，则几乎每种国文课本都可见到，是一篇最流行而又最不容易理解的课文。

我和曹聚仁先生，不约而同，不谋而合，一个为重订《国文略读指导》，一个为改订《国文精读指导》，可是我们到了这个时候还不曾谋面，因为曹先生在香港，我则在新加坡。

此后我和曹先生虽曾有通信，但只是稀稀疏疏的。当时香港有一位大编辑家，他的散文写得很好，学问渊博，著作甚丰，但主要是为大公书局主编了一套《新标准高初中国文课本》，一改以往中学华文课本的守旧作风，又请得港大中文系教授马鉴先生为顾问，颇受用家的欢迎。他也编写过《中国文学史》，风行一时。这位大编辑家不是别人，而是那位曾经为抗战文艺的写作态度问题，和另一位文坛名家引起笔战、轰动一时的冯明之（即冯式）①。许是他看过我改订的《国文精读指导》（一九五五年世界书局出版），先写信和我讨论中学华文课本的编辑问题，后来我们便成为知交。我曾到香港来看他，也曾请他带我去拜见仰慕已久的曹聚仁先生，但不知为了什么，却相左了。只是有一件事我至今还能分明记得，就是当时有一些书局、出版社、商行和社团，信封上所印的地址，在"香港"之前，冠以"中国"二字，表示不承认香港被英国所占领。但是不知怎的，后来这样的信封却渐渐不见了。

---

① "七七事变"后首先提出"民族革命的现实主义"口号者，是冯明之，黎觉奔等人。冯明之当时以"洁孺"为笔名，致力于抗战文学的理论建设，曾于茅盾所编《文艺阵地》月刊发表了《民族革命的现实主义》一文，主张确立抗战文艺的创作方法，其后并因此项创作方法与战时创作倾向之歧义问题，与乔木、杨刚等发生战时中国文坛著名之"新风花雪月论战"，旋由许地山（落花生）、叶灵凤等出面，邀集双方，公开辩论，同时进行折中排解。

大约是1962年的春天，我应邀到日本的早稻田大学、中央大学、大东文化大学等校及东京汉学会讲学，讲的是关于黄遵宪和周氏兄弟的诗；在这之前，我曾为商务印书馆编著一本《人境庐丛考》于1959年出版，又曾为商洋学会主编《南洋学报·黄遵宪研究专号》，于1961年出版，颇引起了日本"黄学"学者实藤惠秀、铃木由次郎和增田涉的注意。实藤是周作人的朋友，增田是鲁迅的朋友，也都是曹聚仁先生所熟悉的人。回来途经香港，小住数日，意外地得到我景仰已数十年的几位文坛前辈名家的邀请，曹聚仁之外，还有创造社最年轻的作家叶灵凤（郁达夫当年写信给他，称他为"小子"，说是"畏后生也"）、李辉英（东北作家，鲁迅对他的作品有很高的评价），以及《大公》《文汇》二报的主编或编者，罗孚（当时是《新晚报》主编）和冯明之（香港编译社主人）算是比较年轻的两位。那年我只有46岁，曹聚仁先生已经62岁，叶灵凤先生可能还要大曹先生一岁，李辉英先生也许略小一些，他们都是我的前辈，但是对晚辈如区区者的关怀与爱护之至情，真是使人感浃肺腑！因为已不记得哪些话是叶说的，哪些话是曹说的，哪些话是李说的，以下一律用"他们"来代替这三位长者。

他们都看过我于1960年由世界书局出版的以杂文为主的《郑子瑜选集》，又都知道我当时所居住的岛国对大陆63家出版社出版的图书一概禁止入口，集中偶然提到郭沫若，却改称为郭鼎堂，是有其苦心的。

他们又都惊异于我在那找参考资料不易的时地还能写出像《〈秋夜〉精读浅释》那样的小文；有一位先生甚至带来了我那本不成样的选集，要我签名于书上。我知道他们的目的，是在于对我的鼓励。

我曾经不止一次说过：华夏民族虽曾经不止一次受到异族的入侵，近世且长期受到帝国主义者在文化上、经济上和军事上的侵略，但仍能屹立于世，不为所动者，一是华夏有五千年的文化，二是前辈有提携后学的美德；假如前辈不肯提携后学，而且用尽心机加以摧残，则华夏的历史将是另一面貌了。前辈学者，虽然不曾开会通过，但他们提携后学的美德，却是一致的。其他各行各业，也莫不如是。

曹聚仁先生为人诚挚，待人勤恳，交友不分辈分，所以凡是和他有交往的人，都很喜欢他。周氏兄弟失和，但鲁迅、周作人都是他的好朋友。鲁迅书信集中有一些信是写给曹聚仁的。曹聚仁先生由于尊敬鲁迅而研究鲁迅，曾著述《鲁迅评传》一书，反映良好。曹先生和周作人，更是深交，晚年劝周作人写回忆录，经过了数年的经营，《知堂回想录》写成了，但出版的事，却颇费周章，幸得曹聚仁先生为之奔走接洽，终得以在新加坡《南洋商报》连载，然后交给香港三育图书公司出版。凡是"校对抄稿，还有印稿校样"，都得由曹聚仁先生代劳（见1966年2月29日周作人给曹聚仁的信）。这里可见曹聚仁先生为人的勤恳，套用一句现成句，是："为人谋而不忠乎？"

1964年至1965年，我应聘到东京任早稻田大学研究所客座教授，曾因周作人的介绍，去见日本小说家武者小路实笃。鲁迅和周作人都曾翻译过他的小说。在谈话中，才知道曹聚仁先生也是他的朋友。我在早稻田的一年间，除与实藤惠秀共同编校晚清最杰出新派诗人黄遵宪与日本友人笔谈的遗稿外（遗稿发现于平林寺，分赠大东文化大学与早稻田大学图书馆），也自己编写了一册《周作人年谱简编》。有一位研究中国现代文学的日本学者，对拙著很有兴趣，愿意为迻译成日文，在日本出版。我很高兴，曾写信告诉曹聚仁先生，曹先生更加高兴，还勉励我敦促这位日本朋友早日译成。但由于周作人的幼年时代以及抗日战争中的那几年，我只知道周作人不能坚持气节，被日本侵略者利用，做过华北的什么官，详细的情形则不大清楚，我请周作人自写这两段的"年谱大要"寄下。周作人很合作，不久便寄下了，还附下一份"解放后著译书目"。（我为感激大东文化大学允许我将笔谈遗稿借出至早稻田大学与实藤惠秀教授共同编校，特将周作人手书的"年谱大要"和"著译书目"送给该大学的图书馆。）

资料齐备，《周作人年谱简编》也已补写完成，但热诚答应日译的日本朋友却病倒了，又不肯让我找个研究生相助，更不肯让我另找他人翻译，只是拿着稿子不放。病愈之后，说是要多休养一个时期，迟迟不肯动笔。

自从1962年在香港和曹聚仁先生一别之后，彼此都忙于自己的事，不多通信，但这回为了《周作人年谱简编》的日译，却劳曹先生频频来信催问，这时候（1964—1965年）曹先生已在病中，提到自己的病情，只是寥寥数语，但关怀《周作人年谱简编》的日译，却占了书信的绝大部分篇幅，为人多于为己，而不营私，这是曹聚仁先生的人格高尚之处，所以他晚年患病，经济情况也不很好。这是我们晚学所万万比不上的。职是之故，《周作人年谱简编》的日译一事，虽然遇到了变卦，为了怕惹起他在病中增加刺激，损伤身体，我每次回信，只是以"关于《周作人年谱简编》的日译，当尽可能争取其早日译成，以慰先生的期望"来安慰他。（1978—1980年，我应聘任大东文化大学教授，曾试图邀请研究生来日译《周作人年谱简编》，也没有成功。）

现在我检出曹聚仁先生于1970年寄给我的两封信和两篇手稿，可是都是影印本，原稿不知哪里去了。至于60年代寄给我的信件，则一件也找不到。1970年5月初版的《知堂回想录》书后有曹聚仁先生所写的《校读小记》，那里面说："老人总希望我来做一篇跋尾文字，我已经在子瑜兄的《周作人年谱》后面写了《知堂老人的晚年》，这儿也就不再写后记了。"曹先生所写关于知堂老人的晚年，计有二篇，其一是《蒋梦麟的两段话》，其二是《兄弟》。

其一，曹聚仁先生是想借蒋梦麟（原北大校长）的话以证明周作人留在北京，是为了保全北大图书文物，并以此为周作人赴日做辩解的。我以为当年周作人在北京的出处尺寸，史家自有定评；就是周作人手书给我的《知堂年谱大要》（仅写幼时及抗日战争那几年）也自己承认："三十年辛巳一月，任伪华北政务会教育督办，四月往东京，出席东亚文化协议会文学部会，旋即回京。""三十三年一月辞督办职。"所以我们也大可不必为他辩护了。虽然他的留京和出任伪职都有他的衷情（有人为文证明他当时出任伪"督办"，总比呼声甚高的某坏蛋出任好），但无论如何，总不能因此以为出任伪职可以无过，最多只能减轻过失。

其二是《兄弟》。周氏兄弟失和，家庭因素之外，还有思想上的分歧。曹聚仁先生原以为此种家庭间的纠葛，外人以不涉及为妙，但却又将《兄弟》寄给我，希望能附刊于《周作人年谱简编》之末；岂料由于日本朋友食言，年谱简编的中文本也延宕未有付梓，真是有负于曹聚仁先生的重托。我想到许寿裳在《亡友鲁迅印象记》中所写关于周氏兄弟的友爱之情，例如鲁迅以弟弟（作人）早婚，宁愿自己提前回国，任教于浙江第二师范，俾得寄款给弟弟和羽太信子在日的费用；还有，我也读过鲁迅、周作人留日之前所写的《别诸弟》唱和诗，鲁迅原作的一首记得是："还家未久又离家，日暮新愁分外加，夹道万株杨柳树，望中都化断肠花。"另一首只记得它的后面两句："我有一言应记取，文章得失不由天。"鲁迅勉励周作人须勤苦学习，文章才能写得好，不要去相信苏东坡"文章本天成，妙手自得之"的话。手足情深，于此可见，也实在令人感动！

敬悼曹聚仁先生

刘子政

　　人生不过是一根芦苇，是自然里面最脆弱的东西；但他是一根会思想的芦苇。要毁坏他，不必要全宇宙武装起来，一阵风，一滴水，就够弄死他了。但是，即使宇宙弄死他，人总比杀死他的东西高贵；因为他知道自己的死，知道宇宙胜过他，而宇宙则一点也不知道这些。

　　人的伟大是在于他知道自己的悲惨上显得伟大。一棵树不会知道自己的悲惨，知道自己的悲惨，才是伟大的。

——法国：巴斯加

上面引录的一段，是曹聚仁先生在1969年6月出版的著作《浮过了生命海》一书中扉页上引录西人的话，作为曹先生近年来卧在床上的人生观，是颇切实的。

但曹聚仁先生缠绵病榻数年后，于1972年7月23日逝世于澳门，享寿72岁，一代史学家、名报人、名散文家、名传记家、中国现代史专家，就此安息了。

据1972年7月27日马来西亚《星洲日报》东南亚新闻版刊载的曹先生逝世消息，只简单地说：

> （澳门廿六日讯）知名老作家、教授、记者曹聚仁病逝澳门后，治丧委员会定于今日中午十二时，在澳门镜湖殡仪馆礼堂举行公祭，随即出殡火葬。
>
> 曹聚仁家属已先后到达澳门，夫人邓珂云月前已自沪到澳照料。曹氏逝世后，其女曹雷，其子曹景行也于前日奔丧到澳。
>
> 治丧委员会由费彝民（主任）、张思健、王家祯（副主任）、周宏明、李子诵、陈霞子、郭增恺、陈君葆、叶灵凤、车载青、李侠文、陈凡、张学孔、罗孚、严庆澍等组成。
>
> 曹聚仁一生，教书著书，并从事新闻工作，一旦逝世，友好深为悼惜。

曹聚仁先生于1950年秋南来香港，那是新中国诞生后不上一年的事，他南来后的一篇文章《南来篇》，记叙他南来的情形。后来他为香港文人讥为"乌鸦主义"者（即虚无主义者），那是他著作最多的时期，他的文章不但在港报发表，而且在新加坡的《南洋商报》《南方晚报》亦连载他的《采访外记》及各文稿。他虽往返中华人民共和国多次，后来不知什么原因，南洋及香港各报不采用他的稿子了，但若干"左派"港报仍采用他的稿。

他南来15年中，到1965年，很少患病。在1960年前后，他赠我的一张相片，是站在鲁迅塑像前照的，那时他还是雄姿英发，精神饱满；但在1968年5月7日寄赠的相片，那是病后在香港照的，人瘦了、老了，他在相片后面题着："我老矣，日暮之感至深也。时年68岁。"

《浮过了生命海》一书第14页，对他的重病，有以下的记录：

> 这两年（按一九六六年、一九六七年）我一直在生病，老病

侵寻，没有话可说；不过，我并不怕死，死乃人生的归宿，这一关，我早已看破了。我只希望死得很快，一小时或几分钟死去。如曹礼吾兄那样病了七八年，潘伯鹰兄也病了五年，那才够受呢！

去年（一九六六年），我的病，一般人看不出，见面的朋友照例说我的气色很好。本来，我患风湿病已经七八年了，时好时坏，也没什么办法。前年，我突患过敏性风疹块，起于吃了一只枇果，发得十分厉害，浑身七八处，入夜痒得不能成眠，搔了就流血水发烂，噩梦可怕得很。迁延七八个月，恰巧家母病危，急着想回去，医生替我打安神针，擦安神膏，服安神药，后来慢慢才好起来的。哪知坏的后果来了，我的神志慢慢不清了。每天上午，非九时以后不能起床，起来以后，只有七八分清醒，一下来就要去睡；等到下午三时后，午觉醒来，这样的情形，先后一年多，最近才勉强可以早起床，有九分醒。

今年（一九六七年）的病情，不同了。除了风湿病，二十四节，台风小姐将到即浑身不舒服，台风过了三五天，才慢慢好了。可是进餐室吃一顿饭，上电影院看一场戏，一定发烧伤风。这一回最严重，一病七天，躺在床上写稿子，只是消遣而已。

我的二年病况，使我理会到病情的相互关系，我急于诊治过敏症，就有可怕的神志昏迷的后果。而物质文明许多可怕的后果，即如冷气病即其中之一。我也是性格相当倔强的人，凡是自己能做的事，绝不麻烦别人，在香港十七年（一九五〇——一九六七年）我就没有找过佣人……

由于他的病，他进了香港广华医院，动过手术，输过血逃过鬼门关，病愈后写成了《浮过了生命海》，此书乃记述他在医院中医治情形。由1967年病愈到1972年五年中，他仍不断写作，计五年中出版有《蒋百里评传》《现代中国通鉴甲编》《鲁迅年谱》《秦淮感旧录》第一集、《秦淮感旧录》第二集、《浮过了生命海》《旧日京华》《今日北京》《现代中国剧曲影艺集成》等书，尚未出版的尚有《檐下絮语》《新文心》《未央集》《文笔散策》《秦淮感旧录》第三集。

曹聚仁先生，中国浙江兰溪市梅江区石埠乡蒋畈村人，生前曾任上海大夏大学、暨南大学、复旦大学等校教授，抗日军兴，他参加报社工作，为战地记者，所写报道，为中国读者所欢迎。战后初期，与舒宗侨合著《中国抗战画史》及舒宗侨编《第二次世界大战画史》两巨册，此两书近年在香港有三种翻版本，他写信告诉我，将依法控诉翻印人，但没有下文。曹先生的50多本著作中，只有一本《北行三语》（1962年出版）为马来西亚政府列为禁书，因该书内容全是报道中华人民共和国的各项成就。

曹先生之夫人邓珂云女士，亦能文。长子景仲，毕业清华大学，1970在张家口工作中殉难，次子景行、女曹雷，均在新中国工作。

香港某报1972年4月11日副刊内的"牛马集"有一题《潦倒文人》，系万人杰君所撰，对曹聚仁先生的病况及处境，有不据事实的写法，为使读者明了该文内容，全部抄录于下：

潦倒文人

"四月六日读《新生晚报》副刊，圆慧的《亦试亦跃记》专栏，其中有《探老友病》一则，阅后无限感慨，特将原文照抄于下：

"去看订交近四十年的朋友曹聚仁，那四层楼已经在拆了，他住在顶层，还是天台上搭出来的。走进大门的小石阶，隔墙红过来的花，一若代主人迎客。走楼梯时可不对劲，眼睛像拍恐怖片的导演镜头，猫跳了过去，狗在天上叫，整幢待拆的楼，灰蒙蒙一片。

"他已病倒了半年，患的是严重风湿症，我告诉他，费国医来看你的病，回去也几乎病了。

"精神很健，谈了三小时，还约了下星期再去看他，那房子拆到不能再住时，他准备迁居澳门。"

曹先生扬名声的时候，老万还在国民小学里念人手足尺刀，无论跟蒋青天做事的时候，或是致力于弘扬×××他们的今天，曹先生一直是个非常突出的人物，直到目前，在香港的几家爱国报纸中，曹先生仍然居于台柱地位，他的文章，受到许多摇笔杆朋友的重视，尽管和他立场不同。

每逢读到他意气风发的文章，我以为他在"左"派文化圈中一定吃得开，生活一定过得很好，虽然老万和曹先生未谋一面，不像圆慧那样和他订交四十年，不过凭情度理，以曹先生的文章声望，他服务的又是×××他们办的报纸，不是反动资本家剥削阶级办的，他应该得到较佳待遇，香港环境虽然很难找到一个鸟语花香，清静怡人的住处，即使是鸽笼式也好，总该有个像样的书斋，才能培养写作的灵感。如果不是圆慧写了这一段文字，我做梦也想不到曹先生是生活在这么一个环境中，竟是一个危楼的住客。这么多年来，曹先生在文字上替他们吹嘘不少，即使没有大功，也算有点微劳。中华人民共和国的产品，每年在香港及海外换取数十亿元，这些钱，有一部分拨作海外宣传之用，港共的头头，理当照顾一下年老多病的曹先生，如果像曹先生这么一位有名气而忠于

×××他们的文化人，也得不到祖国好好照顾，还怎样争取海外的知识分子？

同时，曹先生患了严重的风湿病，据爱国报纸登载过，祖国的神针对此病有奇效，建议曹先生不妨一试，如果一针而霍然，今后可以多写一些文章，固然对×××他们宣传有助，多点稿费入息，对他的生活，相信也大有好处。最后，曹先生打算在香港待不下去就迁居澳门，老万认为这个主意应该重新考虑一下，祖国今日形势大好，回国服务，总比托庇澳门好得多吧？

曹先生所居的是香港大坑道廿五号四楼，老屋拆去，当然要迁居了。我多年来与他通信，关心他，乃托香港友人代为查询，友人剪寄上段所抄的报道，才知道曹先生的近况，我即修书向他慰问，他于5月1日复函（见下函件），证实系老年风湿病，但他说却不潦倒，在两家报馆工作，有国家照顾，万某的说法是不确实的。他大概在5月间迁居澳门。他为什么不返中国，而愿居澳门，是不能了解的。猜想与政治因素有关，因他在南来时的言论还没有正确的立场，待往返中国多次后，立场确定下来，那是到他垂老日暮之年了。

由于我平生读过他的著作甚多，他的著作只有战前的，《文笔散策》《文思》《笔端》《中国史学》《大江南线》还没有看到，战后的著作，我全都买来看了。他的史学，我是敬佩的，他所写的书，我都认为适合我的口味，他用"陈思""云亭山人""姬旦"笔名写的文，我一看就知道，他的文章另有风格。

也记不起什么时候与他通信，大概有十余年了，我现在检出最近几年他致我的信，抄录于下：

一

子政我兄:

接奉航讯,十分忻欣。拙著《浮过了生命海》(即人生三大问题)及《秦淮感旧录》,一得出版,即行寄奉,勿念。"秦淮"约有一百万言,已写了七十多万,前两册已排好,正在校中。新近,弟只能以全力写《现代中国通鉴》乙、丙、戊各册,回忆录,等将来再写了。

兄所要的刊稿,随函奉上,乞检存。

贱体十月来稍有进步,只是衰老日甚,一切不能勉强了。

别人批评我的话,弟素来不大介意,一切只能求之在我,一切毁誉都不相干的。至于"乌鸦主义",乃是弟等所标榜的,也算不得贬词——"乌鸦",乃是弟主编的《涛声》的商标,鲁迅也曾写稿。至于我讽刺别人,别人当然会讽刺我,那又何必生气呢?

新加坡《经济导报》转载我的"秦淮",弟未见及,《民报》转载我的"檐下",倒时常看到的。

匆匆,即颂

著祺!

弟曹聚仁顿

一九六八年五月廿七日

二

子政我兄:

奉教及尊作二种,久稽未复为歉。

一、因弟身体不十分好,连过海到九龙去都十分疲困。想寄奉的"鹅湖斜塔遗影",最近才取回来。

二、想写点小文,今天才完稿,附奉副本①,乞正。

————————

① 副本即曹先生在《檐下絮语》专栏写的《南洋研究》底稿,该文稿乃发表在香港报纸的剪稿。

今天匆匆写几句，明后天再说。

即颂

著棋！

弟曹聚仁顿

一九六八年五月十日

三

子政我兄：

接来教及高伯雨兄处转来尊教，未复为歉。

弟自去年四月间知道长儿景平在张家口外工作中殉难；恰又双眼突然昏花，情绪一直不佳。九月间内子从上海南来，住在澳门，留港之日很少，百事都搁下来了。弟这么一说，兄一定多多原谅的。

弟曾编了一部《今日北京》，友人李兄代为出版，成本很重，无法送人。兄如在尊处书店看到此书，认为满意，可凭附条，向香港轩尼诗道南天书店购买，依六折收现。这也只能算是秀才人情了，一笑，余不一一。

即颂

著安！

弟曹聚仁顿

一九七一年四月卅日

四

子政我兄：

奉教敬悉。

前接来教及坡币，当即转交南天书店李吉如兄，请其即将《今日北京》寄出依七折批发计算。未知何以迄今尚未收到。可否

劳兄向邮局查问一下，倘不许寄入，就请其将原书退回。

《今日北京》全书一千页，印数较少，定价较贵。《旧日京华》定价稍低，等到售上过半，当奉赠我兄一册。因为李兄出钱，不能累其亏折的。

《秦淮感旧录》寄出。不日定可到尊处，乞指教。弟月来苦风湿症，这也是老年人的毛病。今年飓风特别多，叹！叹！

　　匆匆

著祺！

弟曹聚仁顿

一九七一年七月廿七日

五

子政我兄：

　　奉教敬悉。弟早该复信，却因久病搁了。弟去秋患老年风湿，入冬更甚，近三个月，卧床不能坐立，废而不残。承兄垂注，十分感谢。但弟并不潦倒，兄却勿听信外间传说，向人募助。弟在二家报馆工作，一切自有国家照顾，万某和弟并不相识，其用意亦不可测。手软，不多写了。

　　即颂

著祺！

弟曹聚仁启

一九七二年五月一日

我抄录他致我的以上五封信，不是以"我的朋友胡适之"的态度，反映出曹先生近年的苦况，第五封信是我看了万人杰写的《潦倒文人》一文后，写信问他的，这封信可说是他最后一封给我的信了。此信距他逝世两个月余。

他在《浮过了生命海》一书第17页中所说："我想死了以后，化骨成

灰，撒向长江。"他死后是火葬，大概骨灰运回中国，撒落长江，让我引录
一词，作为曹先生的写照。

　　　滚滚长江东逝水，浪花淘尽英雄，是非成败转头空。
　　　青山依旧在，几度夕阳红。
　　　白发渔樵江渚上，惯看秋月春风，一壶浊酒喜相逢。
　　　古今多少事，都付笑谈中。

一九七二年八月十三日

砂拉越诗巫

曹聚仁给我的第一封信及
一篇未发表的序文

鲍耀明

缘　起

曹公给我第一封信的日期为1951年3月22日，记得当时接东京《朝日新闻》总主笔和田齐君来信，托向曹公约稿，这是他复我的信。

后来我从商往东京，1954—1961年间并任香港华侨、星岛两日报，新加坡《南洋商报》驻日特约记者。其间曾向各报发通讯稿不下200篇，拟汇编成书，书名定为《新日本横断面》出版，请曹公作序，惜因书商拒登此序文而作罢。曹公撰序日期为1963年8月31日，俱是四五十年前之往事矣。

曹聚仁给我的第一封信

耀明先生：

奉教敬悉。

年轻朋友的来信，我一向不大答复的，因为世变太剧烈了，要保持独立的见解是件很艰苦的（事）。我不希望朋友们太把我的文章看得重。为了社会的将来，我又不能不那么写，一个社会的文化思想，太典型化了，会把民族生命闷死的，我们应该为下一代青年开辟个新天地的。我的文字，为己之处较少，为人之处较多，知我罪我，听之而已。

先生东行，能在中日文化交流上下功夫，自是要事。我看，您不妨向《中央公论》《改造》《新潮》这些杂志试试看，日本各报的情形，我有点明白，他们需要有时间性的新闻的。需要我帮忙的时候，请通知我好了！（日本各报均有专人翻译华文通讯稿，寄稿的，只要写华文，不必我们先翻译日文的。）

匆匆即颂

著祺

弟曹聚仁

三月廿二日

曹聚仁为我而写并未发表的一篇序

《新日本横断面》读记　曹聚仁

无论现在中国与日本怎样的立于敌对的地位，如离开一时的关系而论永久的性质，则两者都是生来就和西洋的运命及境遇迥异之东洋人也。我们现时或为经验所限，尚未能通世界之情，如能知东洋者斯可矣。

——周作人：《怀东京》

友朋之中，真正了解日本国情的，并不很少，却也并不很多，因为所谓"日本通"也者，若不从社会文化下功夫的，也和日本所谓"中国通"一样，容易豁了边，尤其在最重要的关头。鲍耀明先生的《新日本横断面》，我是最先读到的一个。他所说的"新日本"，当然是指战败以后这个依然在瓦砾中站起来的国家，这个倔强而又韧性的民族，经过了这样的大变动，居然在短期间恢复了他们的生产力，成为远东的重要筹码之一，这绝不是偶然的，鲍氏从种种角度来了解这一民族的国运，并以知己知彼乃来制胜，该说是超过一般"日本通"一等了。

这部稿本，在我的书斋中，也搁放了一段时期。这期间，我曾到北京去了三次。出发之初，我也曾和一般论世之士一样，以为到了北京，一定满眼是高鼻子的苏俄人了，那些顾问，也一定是高视阔步，不可一世的了。谁知北京街市上，洋人虽说不少，苏联人却不怎样多，几乎可以说看不出有什么苏联的气息，除了中苏友好大厦。最多的"洋人"，倒是日本人，日本和新中国，虽不曾建立外交关系，但访问北京的日本人，却比任何国家都多。有时就和归国的华侨一样多。我们心目中的日本人，一定都是拖着木屐的，谁知他们都穿着齐齐整整的西服，很像西方来的绅士。有一天，我在颐和园走廊上，看见了几位穿和服的日本女人，仔细一看，原来是拍电影，化装的日本女郎。到北京去访问的日本女人，也是穿中国的旗袍，绝少穿和服的。访问北京的日本人士，有各政党的议员，旧日的军事家，教育文化界人士，他们那么迫切地想知道新中国的政治动态，比其他各国社会人士都热烈些。依我的看法，他们要比苏联人更急于了解到中国的现状，他们的报道，也比其他各国的"观光者"更深入，更广泛，反应得也更迅速。我曾对国际友人说，要从香港的中国人士去了解新中国，那是不可能的。海外的出版界，也不曾贡献什么重要的文献。要了解新中国，只有从日本人的著作中求之的。西方人士也有报道新中国动态的著作，总是搔不着痒处，一到日本人笔下，就那么突出，使我们有所会心了。

返而求之，即是说，南归以后，重新看看鲍先生对日本问题研究。觉得到了今日，才真正是对日本再认识的时期。周作人先生曾经说过："如只于异中求同，而不去同中求异，只是主观的而不去客观的考察，要想了解一民族的文化，恐怕至少是徒劳的事。我们如看日本文化，因为政治情状，家族制度，社会习俗，文字技术之传统，儒释思想之交流等，取其大同公认为其东亚性，这里便有一大谬误，盖上面所云其实只是东洋之公产，已为好些民族所共有，在西洋看来，自是最可注目的事项，若东亚人特别是日华朝鲜安南缅甸各国相互研究，则最初便应想到，将此诸事项束之高阁，再于大同之中求其小异，或至得其大异者，这才算得了解得一分，而其了解也始能比西洋人更进一层，乃为可贵耳。"这么说来，鲍先生的报道文字，有其更重要的一面了。

我一向对于研究日本问题的，最钦佩归化了日本，娶了日本夫人的小泉八云。他在一本研究日本社会文化的论文集《心》中，曾说到日本文化的特质，提出了这个国民生活的无常性和渺小性，他说："这国民生活的最特征处，就是那极度的流动性，日本国民好比一个媒介物，它的微分子是在不断的流转中，这流动本身已经是奇特的，它比着西洋诸国民的流动，是更大更离心的，虽然自一点到一点之间的流动是比较的微弱。而且它还自然得很多，自然得在西洋的文化中不能够存在的。"这样的体会，我们可以从鲍先生的报道文字得之的。

我们知道海外人士对于日本问题的看法，和北京新中国对于日本问题的看法，并不相同的。但，我们得知道，北京是送出了杜近芳去访欧西各国，而访问日本的，却是梅兰芳和欧阳予倩，这期间的轻重分量自有差别的。我相信海外人士读了鲍先生的报道，自该幡然有所觉悟的。中日今后的关系，乃在北京与东京的结合，没有一个日本人，会对其他方面寄以幻觉的希望吧。

这是我读后的一点感想。

幸运的一面

史伯英

　　去年秋天，在上海鲁迅纪念馆新馆落成开放之际，被邀的宾客们熙熙攘攘，都兴致勃勃参观了拥有国际先进水平的伟大文学家的纪念馆，大家都感到由衷的高兴。在"朝华文库"的过道内，人们都怀着喜悦的心情在十余个专库前仔细参观，其中不乏专库主人的亲属和子女。在人群中，我看到赵家璧先生的子女赵修义和赵修慧等和一位女士在亲切交谈。后经介绍，才知这位女士就是著名的学者曹聚仁先生的女儿曹雷。在寒暄中我告诉她，我在1956年10月曾有幸接待过她父亲来馆参观。她听后很高兴。

　　曹聚仁和鲁迅结识长达八年之久。自他1931年主编《涛声周刊》时，就深得鲁迅的赞许，鲁迅多次为周刊撰稿，在《祝〈涛声〉》一文中说："我是爱看《涛声》的。"自曹聚仁编《守常全集》约鲁迅为之撰文起，两人往来书信就日渐增多。之后他又和陈望道、徐懋庸等合编《太白》《芒种》等刊物，为推广大众语，鲁迅应曹聚仁之邀撰文多篇，阐述他对大众语的观点。这对当时大众语的讨论起到了推波助澜的作用。据不完全的统计，曹聚仁和鲁迅的互通书信达六七十封之多。现重读《鲁迅书信集》中所收的鲁迅致曹聚仁20余封书信，深感到在字里行间充满着友情，他俩推心置腹，无话不谈，感情真挚，说明他俩的心是相通的。

1985年，在鲁迅逝世50周年前夕，为出纪念集征稿，我们长途跋涉，赴浙江萧山访问了曹聚仁前妻王春翠女士，她老人家也谈了许多动人的往事。她在《回忆鲁迅》（刊《高山仰止》1986年8月上海文艺出版社出版）一文中说："鲁迅先生逝世噩耗传来，我和聚仁万分悲伤。两人默默无言地坐着，我低着头任泪水浸湿衣襟。好一阵子，聚仁起身挥毫，写就一副挽联：

文苑苦萧条，一卒彷徨独荷戟；

高丘今寂寞，芳荃零落痛余香。

他双手把挽联交托给我，无限惆怅地说'明天学校有会，不得缺席的，你一人去吊唁先生吧'。"结果"出殡那天，聚仁向校方请准了假"夫妇两人还是一起去加入了送殡的行列。

新中国成立以后，曹聚仁先生尽管长期生活在香港，但由于他对鲁迅的尊敬和热爱，执着于研究鲁迅的工作，丝毫没有懈怠过。他说："我自谓对鲁迅的生平有了进一步的了解。承认他的观察力是深刻的，分析心理尤其对于黑暗面的解剖是细密的。"因此，在50年代和60年代中期先后编著出版了《鲁迅评传》和《鲁迅年谱》两书，对学习和研究鲁迅提供了翔实可靠的资料，作出了很大的贡献。

同时，曹聚仁先生时刻关心着新中国的建设和祖国的统一大业，也时时关注祖国大陆对于鲁迅的纪念和研究事业。1956年7月，他以《南洋商报》记者兼香港办事处主任的身份首次来到北京和全国各地采访，10月3日下午，这值得纪念的一天，毛泽东主席亲切会见了曹聚仁先生。就在会见后10余天，他莅临上海鲁迅纪念馆参观。

1956年10月14日，扩建后的上海鲁迅纪念馆在虹口公园（今名鲁迅公园）开馆，同日上午还举行极为隆重的鲁迅灵柩的迁葬仪式，自上海西郊万国公墓迁到虹口公园安葬，这成为当时新闻界的一件大事，各家报纸都以头条消息刊登此事，故影响极大。得悉此消息后的各界人士、原"左联"成员以及鲁迅的亲朋好友和日本友人，都纷至沓来，前来参观鲁迅纪念馆和瞻仰鲁迅墓，笔者身为鲁迅纪念馆一名工作人员，有幸得以接待了许多著名人士，曹聚仁先生就是其中的一位。

大概在10月14日开馆后的二三天内（具体日期和由谁陪同前来都已记不清楚），那天上午天气晴朗，秋高气爽，黑瓦白墙绍兴民居风格的上海鲁迅纪念馆沐浴在和煦的阳光下，年近花甲的曹聚仁先生，精神矍铄，迈着矫健的步伐走进上海鲁迅纪念馆陈列室，仔细参观了陈列的每件展品，有时还在陈列橱窗前伫立良久，特别是在步入陈列的第三部分——鲁迅在上海的部分时，更是精心地驻足而观，似乎在回忆当时他和鲁迅的关系。整个二层的陈列内容他一气呵成看完，丝毫未见倦怠。参观结束后我就请他到招待室稍事休息。在此时我一方面茶水招待，一方面就请他对陈列提出宝贵的意见。他首先对上海鲁迅纪念馆丰富的陈列内容给以称许，并对诸如是谁主持设计这陈列方案；某些文物是从什么途径得到的；上海鲁迅纪念馆入藏鲁迅文物等问题一一提问，我都简略地作了回答。他听后频频点头首肯。隔不多久，他从随身携带的皮包内取出一叠东西，边递给我边说：“这些都是当时我主编的《涛声周刊》，有合订本也有单篇的，鲁迅先生发表的文章也在其中，我是特地拣出赠给你们作为纪念的。”我双手捧着这充满爱心的沉甸甸的赠物，代表单位向他致以深切的谢意。然后他就起身告辞，我目送他的座车消失在树丛之中。我现在回想，曹聚仁先生赠《涛声周刊》一事，说明他在出访祖国大陆之前，早已考虑到要参观鲁迅纪念馆等项事宜，因此预先作准备的，这充分体现了曹聚仁先生对鲁迅的爱戴和崇敬之情。

次年，即1957年8月，香港三育出版公司出版的曹聚仁先生所著《北行小语》一书，收集了他1956年7月至秋末返港期间访问祖国大陆的51篇访问观感。其中有《与周启明先生书——鲁迅逝世二十年纪念》《在鲁迅的墓前》和《纪念鲁迅的日子》等三篇，后两篇就是参观上海鲁迅纪念馆和瞻仰鲁迅墓的内容。

这段往事，已经相隔将近半个世纪，曹聚仁先生也已作古，我自己也

已从当时的年轻人转入七十有三的老人了。追怀之下，感慨良多。虽时光如
穿梭，已过去45个春秋，但当时接待曹聚仁先生的情景尚历历在目，有如昨
日。今年为曹聚仁先生百年诞辰，旧事重提，以为纪念。

（2000年2月）

父亲最后的日子

曹　雷

　　这已经是26年前的事了，回忆起来，恍若隔世，但有时又觉得一点也不遥远。70年代初期，对于我们家来说，真是灾难连连的时期。当然，那时候，我们的国家整个儿都在灾难之中，覆巢之下难有完卵；而我家，更是雪上加霜：1970年，我的大弟弟景仲受父亲这"海外关系"的牵连，清华大学毕业后被分配到塞北沽源县一家小小的农具厂，让他这个学冶金的高才生去打铁。不幸，在战备工作中因公牺牲，当时他才25岁；1971年，因"文革"中医院混乱，我的孩子产下才一天半就夭折了。这重重精神上的打击，使本来就体弱的父亲不堪承受。那段时期，他的来信中常诉说精力不济，体力日衰，浑身筋骨疼痛，有时要终日卧床；又偏遇要拆屋搬家，不胜负担。

　　从60年代起，父亲在香港就住在大坑道（街名）一幢四层楼房房顶平台上搭出的两间小屋里。楼旧了，他那两间小屋更是逢雨就漏。房东要把楼拆了，用这块地皮造高楼；父亲就想把家搬到澳门。一是母亲进出澳门比较不引人注目，好去照顾地；二是他自己的行踪也可避港英当局的耳目。1972年五六月间，他在澳门租下两间小屋，把一部分书籍文稿搬了过去，谁知还没安排妥帖就被送进了澳门的镜湖医院，再也起不来了。

　　医生检查出我父亲的病是骨癌，脊柱已有多处病变，但他自己却浑然不知，只当是风湿痛。给我母亲的信上，总说住几天医院后就会好起来，待秋凉后把租下的房子收拾好，就接她去。这个情况，已经被中央知道了，被周恩来总理知道了。6月的一天，尚在上海的母亲被告知我父亲病重，要她尽快去澳门。两天之中，她就办好了一切手续南去了。到了澳门，她直奔医院，躺在病床上的父亲看到她走进病房门，意外之极。他在给我的一封信（也是他给我的最后一封信）上，用抖抖索索的笔迹写道：

"织女（我母亲邓珂云原名邓织云，此处有双重意思。）从天外飞来，我这个卧床牛郎，不惊（禁）狂惊而哭笑交并了。这是诗的境界，我可没做成诗。"

以后的一个多月，母亲一直在他身边照料。他还常挣扎着要给报社写稿。他为自己准备了一块黑色的夹板，夹着纸，举在眼前，悬腕而作。这个形象，我是从他留下的两张照片上见到的，这是他最后的照片。但是不久，他再也写不动了。

妈妈到他身边后，他躺在病床上，和她谈了很多。20多年来，他和我们天各一方，只靠鸿雁传书，夫妻间能这样畅谈的机会很少很少，不想这难得的机会，竟成绝唱。他谈到自己几本书的出版情况，难以释怀。一本是《中国现代剧曲影艺集成》，那是他将20多年来收集的有关新中国舞台、电影方面成就的资料，加上他自己的评论，编撰成的一本大书。说"大"，也确实是"大"，一部四开本，有两千多幅照片图片，20多万文字的书，单重量就有十四五斤。但它的分量不仅在此。70年代初期正是神州大地上的百花都被扣上"毒草"的帽子大加挞伐的时期，父亲却不顾一切地把这些"批判对象"辑成书出版，还手书前言加以赞美。他称这本书是"一部伟大时代的剧曲艺术图片实录"。他要把它们"公之全世界学术文化界——高山流水，以待知音"。他对我母亲说，他要把这本书送给毛主席。这可以视为我父亲对这场他并非十分了解的"文化大革命"的态度。那以前，他也曾在给我的信中说过："那部大书，目前你不一定看，10年后，你必须看一遍，才知道我用心力之勤之苦……"另一本是《现代中国通鉴》，他为这部史书的写作和出版，已做了多年的积累和准备。他自称不是文学家，这些年爬格子，也只是为糊口养家，而真正想做的是一个史人。《现代中国通鉴》在他的计划中共有五卷，第一卷——甲编已出版，乙编的史料他说还不齐，而丙编的资料却已齐全，他正在着手写。他搬到澳门来的这批书，差不多大半是为写这部书而用的参考材料。他想不到最终他是连丙编也来不及写完了。而他的那部自传《我与我的世界》第一部分正在排印中。这部分写到1932年为止，也就是"一·二八"淞沪战事以后，第二部分业已完成，写到1937年抗战爆发的前夜。这部分尚未付印。（1983年，北京人民文学出版社将这第二部分与第一部分合成一册出版了。）而第三部分，写的是抗战期间他作为战地记者的生活，正在香港《晶报》上连载。但写了10万多字以后，他已无力再写下去。5月，《晶报》上登出声明："此专栏暂停"——其实是永远地停了。他连第一部分的出版也没能看到。他的自传没有写完，这对他，对希望研究他和他的世界的后人，都是永远的损失和遗憾。

病中，他也对母亲说到另一桩事，他曾为此奔走多年，却没能完成的大事——国家统一大业，这更使他耿耿于心。我们知道父亲从50年代起就担当起毛主席、周总理托付的与台湾当局牵线搭桥的工作，他感觉到自己的身体已很难将这工作再继续下去，急着想物色能帮助他工作的人。父亲一腔爱国热情，确实借着他在香港的特殊地位以及多年从事新闻工作而建立起来的人际关系，为祖国统一做了很多工作。蒋经国在晚年能提出希望与大陆在某些方面相通，不是没有前因基础的。

到7月中旬，父亲的病情急剧恶化，神智也时清醒时迷乱。母亲后来悄悄告诉我们，那时常听父亲在似睡似醒时喊要见毛主席，说有要紧事告诉他。醒来又诉说梦中坐船在大海上漂。

1972年7月20日前后，我在上海接到母亲的电报，说父亲已进入弥留状态。我速召回在安徽黄山茶林场务农的弟弟景行，与我一起去澳门。一切都尽可能地赶紧。23日，那是个周日，去广州的机票已满，不得已，我们上了火车。在当时来说，火车比第二天那班要中途停几个城市的小飞机要快一些，也保险一些。弟弟从农场出来走得匆忙，脚上只穿了一双解放军跑鞋，当24日傍晚我们到达广州时，第一件事就是赶在商店打烊之前抢着给他买了双皮凉鞋。

匆匆吃了些晚饭，我和弟弟就上了车赶往拱北。那时还没有珠海市，一路也没有过河的桥，珠江下游，河道支支汊汊，每逢到河边，就要等渡船。好在渡船没有首班末班，深夜，难得有人过河，船停在对岸，只要一打信号，就会过来渡你。那晚，我们好像一路共搭乘了五次渡船，还赶上了当地夏夜特有的暴雨。雨水像从天上倾倒下来，从车窗望出去，就像隔着蒙蒙水帘，什么也看不见；车灯照着的路面上一片飞溅的水花。但车仍以最快的速度奔驰。司机告诉我们，过了中山县，过了新会县，但是黑夜里，大雨中，已经留不下什么印象了。

离开广州差不多5个小时，我们到了拱北。那时的拱北是个没有几幢房子的边防小镇，海边，种植着一人多高的仙人掌，若有人要想偷渡是很难的。当我们找到招待所住下时，已是半夜12点了。

第二天清晨，澳门方面有朋友来接我们。他带来了噩耗：父亲已于7月23日上午去世了。那正是我们姐弟刚上火车不久，算一下，即使乘飞机，也赶不上与他告别了。我已经12年多没有见到他，缘悭一面，12年前的分手竟成永别，这是我怎么也想不到的！

我们在澳门镜湖殡仪馆见到了母亲和原来就在澳门定居的姑母，她们正在《澳门日报》同人们帮助下布置准备第二天（26日）的公祭出殡仪式。母亲塞给我们一份报纸，原来当天一早的《澳门日报》已经将我们到达的消息刊登了出去。她说，这几天，各种港澳报纸关于我父亲的消息已经登了无数；台湾方面及一些右派报纸借父亲生病和故世大做文章，借此肆意攻击共产党和我们国家。《澳门日报》抢先刊登我们抵达的消息，也是对那些信口雌黄的报纸一个回击。一时间，我似乎从新闻报刊上嗅到了一股浓浓的硝烟气息。

治丧委员会已经组成，由香港大公报社社长费彝民先生任治丧委员会主任。公祭于26日中午12时举行。来参加公祭的150多位各界人士和父亲生前友好中，大半都是由香港专程赶到澳门的。公祭仪式上，费彝民先生致了悼词，我作为家属代表作了答谢词。悼词中突出了父亲在新中国成立以后从事爱国工作，有所贡献。在治丧委员会刊登在港澳各大报的启事中，也强调了这一点。在当时的形势和环境下，也只能说到这一步了。

在公祭仪式上，看到已经合上双眼的父亲，显得那么瘦小苍老，几乎都让我认不出来。分别的10多年中，他和我们，可说都历尽坎坷。父亲，如他给我的信中所说，是甘当一名"海外哨兵"，在香港这个小岛上做个"灯台守"，等待着形势的变化，等待着时机的到来，等待着有一天能看到祖国的统一，那时候，他才可以解甲归田，家人团圆。不幸的是，尽管望眼欲穿，仍是没有等到；到今天，26年又过去了，我也在盼，盼着有一日家祭可以告吾翁。

澳门是个小地方。自"文革"开始以后，大陆去那里的人又极少，很快，澳门人都知道了我们的到来，走在街上，会有不相识的人来向我们表示慰问。尽管我们一到那里，就赶紧去百货商店买衣换裤，但我们的神态、气质，总是与当地人很不相同，也与那些旅游客极不相像。在那个特定的时期，澳门人就像看珍稀人种似的看着我们这三个"大陆来的人"。

澳门是个美丽的半岛。海滩、古建筑、街道，都很漂亮，而且有一种异国情调。这对第一次"出境"的我们，很有吸引力。但是当时，我们实在没有心情去游玩。母亲在感情上更是缓不过来，一个多月来，她已是心力交瘁了。

1972年，周总理已确诊患了膀胱癌，且因工作劳累过度，病情不断发展；在"四人帮"的不断干扰下，处境也十分艰难。即使这样，他还是关心到我父亲的逝世及身后一些事。他希望我父亲的遗骨能叶落归根，回到大陆；他认为我父亲一生为爱国事业作出努力，死后也应有个盖棺定论，当得上"爱国人士"四个字。这些，周总理当时都有了交代。

遵总理所嘱，我们将父亲的遗体火化（当时澳门并无火化场所，我们是公祭当日扶灵柩送至拱北的火葬场火化的）；并整理了他生前移至澳门的所有书籍、文稿，装箱运回。可惜的是，还有一部分书稿尚在香港大坑道他那两间小屋里，不及搬到澳门。那里有多少东西，有些什么，我们也不清楚。7月，正是台风肆虐的季节，听说那小屋漏雨，许多手稿都浸泡在雨水中，毁了。不久，那幢楼房也拆了，其他的东西，交托给香港的朋友收拾处理了。

　　父亲的骨灰带回了上海；可是1972年的上海，公墓都已在"破四旧"中被拆毁，无土可以安葬，只得托住在南京的叔叔在南京雨花台旁向一个生产队买了一块小小的土坡做墓地。80年代以来，因南京城建不断地扩展，几经迁动，终于在父亲逝世26年后的今天，在上海福寿园选了墓址，准备在7月23日他的忌日，将他的骨灰迁回上海与1991年逝世的母亲一起安葬，真正让他叶落归根。

　　父亲一生无党无派，在他的自剖中常把自己比作屠格涅夫笔下的罗亭。他知道自己身上有许多旧知识分子的弱点，但在爱国这一点上，他矢志不渝。他生前曾对世态政事发表过许多率直的看法，有对有错，他承认自己会看错说错；但他也表示，绝不故意去说错话，他不作违心之言。陈毅同志看过他不少书，曾说："此公爱发怪论，但可喜。"应该说这话是公允的。正因如此，父亲的处境也往往是左右不逢源的，这使他到香港一开始就受到过来自"左""右"的夹攻。直至今日，在他去世后20多年，还有人在香港报上骂他："亲共没有好下场！"而在上海，也有极个别人仍给他加上种种莫须有的罪名，来证明自己"左"的正确。这些，父亲生前其实早已料到。在他1954年出版的《采访二记》"前记——与长女曹雷书"中，就曾写道：

　　"假使我死了，一定有许多人在拍手称快，要运用他们的幻想来构成对我的诬蔑与嘲弄。你们应该知道你们的父亲，只是一个不好不坏，可好可坏，有时好有时坏的人。他所想的所说的大体都是对的，他所做的或许有点儿折扣，社会上所有批评他的话，几乎没有一句是中肯的。他一生是孤独的，但他站在热闹的斗争的边缘上；他最不爱写文章，但他却不能不靠卖文以为活；他从来与世无争，处处让人，不幸却落在最爱相轻相妒的文人圈子里。到了今日，世人怎么样说，过眼烟云，我一概不管；我有了一个生平的知己，你们的妈妈；她是真正了解我的，她会无视那些世俗的议论，把你们父亲的灵魂说给你们听的。"

（1998年春）

生平与思想研究

回忆曹聚仁

HUIYI CAOJUREN

从"曹聚仁专库"的创设说起

王锡荣

1999年9月25日，上海鲁迅纪念馆新馆落成，同时馆内增设的"朝华文库"落成。"朝华文库"中有16个个人专库，其中之一就是"曹聚仁专库"。

"曹聚仁专库"入藏曹聚仁手稿2670件7219页，书信286封，书刊172册，剪报资料2331张，其他资料及纪念物品589件。可说是目前最集中收藏曹聚仁遗物的地方。它为今后曹聚仁研究营造了一块丰腴的良田。

这实在是一个历史的巧合。1996年，鲁迅纪念馆获准立项重建并扩建。1997年3月，在新馆设计过程中，赵家璧先生逝世，我馆立即向赵先生家属提出，将赵先生所有藏书、手稿、书信、照片及文房四宝等全部捐赠鲁迅纪念馆，建立专库，并由此引生出一个完整的设想：在新馆中划出一个区域，专门收藏一批鲁迅同时代人的文化遗存，仿鲁迅《朝花夕拾》《艺苑朝华》之法，取保存先贤文化遗产之意，创立"朝华文库"，兼有收藏、展示、研究、纪念四大功能。这就扩大了鲁迅纪念馆的功能与内涵。我们认为，鲁迅不是孤家寡人，他是一个时代的缩影，他身边有一大群志同道合的战友和学生，他们本人后来都成为中国文化界的中坚，而目前未必设有相应的纪念设施。我们把他们的文化遗存搜集起来，正可与鲁迅相互映衬，更真实地反映鲁迅，也更全面地反映时代。为了使文库达到应有的层次和分量，我们把收藏范围定义为与鲁迅有直接接触的文化名人，入藏条件有三条：

第一，与鲁迅有直接接触。所谓接触，包括以通信方式交往；

第二，本人在文化上有相当成就；

第三，有藏品，即可供入藏的他本人的物品，包括手稿、来往书信、藏书及本人译著、照片、字画、文房四宝及有纪念意义的生活用品等。

我们设立朝华文库的设想一经提出，就受到了广泛的欢迎，黄源先生甚至拍案叫绝。因而我们由赵家璧专库开始，经与全国各地的鲁迅同时代人及其家属广泛联络，层层排摸，按照上述条件，最后确定了16人为入藏对象，曹聚仁即其中之一。选定曹聚仁的原因，也是出于上述三点条件的考虑。第一、第二点自不成问题，第三点却是有些故事的。

我们拟设曹聚仁专库，当然首先考虑到曹聚仁与鲁迅非泛泛之交，在众多文化名人中，曹聚仁原就是一个独树一帜的人物，他虽然比鲁迅年轻19岁，但鲁迅对他的态度却不似对一般年轻人，而更多的是用一种平辈的口吻和方式与之相处，他本人则才气纵横，也不似一般年轻人那样在鲁迅面前多露敬畏之色，而是坦诚相见，率真倜傥，既不失敬重，也不畏首畏尾，显示出超群的独立人格，正符合鲁迅对待自己的老师的风格。他与鲁迅接触既多，层次也较深。

其次，他本人在文化上的建树，表明他在与鲁迅有接触的后辈中，是一个重量级人物。他既是作家，也是文史家，更是记者、报人，还是个道地的学者，知识渊博，才思敏捷，操行卓拔，著作等身，一生著述4000余万言，在大陆和港澳的文化、新闻界有着广泛的影响。

至于第三点，曹聚仁的情况比较特殊。由于曹聚仁先生晚年在港澳度过，当他去世时，遗物绝大部分在香港。后来虽经周恩来总理特派专机运回，但因适在"文革"中，故其家属只拿回了一部分其本人的遗物如手稿、书信等，因而所收藏的东西就不多了。例如藏书，只是全部曹聚仁先生原有藏书的很小一部分。绝大部分留在"有关部门"了。但手稿、书信等则是大体无遗的。因此，总数仍有数千件，已足资建立专库。

鉴于上述三项条件均已具备，我们便很希望能够建成曹聚仁专库。但当然，还要看家属是否愿意。经验告诉我们，当我们选中对方时，对方却并不一定愿意和理解。因为他们的藏品常常是比较珍贵的，家属当然十分珍爱。捐赠出去，自然不免吝惜。有的家属还正在加以研究、整理发表或准备出版文集，夺人之爱未免不情。然而我对他们说，这么珍贵的东西，你们固然十分珍爱，也许你们的子女也十分珍爱，可是你能保证子孙的子孙也都像你们一样珍爱它们吗？试问几百年以后当如何？而我们的收藏恰恰着眼于几百年以后的历史文物价值。并且，任何个人的收藏条件，能胜过单位的保存条件吗？尤其像我馆这样设施先进、功能齐全的优越收藏条件，何可比拟。真正的珍爱，就应当放到博物馆里来，我们当与你们一起来对它们进行研究，阐发出它们的文化价值。今后文库也适足以成为一个永久的纪念场所。而我们复加以公开展示，更可以向世人昭示他们的生平业绩和文化成就，何乐而不为？他们的一生业绩，是与鲁迅互相映衬的，放在鲁迅纪念馆，既非借鲁迅以自重，也不至于辱没了他们，诚为万全之策。其意义之重大深远，孺子可解。

于是有一天，我们来到曹雷女士的家里，向她坦陈了我们的设想和愿望，征求她的意见。曹雷女士是一个非常通达的人，她听了我们的想法后表示，可以考虑，但还要与家人商量后才能决定。事实上，她是既积极又审慎地处理此事的，并且很快就答允了我们的请求。但她说，她正在陆续整理出版曹老部分未刊手稿，容逐步移交，我们自然十分欣喜，也十分感谢她及其家族的理解和支持。

这样我们就开始筹建曹聚仁专库。当时我们的新馆工程正在紧张建设中，人手极为紧缺，但我们还是指定专人与曹雷女士保持联络，一面加紧设计、制作收藏设施；一面曹雷女士也在加紧整理，准备将部分手稿整理出版后移交我馆。

1999年8月，曹聚仁先生的遗物被运到了我馆，安放在曹聚仁专库。专库的库额，由曹雷女士出面延请著名人士程思远先生题写。库额用朝华文库统一的格式，以整块椴木制作，专请艺人雕刻而成。

由于当时开馆在即，时间紧迫，未遑细检。至开馆后，我馆文物保管部集中力量对曹聚仁专库的藏品细加整理，分门别类，建档入库，电脑管理，曲者平之，乱者顺之，科学保管，严加防范。将来更当逐步做到真空保管，科学利用，不使损伤。

综观曹聚仁专库藏品，有四大特色。

第一，手稿为朝华文库各库之最。朝华文库迄今收入16位名人，大多以藏书为主，或亦兼重。而曹聚仁专库中却是手稿占大多数，竟达2670份，7219页。其余任何人的手稿数均不达此数。（有几位的手稿也极丰富，但目前尚未完全到位，故尚难论定），有的或许跨越年代更长，写作时间更早，甚至页数也更多，然而论件数尚推曹氏手稿为首。这些手稿的年代从30年代到他去世前夕都有，绵延近40年，尽管他前半生颠沛流离，却也得以保存，殊属难得。手稿中有大量篇什是其文集的整部手稿。如《檐下絮语》《檐下集》《今世说》《黎明试笔》《朋友的文笔》《人世相》《如寄录》《世说今语》《我与我的世界》《支离杂话》等，有些或未成书，有些则是专栏文章。

第二，个性鲜明。首先曹聚仁先生的手稿就极有个性：纸张多为白纸或练习本页，纵向粘贴，长长的一条一条十分特别。他不喜欢用格子稿纸，其字大而洒脱，突现了他率性而言，狷介而行，放达不羁的鲜明性格特色。藏品中还有一件东西更加能反映曹聚仁的性格。他晚年曾一度着迷于中文打字机的研究，曾专注于研究其结构，试图掌握其奥秘。在他的藏书中，现在还保存着《中文打字机的装卸与检修方法》《中文打字练习课本》《中文打字手册》等书籍。甚至写出了《三线式中文打字机研究记程》专文，实在令人吃惊。从中可以看到他的个性的强韧。

第三，精。总量虽不如别人多，质量却很高，几乎没有一件不具研究价值。这些藏品充分体现了曹聚仁一生的经历和文笔生涯。曹聚仁专库藏品虽然不算很多，但却已能反映出曹聚仁一生的主要成就。通过其手稿，我们看到他一生著述及行止，指点世事凉热，放言无忌，而无不关乎民族命运、文化兴盛、社会热点、政坛焦点，诚鲁迅所谓"关注当代"的文化品格。这是光有藏书所不能达到的层次。通过其著作、剪报等，又可看出他的文化成就之丰富。从1931年的《涛声》创刊号，《芒种》到《社会日报》，到《前线日报》《星岛日报》《晶报》、香港《文汇报》等剪报，反映了他作为一个辗转于30年代上海文坛、40年代离乱战火、50年代纷纭世相间的一介戎马书生本色，而著述更形精彩，如《文思》《笔端》《文笔散策》《国学概论》《蒋经国论》《书林新话》《万里行记》《文坛三忆》《文坛五十年》《中国文学概要》《思想山水人物》《新事十论》《中国剪影》《蒋畈六十年》《秦淮感旧录》《北行小语》系列以及《我与我的世界》等，将曹氏一生主要著述包罗净尽，连《现代中国剧曲影艺集成》的巨册，也概莫能外，是以该库诚为曹聚仁研究资料的集大成者也。

第四，反映了曹聚仁一身而兼鲁迅的朋友、同道、学生和研究者的多重身份。有一个事实可能人们并未注意到：曹聚仁可能是鲁迅同时代人中发表鲁迅研究成果最多的人。他除了出版过《鲁迅手册》（其夫人邓珂云编、曹校）、《鲁迅评传》《鲁迅年谱》，还有已集结而未出版的《关于鲁迅》，另在曹聚仁手稿及剪报中，有关于鲁迅的评论、杂文43篇。或许曹聚仁的鲁迅论未必恰当，但都是独立思考的独特见解，自成一家。于今观之，未始不能成立。

在曹聚仁专库中，还有一件纪念品特别有意思。这是一块锌版，上面是鲁迅致曹聚仁书信（1933年9月7日）手迹。由于生活颠沛流离，这封信的原件现在已不存，然而当年曹聚仁为发表鲁迅这封信而制作的这块锌版却因曹聚仁的精心保存而遗存下来，也使我们因而知道这封信的内容，由于这封信已不存，故这块锌版就成了鲁迅这封信的唯一见证和依据，更显珍贵了。

过去我们只注意到许寿裳、冯雪峰被视为鲁迅研究的"通人"，现在回顾20世纪，我们不能不承认，显然曹聚仁是一个未被注意到的鲁迅研究"通人"。在曹聚仁的手稿中，有一篇《谈〈五讲三嘘集〉》，这《五讲三嘘集》，是鲁迅当年拟议中的演讲集，然而并未写出来，更遑论出版，很少有人知道。然而曹聚仁以他过人的学力，注意到这一掌故，并且加以阐发，这在当时是只有少数专家才能做到的，不由你不折服。

曹聚仁专库初步建成了，但事情远没有结束。对我们来说，毋宁说刚刚开始——我馆员工早已开始了紧张的整理、研究和纪念活动的准备工作。

如前所述，我们创建朝华文库，着眼四种功能。首即收藏。今已初具面貌，当然还需不断搜求、完善，使之更加丰富完整，也才更具价值。其次展示，目前已实施。但当然，这种展示不应当是全方位、全裸露的。对一般观众，我们只能让他们看一个大概，感染一点气氛，其内涵当由讲解员阐发之。否则必将与保存发生冲突，如果藏品不能得到有效保护和绝对安全的防范，则这种展示便无异于破坏。展示是以服从保护为前提的。再次是研究。我们收藏的目的之一，是要开展研究。只有研究才能更有效地保存。不研究，所保存的无异于废纸。我们将投入研究力量，与家属一起，并有条件地向研究者开放，共同开展曹聚仁研究。最后是纪念。今年正逢曹聚仁诞辰100周年，我们将与有关方面一起举办曹聚仁百年诞辰纪念活动，包括一个全市性的纪念座谈会，一个纪念展览和一本《曹聚仁纪念集》三项纪念活动。今后每逢曹聚仁先生的有关纪念日，我们都将与曹先生家属一起开展各种形式的纪念活动：这里是家属对先贤的永久纪念之地，相信这里的含义更加丰富，读者也一定能理解的吧。

我们将乐此不疲地为之忙乎。

章太炎·曹聚仁·鲁迅

章念驰

聚仁先生诞辰百岁了，去世也已近30年了，组织一个纪念活动，是很必要的，因为他身上确有许多可资纪念之处。

诚如众所周知，聚仁先生是一个出色的新闻记者，著名的学者，炽热的爱国者，一个不断追求进步的人。他一生涉猎之广、涉及之深，著述之丰，令人叹为观止，而且他的论述在他所处时代，可以说代表了最高水平和最高进步观点。一个人具有这些长处，足为人师表，可为楷模也。

我与聚仁先生从未谋面，我之知道他，是他记录了我先祖父讲学而成的《国学概论》，先祖母常嘱我，要知先祖父学说，当从《国学概论》着手。因为这是一本用白话述说先祖父国学思想的著作。先祖父作为清末民初的国学大师，为数千年的小学、经学、国故学作了光荣的终结，但是，读他晦涩古奥的文字，足令许多大儒却步，何况我等晚生。所以《国学概论》成了近百年来人们研究国学的一个导读本。然而，聚仁先生成《国学概述》一著时，年仅22岁，而且只有师范学历。

当时，旧民主主义革命已步入岁暮，历经戊戌之变、辛亥之失、洪宪之乱、护法之败，先祖父革命锐气大丧、病赋沪上。江苏省教育会趁机邀太炎先生演讲国学，传播国学，先祖父欣然同意。1922年4月至6月，在沪公开讲授国学十讲。上海《申报》每次安排专人记录，并刊于第二天的报上；《民国日报》邵力子安排曹聚仁先生记录，也刊于该报《觉悟》副刊上；另有老儒张冥飞与严柏梁记录的《章太炎国学讲演集》，也单独印行于世。但是，传世的唯有聚仁先生的《国学概论》，到1955年在香港发行到第33版，可谓流传至广了，到今天恐已超过40多版了。其中还有两版日本版本，先祖父专门为日文版写了序，称赞了聚仁先生记述之功。一个22岁青年居然力克群儒，连先祖父也感到惊讶，便破例让他去拜门，算是章门弟子了。但聚仁先生一直自谦地说，只算是私淑弟子罢了。其实，他对先祖父学说的研究、继承与发展，不在其他入室弟子之下。

我虽没有见过聚仁先生，却有幸与聚仁先生夫人邓珂云相识，我一直称她邓伯母。邓伯母住在南京西路润康邨村大弄堂口，我住在成都北路凤阳路口，相距甚近，步行不足10分钟。但"文革"前后都属"牛鬼蛇神""遗老遗少"，避之不及，不敢往来，自从纪念辛亥革命70年后，才敢往来。她不时来看看我，坐坐，慈祥、和蔼可亲地聊天，送我聚仁先生的书；我也常去看她，讲讲我整理先祖父著作情况，谈天说地，我们总有许多熟悉的旧话题。当时邓伯母年逾花甲，但还不断整理着聚仁先生遗著，写着、编着、奔波着……从她处，我感受到什么叫"责任"，什么是中国传统——后死之责，看到她，就让我想到作古不久的我的先祖母，从而感叹一个伟人后面一个无名的妻子的辛劳，是那么忘我、执着、持久。有一次，她郑重地将聚仁先生晚年最后一部力作《国学十二讲》的遗稿交给我，希望我为之整理校订和重新出版。《国学十二讲》于1973年香港三育图书文具公司出版，最早在1970年香港《晶报》上连载，取名《听涛室随笔》，邓伯母将《晶报》的原稿也交了给我，大大的一堆。这种信任与期望是无法推却的，于是，我接受了这份作业。

聚仁先生的第一部作品是《国学概论》，最后一部作品也是第72部作品即《国学十二讲》，他一生的学术研究似乎从国学起至国学终，其实他对地方史研究（代表作《上海春秋》），对戏曲的研究（代表作《听涛室剧话》），对人物的研究（代表作《鲁迅评传》），对史地人文的研究（代表作《万里行记》），传记文学的研究（代表作《我与我的世界》），抗战史的研究（代表作《中国抗战画史》）等等，都有杰出成就，但他从发表了第一部《国学概论》就有了一个夙愿，"如能从太炎先生的一切著作里，抉取他的思想，来做一本《定本国学概论》，那就更好了"。他说："我觉得旧本《国学概论》，只能保留十分之二三，其他我拟以《国故论衡》《检论》《文始》为根据，增加十分之七八。"他并在1926年就拟定了一个提纲。以后繁忙的一生无暇顾此，直到1955年，他在香港印第33版《国学概论》时，想把这一版定为定版本，友人们要他为定版本作注释，他认为注释非易事，唯有依太炎先生学说重写一部，于是就有了《国学十二讲》。

《国学十二讲》可以说是对先祖父学说的一个全面阐述，但内涵与时代性都超越了师说，已非简单地注经释经。国学，在往昔被称为国故学，再早就是指经学，在近代人眼里是老古董，是旧学的代名词，与新学和西学比，是一种落后的东西。其实在太炎先生所处的时代，是中学与西学，新学与旧学交替的大碰撞时代，正确地继承旧学并赋予时代的新生命，是当时知识分子的使命，先祖父正是当时先进知识分子的代表。正如聚仁先生所述，太炎先生对国学之稔熟，如数家珍，条理清晰，说解精辟，他教导青年不是去"信古"，而是去"疑古"，所以《国学概论》"所启发我的不是他的国学知识，而是他的论史观点"，"对我有着启发昏蒙的作用，从那以后，我才敢怀疑一切所谓金石良言，尤其是儒家的哲理"。当时社会上弥漫着复古的逆流，封建势力仍很顽固，而《国学概论》正是给"经迷"泼去了一盆凉水。半个世纪后，聚仁先生作《国学十二讲》，不是简单重复先祖父观点，而是针对港台科举幽灵与文科教学中的腐儒之说，一面灌输青年以新知，一面批判腐儒的固陋。"告诉人们国学是什么东西，做拆穿西洋镜的工作"，一方面对二千多年来的经学加以系统阐述，让它回复到文化思想史的本来位置上来，一方面对中国的学术文化研究开辟一条新径，"跳出理学汉学的小圈子"。他盛赞"吴学、皖学的考证学、训诂学、浙东的史学，扬州学派的典章制度"，才称得上"中国学术思想的核心"，并主张"跳开唐宋古文的传统，来接受前人所不齿的传奇小说"，以及被"正统派"视为"异端"的"杂学"。聚仁先生正是从反读经的观点来谈中国学术思想，从反理学的观点来谈儒家学说，从新考证学走向唯物史观新领域。他继承师说，但又不因循师说；继承传统，但又不袭守旧说；汲取西学，但又不盲目拜倒；敢持己见，但又不主观武断；勇于创新，但又不哗众取宠。

《国学十二讲》在当时《晶报》每天发表一个章节，由于《晶报》《听涛室随笔》是个固定栏目，连文字多少也固定了，聚仁先生的文章如超出了版面，便被无端地删去了。而且聚仁先生在写这栏目时，由于时间关系，手边又缺乏许多原著及工具书，所以引述往往是凭了记忆，加上排版之粗糙，错误之多，令人咋舌。于是我予以一一校勘，将书名篇名等以新式标点标明，将原来十二讲重加编次，将前11章节归为史，将后一章节划为文，后一章节18篇则是按他手稿增补的，并补上了被《晶报》删去的30多段文字，尽量忠实展现聚仁先生的原意，并使文史并存。而且，我将书名改定为《中国学术思想史随笔》，因为聚仁先生本来是以随笔形式写的，而且其内容也是论中国文史，均属中国学术思想范畴。1984年我终于完成了邓珂云伯母所托，这对我来说，也是一次很好的学习，是相当愉快的一个劳动，也让我进一步了解了聚仁先生。1986年《随笔》由三联出版，至今受到欢迎，一再再版。历史常常有惊人的巧合，60年前，聚仁先生为我先祖父整理了国学演讲《国学概论》，60年后，我复有幸为他整理出版生前最后一本力作《中国学术思想史随笔》，被学术界传为了佳话。

聚仁先生一生论述先祖父文章，我至少读到了二三十篇之多，他没有言必称吾师，甚至还有揄讽之词，但这丝毫无损他们师生之情。他在总结自己思想渊源时说："我的思想，从罗素的思想中汲取了一半，另一半则自老庄及魏晋之学中来。章太炎师所启发我的，便是魏晋之学。"孙中山称罗素是唯一了解中国的英国人。罗素在中国生活了两年，写成了《中国之问题》和《共产主义的理论与实际》，这两部著作深深影响了聚仁先生的思想，使他对中国和中国文化有了新视野。而先祖父的著作如《国故论衡》等，或短短几千字的其他论文，"浓缩了的内容跟近人几十万字的巨著差不多"，"和《文心雕龙》《史通》一类经典著作等量齐观。时人即算写了100多万字的《中国学术思想史》，也未必有那么丰富的内容"。太炎先生将一切史书都称经，"这对于提倡读经尊孔的腐儒们，是最有力的讽刺。章认为除了六经外，古代兵书、法律、教令、历史、地志、诸子等，都可以称经"，这实在是非常进步的。聚仁先生说："新考据派的言论，在30年代可以说是惊世骇俗的，正如章太炎师在19世纪末期那么惊人的。"星移斗转，也许今天的人们已很难想象太炎先生聚仁先生两代人，在结束过去开创今日有什么学术贡献了，对这些学术争论有什么惊心动魄之感了。为什么顾颉刚先生说："我从蒙学到大学，上了一二百个教师的课，总没有一个能够完全摄住我的心神"，而"听了太炎先生的演讲，觉得他的话既是渊博，又有系统，又有宗旨和批评，我从来没有碰见过这样的教师，我佩服极了"。为什么自视甚高的柳亚子先生在1936年一封信中表示，他除了佩服鲁迅外，恐怕只有聚仁先生了。要回答这样的问题，让今天的年轻人产生这样的学术震慑，恐怕是困难与徒劳的了。

聚仁先生继承先祖父的绝非仅仅是国学，而是思想与为人。先祖父静静无媚的风骨、始终不渝的爱国情操、忠于祖国的民族气概、锲而不舍的精神、平等待人的平民作风、朴实艰苦的生活作风……都给了他至深的影响。因此，他自称骨里钙分太多，也太多看到党派斗争中的阴暗，也终身不党，一直充当着时代的"同路人"，他坚持讲真话，为抗日奔走，为海峡两岸统一奔波，他出版有争议的人物周作人的《知堂回想录》，他如实评写蒋经国，客观论述鲁迅先生……"左"派认为他右，右派认为他"左"，他夹在中间，到处挨骂，但他还执着地追求他的公正世界，实在是一个理想主义者。如今当年骂他的"左"派右派都烟消云散了，人们甚至记不得他们是谁了，但人们却仍在纪念他，研究他的生平与学说，甚至还出现了研究"曹学"热，这恐是他也始未预料的。

聚仁先生是先祖父晚年的弟子，鲁迅先生是先祖父早年的弟子，按师门之规，我应该称他们师伯，但他们与其他同门弟子相比，不能算是入室弟子，没有随师治学，并承继国学为业，他们的成就，不完全来自"章学"。聚仁先生自幼从他父亲那里接受了儒家正统思想和学说，青少年时代从朱芷春先生处接受了王船山的史学与哲学，青年时代从单不庵先生处接受了清代朴学，又接受了五四运动的文化洗礼，以后在吴怀琛家用力研究了先秦诸子作品和太炎先生主要著作，接受了新考证学，渐渐自成一家之言，所以我还是应称他俩为先生。但是，毫无疑问，无论鲁迅先生还是聚仁先生他们接受太炎先生的影响是巨大的，而且鲁迅先生与聚仁先生之间也有许多惊人的相像之处。

刘半农先生称鲁迅先生"托尼学说，魏晋文章"，即是说鲁迅先生思想上汲取了西方尼采学说，崇尚革命浪漫主义与英雄主义，文章上则汲取了魏晋文体之长，崇尚反抗精神和伐人有序，兼容中西之长，形成了自己的风格。鲁迅先生对刘半农的评价，没有任何反对。聚仁先生曾说："章师推崇魏晋文章，低视唐宋古文。黄季刚自以为得章师的真传。我对鲁迅说：'季刚的骈散文，只能算是形似魏晋文，你们兄弟俩的散文，才算得魏晋的神理。'鲁迅还笑着说：'我知道你并非故意捧我们的场的。'后来，这段话传到苏州去，太炎师听了，也颇为赞许。"鲁迅先生逝世后，先祖父另一个早年弟子马幼渔写了一副挽联，称鲁迅先生"热烈情绪，冷酷文章，直笔遥师菿汉阁"，将鲁迅先生的为人与文风，与太炎先生并论，可谓知者之言。可见先祖父对鲁迅先生影响之大，而聚仁先生也自认他的思想，一半来自罗素，一半来自魏晋，太炎先生启发他的便是魏晋之学，这与鲁迅先生经历相像极了。

其实，太炎先生影响鲁迅先生的远不只魏晋学说，我在10多年前撰写了3万多字的一篇专论，详论了先祖父对鲁迅先生的早年影响，这种影响我认为可分政治上与学术上两个方面。政治上鲁迅先生从站在"农人"一边反对盲目崇拜西方物质文化，从学医转为学文，认识到救国必先救人，救人必先启蒙，启蒙必先向封建制度与精神宣战，宣战必先改造国民性，他当时的代表作《文化偏至论》与《破恶声论》，与太炎先生《俱分进化论》与《四惑论》几乎同出一辙，反复重视和强调了精神与道德的作用，简直是太炎先生著作的翻版，可见受影响之深。鲁迅先生以文学为武器，可以说源自太炎先生"用国粹激动种性"，他一生致力国民性改造，可以说源自太炎先生"增进国民的道德"说。鲁迅先生从太炎先生那里继承的是刚正不阿和丝毫无媚的革命精神，以及敢怒、敢骂、敢讲真话、敢蔑视传统、皇权、权威的风骨正气。鲁迅先生在五四前后的反孔则是接过了太炎先生先前尚未完成的反孔使命，乃至鲁迅先生一辈子对蒋介石不抱好感，他不能原谅蒋介石背信弃义，更不能原谅国民党将杀害陶成章等异己说成是维护国家利益，他从不指责太炎先生"搞分裂""反孙""闹宗派"，至死为太炎先生遭遇鸣不平。

鲁迅先生接受太炎先生学术上影响不仅仅是魏晋之学，至少还有《说文》学、庄子学、佛学、国学。早在1936年7月，文学评论家吴文祺先生在上海《立报》上撰文说：太炎先生弟子中，"只有一个人的作风和章氏有些相像，那就是鲁迅，有些人论鲁迅的文章，'如铁笔画在岩壁上，生硬以外，还夹着丝丝尖锐的声音，使人牙根发酸，或头顶发火'，用这几句来形容章氏的文章，也是很贴切的。其他如诙谐的风趣、凝练的字句、深刻的嘲讽，凡是见于章氏文章中者，也可在鲁迅的文章中发现"。这篇评论撰于鲁迅先生在世，应该说是可以被鲁迅先生接受。的确，如果再要做些细致比较，我们可以找到大量章太炎先生与鲁迅先生酷似一人的文字与句子，连骂人句式也一模一样，一个骂得诙谐、刻薄，一个骂得幽默、尖锐，他们都不崇空言，长于辩理，精于用词，文风峻利，用词典雅，嬉笑怒骂，皆成文章，文风如一也。连他们对达官阔人要发脾气，而对同事穷人和蔼可亲，嗜烟、爱用土纸毛笔等等，也如同一辙。

但是，无论鲁迅先生或聚仁先生，都没有甘为太炎先生第二，他们都超越了老师，成为他们这时代的领先人物。太炎先生的"思想是平民的，但他的文字是贵族的"，鲁迅先生则倡白话文，大大适合了时代的需要；聚仁先生则在太炎先生与鲁迅先生之后的三四十年中，将国学赋予了新的生命力，其成就都在太炎先生之上了。由此我们也可以理解聚仁先生与鲁迅先生的友谊，他们之间有着许多惊人相同之处，可谓师生一脉相承，是值得注意的中国特有的学术现象。由此，我们也可理解为什么鲁迅先生与聚仁先生有这么深的友谊，以及聚仁先生在鲁迅先生身后为他写的评传，是这么贴切。

余生也晚，先祖父得子已年届天命，我无缘得睹三位先驱，但我从他们的著述中得到了深深教益，可谓"阶级烙印"之深，"死不悔改"之顽。在纪念聚仁先生百年诞辰之际，编者给了我10天时间完成纪念文字，时又恰逢台湾海峡风云又起之际，我竟也像聚仁先生一样，忙碌于此，但我还是挤出时间草撰此文，表示我的怀念与敬意。愿中华文化文明之火永续！愿我们的和平统一努力不再流产！

（2000年3月15日）

曹聚仁的心路历程

任嘉尧

　　"四人帮"被粉碎后，大地春回。

　　中国社会科学院历史研究所民国史研究室朱信泉同志来到上海，为《民国人物传》组稿。笔者在会上提出应为《文汇报》创办人严宝礼和爱国报人曹聚仁两位立传，并建议严传请徐铸成先生执笔，而曹传则自告奋勇撰稿。会上，徐老谦逊，说严稿由他和笔者一起合作撰稿，我亦欣然赞同（后由我写成初稿，交徐定稿，还署徐名）。那次组稿会，陆诒同志也参加的。会后，陆老善意地对我说，曹兄历史较复杂，恐不易落笔。我了解，陆老与范长江、孟秋江、曹聚仁同为抗战初期的名记者，且在台儿庄战役采访时，他与长江代表《新华日报》到火线采访，同曹聚仁、邓珂云夫妇当有所交往、知之颇深。我思索一下，答道："陆公，我想如果我能抓住曹先生生命的主流和晚节两点，其他往事和枝节问题不妨淡化或从略，我想能够完成写作任务的，请老兄放心。"陆老听罢释然话别。

　　回到寓所，我把写曹聚仁小传一事和爱人严钟秀谈了。她有些担心，认为这个题目难度相当大，也许吃力不讨好。我回答道："当本着求真务实的精神，努力以赴，为曹老说公道话，还是可以的。"（按：曹最后20余年在香港度过的，国内人士与他隔膜，知之不详，每有所误解，也是相当自然的。）

曹聚仁先生，世纪同龄人。1900年6月生于浙江浦江。浙江省立一师毕业后，没有考上大学，却登上了大学讲坛。这与梁漱溟情况类似，没有考上北大，被蔡元培赏识，特地请梁氏担任东方哲学讲席。

当我还在光华附中读书时，经常在黎烈文主编的《申报·自由谈》上读到鲁迅、郁达夫和曹聚仁等人撰写的文章。这些文章给"白色恐怖"下的上海，打开了一个呼吸清新空气的窗口。

1936年5月，上海各界救国会在湖社成立时，曹聚仁和马相伯、沈钧儒、王造时、李公朴、黄炎培、史良、章乃器等11人，被推为委员。救国会主张团结御侮抗战救亡。是与蒋介石"攘外必先安内"的不抵抗政策相较量的。曹聚仁以此被国立暨南大学解聘。

"八一三"抗战爆发，曹聚仁投笔从戎，担任战地记者。他和邓珂云一起采访台儿庄战役，凭借他的判断和通信工具，他是向全世界率先报道台儿庄战役胜利捷报的。

也是他，在抗战胜利后，和舒宗侨兄一起合作，编写了图文并茂的《中国抗战画史》。曹聚仁是有心人，把历年积聚的素材，挥其史家如椽之笔，勾勒出中日之间战争的史实，也涵盖了国共合作抗击侵略者的光辉事迹。撰稿之始，蒋介石已挑起反共反人民的内战。按当时的环境说，能如实地提供八路军、新四军和游击队的战斗情形至为不易。值得写一笔的，有两页关于南京大屠杀的照片，是叶挺将军从日军战俘身上搜查出来的照片。侵略者的暴行，铁证如山。

曹聚仁、舒宗侨编纂的《中国抗战画史》，全文40余万字，照片千余幅，还有地图图表等，于1947年5月由上海联合画报社出版。书中所写的是关于战争的记录，希望由此而闪出增进人类幸福、促成世界和平的光辉。1948年8月14日，国防部上海军事法庭审判日本侵华派遣军总司令冈村宁次时，审判长席上放着《中国抗战画史》和《第二次世界大战画史》，用以印证日本侵略军在南京大屠杀和各地的暴行。

无党无派的曹聚仁，坦坦荡荡，始终维护着新闻记者说真话的信念，心里想什么，嘴上就说什么，来不得半点虚假。抗战时在赣南，曾给蒋经国主编《正气日报》受到重视和信赖。可是他秉性淡泊，以抗战为重，只作为报人，不接受一官半职。离开了蒋经国，胜利后到上海，担任《前线日报》主笔，并在苏州国立社会教育学院新闻系任教，与俞颂华、马荫良一起，培养报界人才（现在的中国人民大学新闻系主任、中国新闻史学会会长方汉奇教授即是其中之一）。1948年8月，蒋经国以经济督察员身份来到上海，想起了曹聚仁和冀朝鼎，以发行金圆券事相咨询。曹默察形势，直言相告，预测发行金圆券必然失败，救不了经济危机，给小蒋泼了一盆冷水。与此相近时候，他在《前线日报》刊载的南京通讯中，公开说："国民党不亡，是无天理。"这公然宣称蒋家王朝将灭的话，虽触犯了蒋介石的大忌，可是以曹的特殊经历，安然无事。

以上一些情况，是我原来所了解的。当时，为了要写好曹聚仁的小传，一定要寻觅更多的素材。于是就走访他的夫人邓珂云女士。

我数次到南京西路上的曹寓，向邓老采访。她热情告诉我许多往事，台儿庄战役采访，赣州生涯，同蒋经国的误会，如何于50年代初离家别雏走向香港等故事。她还出示曹老留下的作品和编的刊物。有时她还写信解答我的一些疑难之处。这样，我对曹老有了进一步的认识。

1950年8月，曹聚仁在上海找不到合适的工作，可是一家八九口人嗷嗷待哺，不得不另谋生计，于是写信告诉他投身报海的引路人、和平老人邵力子先生，首途前往香港。曾在香港《星岛日报》发表了《南来篇》等文章，说自己"从光明中来"（意味着新中国是光明的象征，而台湾乃是黑暗的），引起了台湾"中宣部"策动香港亲蒋报纸的围攻，长达三个月之久。同时，曹对刚解放的土地也有些他看不惯的现象有所指责，这也引起了一些进步报纸的批评。两面夹攻，这也是曹说真话招致的后果。后来，进步报人理解到曹的为人与素质，前嫌尽失，"相逢一笑泯恩仇"。

1956年以来，曹聚仁六次回大陆采访，曾受到毛主席、周总理的亲切接见，畅谈天下大势、祖国统一前途。陈毅副总理对曹看得较透彻，曾云："此公好作怪论，但可喜。"这里所谓"怪论"，盖指曹的自由主义观点、有啥说啥，而"可喜"乃是指曹热爱祖国的赤子之心。

　　曹漫游大江南北，长城内外，以太史公笔法熔古今史地和新气象于一炉，写下了不少见闻，发表在中国香港和新加坡报刊上，使港澳台同胞、海外华人和侨胞每能从这些文章中了解祖国正在发生的深刻变化。

　　1956年7月16日，周恩来总理在颐和园宴请曹聚仁，陈毅、邵力子、张治中等作陪。席间，曹聚仁和周总理商讨对祖国统一的见解，试探第三次国共合作有没有可能。

　　那年国庆节，曹聚仁、邓珂云夫妇登上天安门观礼。10月3日，毛主席在中南海居仁堂接见了曹聚仁并作了推心置腹的长谈。往后，曹奔走两岸。开展了交往活动，毛主席称他为"今之鲁仲连"。

　　"文化大革命"的出现，曹聚仁一时不知所措。"四人帮"之流，把原来有学术成就的学者专家，一概冠以"资产阶级反动学术权威"，予以打倒。连文学、艺术、戏曲界人士也在所难免。曹聚仁是热爱文学的，写了《文坛五十年》，为作家恢复名誉。又于1971年编成《现代中国剧曲影艺集成》，对戏曲界著名表演艺术家包括已逝世的梅兰芳予以公正的评价。这些行动，正是曹聚仁对"文革"中摧残祖国优秀文化的有力抗议。

　　邓珂云还告诉我，曹老有志做历史学者，《中国抗战画史》中的20万字是一个尝试。晚年在香港，广泛搜集第一手资料，拟编写《现代中国通鉴》一部，计划分为袁世凯王朝、北洋政府、国民党政权、抗日战争、国民党末运五册，可是染上重病，仅写成一册，即赍志以殁。在他生命最后的日子，还打算写《我与我的世界》100万字，仅写成一半。

　　1972年7月23日，曹聚仁病逝澳门镜湖医院，终年72岁。他致力于爱国工作的一生，受到海内外人士的敬重，于26日举行公祭。夫人邓珂云偕女儿曹雷、儿子曹景行参加了祭奠。曹氏遗体火化后，骨灰安葬在南京雨花台附近。1998年将骨灰移葬青浦福寿园。墓地上有曹聚仁铜像，铜像墓座上方铭刻着知友夏衍手书"曹聚仁"三字，并刻有"海水悠悠难化酒，微生有笔曰如刀，战场碧血成虹影，生命由来付笑嘲"一首他自己最喜欢的诗作。

　　爱国作家曹聚仁一生勤于治学，忠于采访，行万里路，写百卷书。50余年间，计写成4000万字的著述，留下了太史公式的笔墨，诚是著述等身，不负平生。

当我在80年代初执笔写《民国人物传·曹聚仁》时，由于篇幅限制（3000字左右），许多珍贵的史料只能割爱。由于当时历史条件的约束，作为两岸间和谈使节一事，尚未解密，只能写曹聚仁晚年身居香港，心怀祖国，以"灯台守"自喻，表达了他热爱祖国的心境而已。

曹聚仁先生去世后，邓珂云夫人将曹老遗著《我与我的世界》《万里行记》《中国学术思想史随笔》《听涛室剧话》《书林新话》《曹聚仁杂文选》等多种，在国内整理出版。邓珂云辞世后，由女曹雷、子景行将《听涛室人物谭》《鲁迅评传》《书林又话》《上海春秋》等书编印出版。

今年6月，正是曹聚仁先生诞辰一百周年。上海鲁迅纪念馆主催编辑出版的《曹聚仁先生纪念集》一书，鉴于曹聚仁与鲁迅有不平常的交往，共为进步文化事业奋斗不懈。谨再记曹聚仁和鲁迅的生活片断如下。

曹聚仁年龄较鲁迅小19岁。可是彼此神交已久，鲁迅早年在东瀛时曾从国学大师章太炎学文字学，而曹聚仁于1922年初抵上海，听章太炎演讲，将其讲稿先在《民国日报·觉悟》发表，复整理成《国学概论》出版。曹聚仁是1922年到上海来的。鲁迅则于1927年从广州来到上海定居的。鲁迅和曹聚仁的第一次晤面，是在1927年12月21日暨南大学举行的学术演讲会上。鲁迅演讲《文艺与政治的歧途》，曹聚仁作记录，后收入《鲁迅全集》中。这两位文化战士从此成为忘年交。

1931年秋，"九一八"事变发生，国难当头。曹聚仁主编《涛声》周刊，以"乌鸦"作标志，为时代而呐喊。鲁迅支持这份刊物，曾用"罗怃"为笔名，写了杂文《论"赴难"和"逃难"》，以及《悼丁君》《〈守常全集〉题记》等。在《涛声》三周年时，鲁迅撰文期望《涛声》能够长寿。谁知此文刊出不久，停刊令便下来了。

曹聚仁和徐懋庸主编《芒种》，又和陈望道主编《太白》，当曹聚仁和陈望道、陈子展等提倡大众语运动之际，鲁迅于1934年8月函复曹聚仁热烈响应，并提出普及拉丁化的一些具体办法。

鲁迅曾参加过"三盟"，即自由运动大同盟，左翼作家联盟，中国民权保障同盟。曹聚仁在救国会也被推举为11位委员之一。两人桴鼓相应，朝着中国人民谋自由解放的目标共同奋斗。曹聚仁还作过多次演讲，鼓吹救亡图存，鲁迅对曹的爱国正义行动深为赞许。

在黎烈文主编《申报·自由谈》的日子里，鲁迅和曹聚仁都是经常的撰稿人，突破了国民党当局封锁舆论的图谋。他们两位每月要各写杂文10篇左右，那个年代鲁迅不得不时常变换笔名，防止国民党的干扰。

鲁迅在文化战线战斗不息的同时，依然忘不了治学。他曾告诉曹聚仁：曾拟编中国文字变迁史和文学史各一部，但寻觅资料不易，自己也没有精力与时间抄写整理，请书记可能有欠款之虞，结果还是空谈……鲁迅这一宏愿不能实现，无疑是中国文化的一大损失。

生命不息，战斗不止。鲁迅写作译述，以毕生精力贡献给中华民族，尤其是鲁迅在上海的后五年（1932—1936年），处于横逆困厄，曹聚仁认为，鲁迅已到达他的黄金时代，成为不争的"中国高尔基"，那时，鲁迅患上第三期肺结核，犹呕心沥血，放不下手上的笔。曹聚仁曾建议鲁迅到金华北山双龙洞一带休养一些时日，鲁迅回答道："他乡不熟悉，故乡又不能归去。"表达了无可奈何的心情和处境，婉谢了。

早在30年代前期，曹聚仁要为鲁迅写传记，并表示"与其把你写成一个'神'，不如写成为一个'人'的好"。鲁迅本人也表示首肯。

1936年10月19日，鲁迅在虹口大陆新村寓所溘然长逝。噩耗传来，曹聚仁心情悲痛，几乎失神。他写了一副挽联，寄托他的哀思：

文苑苦萧条，一卒彷徨独荷戟；

高丘今寂寞，芳荃零落痛余香。

鲁迅逝世后，曹聚仁整理鲁迅寄给他的信，长长短短达40多封，除了交给许广平女士的有24封，还留有20封，打算抄录下来再寄去。谁知"八一三"战火及太平洋战争的发生，这批鲁迅书简也就湮没了。

1937年初，曹聚仁曾编就《鲁迅手册》在上海出版。由于时代的纷争和动乱，直到1950年到香港后，曹聚仁才挤出时间整理鲁迅有关史料，于1956年在香港出版了《鲁迅评传》，履行了20年前对鲁迅的承诺。

曹聚仁宣称："鲁迅，可以说是现代中国文坛的彗星，他的眼光远大，头脑清晰，那是我们不可企及的，但他绝不是圣人。要把他想象为'十全十美''无所不知''无所不能'的神，那是错误的。"

曹聚仁自由自在、夹叙夹议地全面介绍鲁迅的生平，以及印象、性格、日常生活、社会观、青年与青年问题、政治观、文艺观、人生观、他的家族、他的师友诸多方面，传神地、可信地、完整地塑造出一个堂堂正正的鲁迅形象。《鲁迅评传》直到1999年4月才由上海东方出版中心重印出书，得以与全国广大读者见面。

到了60年代，曹聚仁编《鲁迅年谱》也在香港出书。这是他对亡友鲁迅又一次的追忆。

曹聚仁在虹口

袁义勤

曹聚仁（1900—1972年，浙江省浦江人），在虹口时期（从抗战胜利初到新中国成立初），是他一生中带有转折性的时期。他"观变"，不去台湾而去香港。他以一个自称的"旁观者"，进而成为"两岸信使"；他以一个自称的"自由主义者"，进而成为人所称道的爱国主义者。

两本书出版

在1947年、1948年，"纸价高于布价"的时候，曹聚仁先后出版了两本书。一本是《中国抗战画史》，一本是《蒋经国论》。（据邓珂云《曹聚仁编著目录初辑》所载，这两本书均出于1948年。但据舒宗侨谈，前者为1947年5月初版，6月再版，后者为1948年。两书均为上海联合画报社出版，舒宗侨为该社主持人。）

《中国抗战画史》图文并茂，是曹与新闻摄影家舒宗侨合编。曹主文字，舒主画片。曹夫人邓珂云曾经指出："《中国抗战画史》的出版，给聚仁战地记者的工作，画上了一个句号。"当年"八一三"抗战发生，曹聚仁走出书斋，穿上军装，当上了随军记者。在徐州会战中，就是他，第一个发出台儿庄大捷的电信。由于他平时博学广交，对于《孙子兵法》一类军事经典著作素有研读，对于蒋百里等军事学家也有交往，因而在军事知识方面，颇有素养。这本《中国抗战画史》由曹来主编文字，自然为出版界所推崇。听说后来在1987年，还在台湾发生盗版重印事件。

在《采访二记》中，曹聚仁曾经谈到他与蒋经国的关系："本来，蒋经国找我办《正气日报》，对于我的一生是件大事；因为，我这个自由主义者，一直不曾和政治发生组织上的关系，这一来，不管我个人如何自处，外间总以为我是太子系的人。泰和（注：战时江西省政府所在地）朋友们私下总说曹某准备做陈布雷第二了……"曹应邀主办《正气日报》，约在1942年至1943年上半年这段时间内。后来便辞职离去。抗战胜利后，在内战紧张的时候，蒋经国曾到南京《前线日报》分社看过曹聚仁。在《采访二记》中，曹有这样的记述，"我就旧语重提，说：'今后六个月，乃是你的最后的考验机会；经不得考验的话，前途是难以预料的！'我认为蒋家政权是经不得考验的，我希望他自己能够离开南京到边疆去打开天下来。"1948年，《蒋经国论》出版。有人对曹说："局势已经发展到这样了，何必还出这本书呢？"他未予置答。

"蓝布衫教授"

居住虹口时期，由于在外地兼职，曹聚仁经常要风尘仆仆于沪宁线上。他是上海法学院报学系教授，也是苏州国立社会教育学院新闻系教授，所以要跑苏州；他是《前线日报》主笔，也是香港《星岛日报》驻京沪特约记者，要写"南京通讯"，所以要跑南京。（此外，他还有一个兼职，是"前进中学"校长，该校为《前线日报》同人所办，校址就在报社大楼内。）

他开始登上大学讲坛，是1923年23岁时，在上海艺术专科学院讲授国文课，接着1925年秋，任国立暨南学校大学部商学院国文教授。如他所言："这才一本正经做起教授来了。……直到1948年，接到了教育部的教授证书，我已做了20多年的教授了。"他衣着朴素，早期经常是蓝布长衫一件，在虹口时期是蓝布中山装一套。早年在暨南大学任教时，有一个客人误以为他是"校工"，递了一张名片，叫他去找某某先生。后来这件事，不仅被传闻者"加工"成一些"蓝布衫的故事"，而且"蓝布衫"也似乎成了曹教授的"专用商标"。

他在讲台上很受欢迎。中国新闻史学会会长方汉奇，是苏州国立社会教育学院新闻系毕业。方曾经说学到了不少治学的方法，"……曹聚仁先生一上来就极力向我们介绍作卡片的好处，鼓励我们通过作卡片，来积累观点与材料。我的第一张卡片就是在他的指导下完成的。从那时到现在，我作了40多年卡片，累计近8万张，很多科研项目就是利用这些卡片顺利完成的……"曹讲授采访学、编辑学课程，很注重理论与实践相结合的教学方法，时常带领学生到证券交易所、体育比赛场等处采访，到报社编辑部编通讯社稿件、画版画、拣铅字……当时他兼职较多，虽也忙于撰写通讯或其他工作，但在教学方面，还是用了不少时间与精力。

香港行

上海解放前夕，前线日报社曾为曹聚仁一家买好船票，要他们到台湾去。曹拒绝了。邓珂云在《我与我的世界·后记》中曾经说道："聚仁处在'一个看革命的旁观者'地位，看着解放大军开进了上海。"曹自己在《采访新记》中，则有过如下的记叙："我在上海的一年半中，那是中共政权征服大陆的时期；我自己却在征服着内向的精神世界。那一时期，我所看的书最多；从唯物辩证法到周易，从毛泽东思想到康德、叔本华，从马克思到老庄……"

他原先身兼多职，到新中国成立前夕，只有前进中学校长与《星岛日报》驻京沪特约记者（有一段时间失去联系）的职务。他一家八九口，不能不"为稻粱谋"。他很想了解当时整个世界的动态，很想重新从事采访工作，也很想知道《星岛日报》的态度，不知"所写的通讯还能适用否？"他觉得"有自己到香港来看看的必要"。

经过几个月的踌躇。他自谓"我也如屈原一样，眷怀反顾，依依不忍去。然而我终于成行了，这也是我心理上的矛盾"。1950年夏，他离开虹口，只身去了香港。

聚仁先生去港后，又以他特殊的身份，成为两岸"信使"，为祖国的统一事业尽心尽力。1972年，这位年逾古稀的老人，怀着未了的夙愿，赍志以殁，病逝于澳门镜湖医院。

缅怀鲁迅友人曹聚仁

周国伟

1985年冬,为抢救活史料,编辑、出版《高山仰止——鲁迅逝世50周年纪念集》,笔者与史伯英先生,曾赴浙江地区访问鲁迅生前好友。在访问期间,获悉曹聚仁先生的前妻王春翠女士住在浙江萧山时,我们特去拜访。王女士虽已高龄,面容清癯,但精神矍铄,记忆清晰,侃侃而谈,详细回忆了鲁迅与曹聚仁的交往与友情,仿佛那些情形仍印在老人的脑海中。

王女士向我们谈了一个多小时,其中印象最深刻的是鲁迅两次赴金神父路(现名瑞金二路)花园坊107号曹聚仁寓所拜访。这是他(她)们从真如移居上海的当年,据《鲁迅日记》记载,约是1933年9月。这次由曹聚仁与王春翠共同署名邀请鲁迅与海婴去其寓所的,鲁迅回函答应了。但在去的那天,因海婴身体不适,仅去鲁迅一人。王女士说,鲁迅与他们一家人的谈话,虽是日常生活琐事,但大家谈得很亲热。在吃饭时,有一种浦江乡间喜欢吃的"小麦铃"点心。鲁迅也爱吃,还边吃边问"小麦铃"是怎样制作的,王女士作了详细介绍。鲁迅吃了满满一小碗,还称赞说:"好吃,好吃,这次吃得太饱了,下次还要来吃'小麦铃'。"说到这里,鲁迅又指着王春翠问曹聚仁:"曹先生,你家保姆为什么不叫她太太,而称王先生?"曹聚仁说:"是她自己不愿别人叫太太的。"于是,鲁迅就接着说:"那么,我也应称呼你王先生了。"王女士连忙说:"不敢当,请你唤我名字吧。"鲁迅点点头说："噢，你是位新女性。"

鲁迅第二次去曹聚仁寓所，据《鲁迅日记》，是1934年9月。王女士谈了鲁迅为她的集子题名《竹叶集》的情形。鲁迅到了曹寓后，曹说："周先生，近年来春翠为《涛声》《芒种》《申报》《妇女杂志》等刊物写过20来篇文章，我们想编个集子，请先生审阅修改。"王女士急忙把文章拿来请鲁迅指教、斧正，并"赏个书名"。鲁迅却幽默地说："斧正？不敢当。家有鲁班，何必再请木匠？"当鲁迅阅完文集的部分内容后，连声说："好，有点气魄。《竹叶颂》这篇文章刚劲有致。"接着又爽快地说："定个书名，看来老夫在劫难逃了。依我之见，就定为《竹叶集》吧！"鲁迅语音刚落，王春翠和曹聚仁都高兴地拍手赞同，并向鲁迅道谢。此外，王女士还谈了鲁迅逝世时，徐懋庸内心的复杂心情。那时，徐懋庸住在曹聚仁家的楼上，因为"两个口号"以及"左联"内部的一些纠纷，徐和鲁迅有所隔阂。徐得悉鲁迅逝世的消息，心绪紊乱，十分沉痛，当场写了一副挽联，第二天托王春翠带去殡仪馆。王女士还说："徐懋庸流的泪不比我们少，他的心情是十分复杂的。"

王春翠的回忆，内容朴实，思维清晰，每件事均谈得颇为具体。在不知不觉中，已临近中午。我们在她的会客室，还为王女士留了影。这次拜访，虽时过15年，但她清癯健朗的形象仍历历在目。

鲁迅与曹聚仁的交往和友谊，过去言及的文章甚少。王女士的介绍，加深了对鲁迅与曹聚仁关系的认识。如今再次展读《鲁迅日记》和鲁迅致曹聚仁的书信，进一步说明，鲁迅在晚年与曹聚仁的交往密切，友谊颇深。

《鲁迅日报》记载鲁迅与曹聚仁的交往68次，致曹聚仁书信30余封。曹聚仁回忆，鲁迅致他书信44封，其中20封在太平洋战争爆发时被毁。《鲁迅全集》现收入鲁迅致曹书信25封，其中1933年就有11封。从日记和书信内容中，表明鲁迅与曹的交往，主要在鲁迅的晚年。他们的关系，也颇有特点。

相互支持，真诚合作，是鲁迅与曹聚仁关系的特点之一。鲁迅与曹早有往来。1929年秋，曹聚仁与夫人从真如到内山书店买书时，就与鲁迅边喝茶、边交谈，谈得颇亲热。但《鲁迅日记》，是从1933年5月7日才记有曹聚仁的内容。自此之后，他们的交往日益密切。凡曹聚仁对鲁迅的约稿，鲁迅总是尽力支持。1933年5月7日，曹邀鲁迅撰《守常全集》序，鲁迅当天就复信说："守常先生我是认识的，遗著上应该写一点什么，不过于学说之类，我不了然，所以只能说几句关于个人的空话。"①5月底，鲁迅撰就《守常全集·题记》，后即奉上，并在6月2日的复信中，又向曹提出了宝贵建议："《李集》我以为不如不审定，也许连出版所也不如胡诌一个，卖一通就算。论起理来，李死在清党之前，还是国民党的朋友，给他留一个纪念，原是极应该的，然而中央的检查员，其低能也未必下于邮政检查员，他们已无人情，也不知历史，给碰一个大钉子，正是意中事。到那时候，倒令人更为难。"②鲁迅的建议，中肯又寓于预见性。事实证实了鲁迅的预言。此书原拟由上海群众图书公司出版，因受国民党当局审查、阻挠，直至1939年4月，才由北新书局以"社会科学研究社"名义印出初版，但当即为租界当局没收。

1934年5月，在文化界展开了关于文言与白话的论战。当时，鲁迅收到了曹聚仁发出的征求关于大众语意见的信，撰了《答曹聚仁先生信》。内容虽分五类作答，但并未按照曹所提出的五个问题。同年7月29日，鲁迅再次致信曹聚仁，信中就曹所提出的问题，坦率地阐述了自己的见解。文字虽短，但言简意赅，抓住了大众语的关键。鲁迅认为："最要紧的是大众至少能够看。倘不然，即使造出一种'大众语文'来，也还是特殊阶级的独占工具"。最后还指出："倘不小心，便要弄到大众语无结果，白话文遭毒打，那么，剩下来的是什么呢？"③鲁迅的见解，可说既坦率，又入木三分。

对曹聚仁主编的《涛声》，鲁迅也非常关心、支持。在《涛声》创刊二周年之际，鲁迅于1933年7月11日致曹信说："《涛声》至今尚存，实在令人觉得古怪，我以为当是文简而旨隐，未能为大家所解，因而侦探们亦不

---

①　《鲁迅全集》第12卷第173页。

②　《鲁迅全集》第12卷第181页。

③　《鲁迅全集》第12卷第495—496页。

甚解之故，八月大寿，当本此旨作一点祝词。"①鲁迅就于8月6日撰了《祝〈涛声〉》一文，对《涛声》作了富有深意的评价。曹聚仁对鲁迅寄来的大作，也积极安排在所编的刊物上发表。这充分表明，在当时复杂的文坛上，他们都是相互支持、真诚相待的。

学术探讨，各抒己见；遇有分歧，"略小节而取其大"，这是鲁迅与曹关系的特点之二。文坛上的观点分歧，见解不同，是常有的事，但处理不当，将产生误会，甚至相互对立。在这方面，鲁迅与曹的关系却很协调。1933年4月10日，曹聚仁在《申报·自由谈》上发表《杀错了人》一文，鲁迅阅后，"觉得很痛快，但往回一想，又觉得有些还不免是愤激之谈了，所以想提出几句异议……"。②于是鲁迅撰了《〈杀错了人〉异议》，阐明自己的观点，将不同意曹的主张，也采用"异议"的方式阐明。他说："对于'多杀中年以上的人'的主张，我也有一点异议，但因为自己早在'中年以上'了，为避免嫌疑起见，只眼睛看着地面罢。"③这种实事求是的用语，却是一种既阐明自己观点，又不伤害对方感情的巧妙的笔法。

曹聚仁对鲁迅也很尊敬，凡有损鲁迅的言行，也敢于提出批评，以维护鲁迅的声誉。1933年10月20日，《十日谈》第8期刊有陈静生作《鲁迅翁之笛》漫画。画中为鲁迅吹笛，群鼠随行。曹聚仁即在同年11月4日《涛声》第2卷第43期上发表《鲁迅翁之笛》一文，对漫画提出批评。漫画作者又在《十日谈》第11期上发表《以不打官话为原则而致复〈涛声〉》进行答辩。因此，鲁迅在《准风月谈·后记》中指出："其时《十日谈》也大显手段，连漫画家都出了马，为了一幅陈静生先生的《鲁迅翁之笛》，还在《涛声》上和曹聚仁先生惹起过一点辩论的小风波。"④事情虽小，却反映了曹聚仁的鲜明态度。

---

① 《鲁迅全集》第12卷第196页。

② 《鲁迅全集》第5卷第94页。

③ 《鲁迅全集》第5卷第95页。

④ 《鲁迅全集》第5卷第392页。

尤为重要的，鲁迅与曹聚仁遇事能相互通气，妥善解决。1936年1月，鲁迅、胡风等人创办《海燕》文学月刊。在创刊号上，未署发行人名字，遭到主管当局的干涉。因此，第二期出版时，编者征得曹的同意，印上"发行人曹聚仁"。该刊出版后，曹怕担风险，在是年2月22日的《申报》上登了《曹聚仁否认〈海燕〉发行人启事》。发表前，曹为避免"误会"，于2月19日致函鲁迅，"详尽见告"。鲁迅即于2月21日复函说：'我看这不过是一点小事情，一过也就罢了。我不会误会先生。……现在的许多论客，多说我会发脾气，其实我觉得自己倒是从来没有因为一点小事情，就成友或成仇的人，我还不少，几十年的老朋友，要点就在彼此略小节而取其大。"①这也反映了鲁迅与曹聚仁都具有坦诚相见的友好态度，以及鲁迅对待友人"略小节而取其大"的可贵精神。

相互帮助，友谊甚笃，是鲁迅与曹聚仁关系的第三个特点。他们的交往主要在30年代，虽时间不长，却关系甚密。除有关写作、出版等事联系外，个人私交也多。曹曾数次邀鲁迅到其寓用餐，鲁迅也请曹往"桥香夜饭"。鲁迅书籍出版后，先后赠曹《引玉集》《表》《俄罗斯的童话》等书。曹也赠鲁迅《笔端》《赛安五记》等。其中《笔端》，是曹聚仁所著散文集，1935年1月天马书店出版。鲁迅收到赠书后，于1月29日复函说："《笔端》早收到，且已读完，我以为内容很充实，是好的。大约各人所知，彼此不同，所以在作者以为平常的东西，也还是有益于别的读者。"②短短数言，却对该书作了充分的肯定。

鲁迅为答复日译者增田涉关于《中国小说史略·宋之志怪及传奇文》中介绍《大业拾遗》时所讲"焚草之变"，"是否有错字"时，因手头无书，特函曹聚仁，请他代查。曹查核后迅即函告鲁迅。1933年11月13日，鲁迅复函曹说："顷得惠书，并录示《宇文化及传》，'焚草'之义已懂，感谢之

---

① 《鲁迅全集》第13卷第316、317页。

② 《鲁迅全集》第13卷第37页。

至。"①可见，曹聚仁对鲁迅托办之事，认真负责，迅即办妥。这从一个侧面反映了他们之间的友情。正因如此，鲁迅致曹的不少书信中，能坦率谈自己的心里话。如1933年6月18日致曹的信中说：

> 历来所身受之事，真是一言难尽，但我是总如野兽一样，受了伤，就回头钻入草莽，舐掉血迹，至多也不过呻吟几声的。只是现在却因为年纪渐大，精力就衰，世故也愈深，所以渐在回避了。②

类似以上书信的内容不再倒证。这些心里话，若不是好友，鲁迅是不可能谈得如此坦率、具体的，可见鲁迅与曹聚仁的关系非同一般，而是友谊甚笃的好友。

曹聚仁与鲁迅正因为关系密切，他本人又是文化名人，所以他撰的《鲁迅评传》，有种种有利条件。因此，可以说，这是鲁迅同时代友人所著第一本《鲁迅评传》。笔者草草翻阅一遍后，感到颇有特色。著者不仅引证材料较为科学，而且分析问题客观，语言也生动。但根本的，著者不是把鲁迅写成一个"神"，而是写成一个"人"，一个真的人，一个思维能力很强的人，一个坚持原则、分辨是非、敢于批评的人。现略谈阅读后的一些体会。

一、每节内容，主题思想明确，这是体会之一。全书29节，前17节以生平为主，后14节是专题。但无论是前者还是后者，每节均抓住重点。有些标题，好似较平，但内容都有中心。如《广州九月》，虽标题一般，但内容丰富，而且反映了鲁迅在广州的精神状态。这节的开头，就点出在广州"他的精神也不怎么愉快"。之后，就引用鲁迅致章川岛的信，反映他的处境："我在这里，被抬得太高，苦极。"接着，用鲁迅的《怎么写》《在钟楼上》两篇夜记，认为此两文"说得很有趣，也很悲凉"。至于鲁迅对广东的

---

① 《鲁迅全集》第12卷第269页。

② 《鲁迅全集》第12卷第185页。

印象，著者引用他的原话："我说广州的人民并无力量，所以这里可以做'革命的策源地'，也可以做反革命的策源地……"后，又概括地说："这又是一份淡淡的哀愁。"其他几段，如鲁迅在广州看到的"奉旨革命"、在香港演说的遭遇等，都贯穿着鲁迅当时的思想。最后，著者又引用鲁迅自己幽默的比喻说："回想起我这一年的境遇来，有时实在觉得有味。在厦门，是到时静悄悄，后来大热闹；在广东，是到时大热闹，后来静悄悄。肚大两头尖，像一个橄榄。"①之后，著者又说："他在寂寞的南方，又经历了一番世故。"结尾时，著者在引用鲁迅致李小峰信的内容后，还概括地说："他就是这么寂寞地离开广州了。"这样，全文从头至尾，都贯穿着开头所说："鲁迅的精神，也不怎么愉快"的心情。

《上海十年间》和《晚年》两节，从题目看，《晚年》似乎包含在《上海十年间》，但内容各有重点。总的反映鲁迅在上海的艰苦环境、坚强的个性、"孤独"的心情和明辨是非的精神境界。如《上海十年间》，著者在开头用鲁迅自己的话说："上海虽烦忧，但也别有生气。"这就点出了鲁迅最后十年不甘寂寞的精神风貌。至于两节的内容，《晚节》是从淞沪战争开始，论述到鲁迅逝世。两者除时间上有区别外，内容上也各有重点。如关于"左联"的内容因为延续时间长，两节都谈及，但内容各不相同。前者主要叙述"左联"成立后，党的文艺政策"有了一定的路向，而推行这路向的是瞿秋白"。从此，"鲁迅的路向就慢慢走稳了"。在论述鲁迅与"左联"的关系时，著者引用冯雪峰关于"左联和鲁迅先生相互发挥"的论述，说明是"左联"依靠着鲁迅，而不是鲁迅领导"左联"。在《晚年》一节，虽也谈及"鲁迅和左联的关系"，但主要是涉及与徐懋庸等人的关系，所以前后并无矛盾。

二、内容丰富，史料翔实，评述客观，这是体会之二。著者不仅熟悉文坛情况，而且善于调查研究，所以掌握的史料丰富、翔实。如鲁迅早期的情况，著者寻访了鲁迅在绍兴的足迹，并访问有关当事人，因而《绍兴——鲁

---

① 《鲁迅全集》第3卷第447页。

迅的家乡》一节，描述得很生动。如："绍兴老酒，为什么味儿特别好？那得归功于泉水的清冽，和酒师父的技术，还有岁月累积，火性消逝，变得很醇了；葡萄酒太腻，高粱、茅台、汾酒、大曲、竹叶青都过于辛辣，刺激性重；只有绍兴老酒是醇的，喝了有回味。……这也是无上的享受。"这简短的文字，描述得多么生动啊！《他的童年》一节中的百草园和三味书屋，也描述得栩栩如生。

至于对鲁迅的评语，虽无伟大、崇高等形容词，但客观、生动，颇为恰当。如《〈北晨〉副刊与〈语丝〉》一节中说："从1918年到1926年，这八年间可以说是鲁迅创作力最旺盛的时期。"他在"报刊上所发表的散文小品，也是他一生的力作，虽不像他晚年所做杂文那样尖锐，却是十分圆熟，晶莹可爱。他晚年所投掷的是匕首，那时期，却是孙大娘所舞的长剑。"在《晚年》一节评价鲁迅的杂文说："鲁迅在晚年所写的杂文，量既很多，质也很好，也可以说是他的创作欲最旺盛的时期。"总之，评语写得朴实、生动，读来颇有艺术趣味。

三、结构科学，情节具体，语言生动，这是体会之三。《鲁迅评传》每节内容，一环扣一环，逻辑性很强。十一节《阿Q正传》，就是一例。著者在开头介绍《阿Q正传》的创作、发表情况、社会意义后，摘引各方面的材料，集中描述了《阿Q正传》所勾画出中华民族的劣根性及其典型意义，其中大段引用了苏雪林认为《阿Q正传》所影射的中国民族的劣根性的四个方面：一、卑怯——阿Q最喜与人吵嘴打架，但必估量对手……二、精神胜利法……三、善于投机——阿Q本来痛恨革命……四、夸大狂与自尊癖……"之后，又概述了"鲁迅赋予阿Q若干劣根性"，并说："这也是中国民族普遍存在的病根。"接着，著者又引用了茅盾、陈西滢、张天翼等对阿Q形象的描述后又强调指出："作品里表现出来的典型人物，又有特殊性，又有许多现实阿Q的一般性。而后者则居于主要地位，这是那个典型人物的灵魂，是作者在这作品中所含的哲学，是这作品的内在精神。""所以，《阿Q正传》的成功，在他的表现技术上也是很重要的。"最后，著者引用朱自清先生的评述："没有什么题旨的，当然不成其为小说；虽有题旨，而并不具有其真实性的，不是好小说；题旨虽不错而形象化不够充分的，也不是好小说。"结尾时，著者概述了一句评语："鲁迅的小说，就够上了这个水准了。"整节文字，素材丰富，结构科学，史料引用恰当，段落连接完整，文字形象生动，这反映了著者的思想、文学水平，读后印象深刻。

《鲁迅评传》大多章节，均有括号内的文字。这些文字虽与正文有关，但却是题外之言。它包括背景、事件、掌故、人物等介绍。这也是一个特色。如《在北京》一节中，关于"老虎尾巴"一段，著者引用许广平的描述后，在括号内写有"替鲁迅设计这一寓所，是他的教育部同事李先生，这老虎尾巴近乎画室，也是李先生设计的"。这虽是题外之言，但对读者颇有帮助。至于该书的语言文字，都是栩栩如生，十分形象、生动。这里不再赘述了。

此外，《鲁迅评传》中的某些论断，也有不当之处。陈漱渝先生在序言中已作了实事求是的分析，笔者完全赞同。

阅读《鲁迅评传》后，更加深了我对曹聚仁与鲁迅真挚友情的认识，并以此文纪念曹聚仁先生诞辰100周年。

（2000年元宵节完稿）

一位值得敬仰和研究的文坛前辈

陈福康

　　一百周年，是一个重要的日子。前几天，好友王锡荣在电话中问我，能否写一篇文章，收入他们正在编的纪念曹聚仁先生的书中。我一想，可不是，再过几个月就是曹先生的百年诞辰了。我怪锡荣，怎么到现在才对我说。他笑道，去年发约稿信时你不是不在国内吗。而当我问明白最近几天就要截稿时，不由得更着急了。好在锡荣兄说，来不及写大文章，写篇短文也可以。

　　作为不曾见过曹先生的晚辈，不可能写什么回忆文章；要纪念曹先生，当然最好是认认真真写一篇研究论文。然而我一时实在写不出。不过，我确实非常敬仰曹先生，并且还自以为较早、较深刻地认识到他是一位值得好好研究、宣传的文坛前辈。我强烈地感到，如果不争取在曹先生百年纪念集里写一篇文章，将来肯定会后悔的。

　　我敢于说自己"较早""较深刻"，是因为痛感即使时至今日，在所谓现代文学研究界，仍然有很多专业研究者不了解曹先生是一个应该研究的人，甚至在有些研究杂文史的专著中都不提到他。也正因为此，我们就更有责任写文章来宣传他。

　　曹先生令我钦佩的地方太多了。我认为他是20世纪中国少有的奇才之一。他长年活跃在报界、文坛，勤奋笔耕，影响很大，留下几千万字的著述。他是饱学之士，二十几岁时就能笔录整理章太炎大师的《国学概论》，后来连鲁迅先生有时候也向他询问有关历史掌故。他本质是一介书生，但又是著名的社会活动家，正如他自己说的，国共两党只要在榜上有名的人，他差不多都认识。而他总的来说，是倾向进步，热烈爱国的。直到临终前，还心系国家统一大业。这些，都值得后人好好研究、学习。而我现在着重想写的是，我认为他是30年代以鲁迅为首的第一流的进步杂文家之一。

这完全是我从研究中逐渐得出的结论，虽然在以前乃至当今的一些"权威"专著及教材中都找不到这样的评价，但我坚信这一评价是符合史实的，必能得到世人的公认。

1982年，我研究生毕业后，分到上海文艺出版社工作。不久，领导上要我参加《中国新文学大系（1927—1937）》的编选工作。其中的《杂文集》具体是我和郝铭鉴同志二人负责的。老郝别的工作多，查资料和初选的事我就多做一点。我们认为，不仅要看当时出版的杂文集，更要尽可能全面地翻阅当年出版的报纸杂志。因为，绝大多数杂文并不曾被编成集子。而且，读当年的报纸杂志，更容易体会当时的时代氛围，更可以比较各类杂文的高下水平。我就整天埋首于故纸堆和灰尘之中。现在想想，我们当时的工作方法就如同顾炎武老夫子说的，是"采铜于山"而铸钱，非"买旧钱"充铸而已。不久，我便发现曹先生的杂文不仅数量极多，而且很有味，戛戛独立于当时。

老郝自己也常写杂文，他对杂文艺术很有见解。每当我找到一篇佳作推荐给他，或有时他挑到一篇让我鉴赏时，我们常常为看法一致而兴高采烈。其中，曹先生的杂文正是我们一致喜欢的。经过认真"普查"，从当年杂文史实际出发，不仅根据数量，同时也根据质量，我拟出了一份名单，得到老郝等人同意。我们列为30年代杂文"大家"的，除了鲁迅以外，还有瞿秋白、茅盾、邹韬奋、郁达夫、陈子展、王任叔、曹聚仁、杜重远、廖沫沙、唐弢、徐懋庸、聂绀弩等。这份名单中的陈子展、王伍叔、曹聚仁、杜重远等人，以前那些谈杂文史的文章及书中，甚至连提也不提。其原因，我想与那种"铸旧钱"式的研究方法有关。直到今天，我仍自信这份名单是公正的、客观的。写到这里，我想披露一件我身历的"文坛掌故"或"出版史料"了。

当时领导上决定，我们这卷《杂文集》请聂绀弩先生写序。因此，当我们拟定了入选作者及篇目后，我和老郝就专程去北京，请聂先生审览，并商量写序的事。我们对聂先生这位杂文大家，当然是十分尊重的。不料老先生看了我们呈上的名单和目录后，一言不发，脸色陡变，最后一口拒绝："不写！"老郝急坏了，我也慌不择言地说："聂老，请您写序的事，可是我们老丁社长专门与周扬同志、叶圣老等人商量决定的，也早就告诉过您，并且已经向社会公布了。您如不写，怎么办呢？"老先生厉声答道："怎么办？人还要死哩！"这时，在隔壁房间的"周婆"（聂先生对夫人周颖的戏称）闻声赶来，忙对我们说："这老头子的脾气，就这样。你们先回去吧。写序的事，我与小刘商量商量，再做做老头的工作。"当时，刘再复就住在聂家附近，刘与聂的关系极好，而周婆知道刘与我们的关系也极好。我们谢过了周婆，赶紧又去了刘家。后来，那篇序实际是刘写的，聂看在刘的面子上签了名字。为此，出版社后来开了两份稿费，一份给刘。刘再复后来几次告诉我，聂先生好不情愿，并一直怪他多管闲事。

聂先生为什么突然拒绝写序呢？当时我们完全不明白，刘再复也说不太清。后来，我终于恍然了：聂先生从30年代起，就对曹先生有很深的成见；另外，五六十年代王任叔做聂的领导时，关系也不好。而我们还把曹、王的名字排在他的前面（我们是按选入文章的先后排列的）。难怪他看了很不满意。

关于聂先生与曹先生的历史纠葛、是非真相，人们已经有过一些文章，今后还可以深入分析研究。但只要站在公正的立场上来读曹先生的杂文，是不得不承认它的独特的思想性和艺术性的。后来，三联书店也出版了《曹聚仁杂文集》。曹先生作为杂文大家的地位，是不可否定的。本来，我在这里还想谈谈曹先生杂文的艺术风格和思想价值等，限于时间就不多写了。

我在编选这部《杂文集》的同时，又受当时刚成立的上海社会科学院出版社的委托，参与编选一本《中国现代作家历史小说选》。我们知道，鲁迅不仅是现代杂文之父，同时也是现代历史小说的开创者。而曹先生，不仅像鲁迅一样写作杂文，同时也写过"故事新编"式的历史小说。而后者更少为人知了。在这本《历史小说选》中，为了首次客观地反映民国时期新的历史小说的作家队伍全貌，一人最多只选三篇，而我们选了三篇的作家只有郭沫若、郑振铎、曹聚仁、廖沫沙四位。（因为有人说鲁迅的历史小说大家很熟悉，所以书中只选了两篇。）

这本书中曹先生的小说的说明文字，便是我写的。我认为，曹先生的杂文与历史小说都写得很好，之所以写得好，与他亲近鲁迅，向鲁迅学习有关。他确实也吸吮过鲁迅的"奶汁"。我又认为，鲁迅先生与曹先生的历史小说，实际都可看作是他们的杂文创作的继续，或者说是一种特殊形式的杂文。关于这些理论上的看法，我想今后如有机会我会再专门写一篇文章的。这里只举一个小例子。1933年，鲁迅在指导一个日本学生学习中国小说史时，曾请曹聚仁代为查清《大业拾遗记》中"焚草之变"的史实。鲁迅研究者王景山先生专门写过《围绕"焚草之变"的几封通信》来考证这件事；但王先生没提到，曹聚仁后来于1935年还专门写了题为《焚草之变》的历史小说。鲁迅托曹聚仁查书，体现了他们的亲密关系和鲁迅对曹聚仁学识的器重。而曹先生过了一年后写这篇小说，还显然是用昏君隋炀帝的可耻可悲的下场来影射当年的反动统治者。小说的现实斗争性十分强烈。而这又与鲁迅的杂文和历史小说是深刻地一致的。

一个令人深思的现象是，民国时期优秀的杂文作家中，同时又写了优秀的"故事新编"式历史小说的人，并不只鲁迅、曹聚仁二人，另外还有郭沫若、郁达夫、茅盾、郑振铎、唐弢、宋云彬、廖沫沙、聂绀弩等等。这就又证明了我上面说的对杂文与历史小说的关系的看法，是有点道理的吧。

鲁迅的杂文，无疑是中国近代文化思想领域的最高峰，是其他作家无可逾越的。但它不是平地拔起的孤立的山，像莽莽昆仑一样，它周围簇拥着众多高高低低绵亘不绝的山峦。而曹聚仁，无疑正是众山中的一座。因而，也是值得我们瞻仰的。只知道最高峰，无视周边的山峦的存在，只能是一种无知的表现。而如果把鲁迅看作一个孤立的高峰，那么对鲁迅的研究与认识也不可能全面深入。

　　这样的看法，现在被越来越多的研究者接受。1998年，在上海举行曹先生与邓夫人（邓珂云生前，我得到过她不少帮助）的骨灰迁葬仪式，我赶去参加了，我看到有不少研究者都去了。同一年，上海鲁迅纪念馆重修时，计划设立"朝华文库"，专门收藏、陈列与鲁迅有关系的人士的文物和手稿。当时我便提了曹先生等人的名字。现在，我从馆长锡荣兄处了解到，曹先生家属捐献的曹聚仁专库中的手稿文物，正是他们馆里质量最好的文库之一。曹先生如泉下有知，对自己的手稿遗物的这样一个归宿，也一定会感到欣慰的。

自由的书写者

孙 郁

　　现代报人中，文章最有学问家气质的，是曹聚仁先生。我上大学的时候，第一次读到他的那本香港版的《鲁迅评传》，就欣喜不已。那样的书，久在学院里的人，是写不出来的。他多半生的职业是记者，所以文字平易晓畅，没有八股气；又因为做过教授，是章太炎的弟子，文字背后有着厚重的东西。我们读他的《文坛五十年》《鲁迅年谱》等书，就能看到不凡的气象。但他的书，在学界并不被推崇，不知道是什么原因。一些文学史的书籍，对其只一笔带过，语焉不详，原因大概是他仅为报人，反而将其在现代史上的作用，忽略了。

　　曹聚仁是个颇有才气的人，在知识界很有人缘。鲁迅生前，和许多人闹翻过，跟他却关系不错。周作人倒霉的时候，是曹氏伸出援助之手，帮了周氏的大忙，此可见其仁义之心。最重要的是，曹聚仁是个公允持重的人，看他写鲁迅，以及现代文学史话，没有党派气和八股调，是经受住时间考验的。许多年后，重读他的书，仍有亲近的一面，我以为这正可证明他的价值。

　　有一段时间，我曾集中读过他的关于学术史、书话一类的杂著，很有意思。在文字上，除周氏兄弟外，他大概是最有味道的。曹聚仁是个杂家，有通才，谈天说地时，往来自如，没有隔的感觉。他把学识和美的感受，融到了一起，其小品文的分量，是很重的。在学理方面，他有激进的一面，我想这大概受到了章太炎的影响。但对诸种文化思潮，却有着自由主义的态度，没有党派的痕迹。在某些方面，他很类似胡适和周作人，不以个人的喜好而臧否他人，注重学理，心胸开阔，能跳出文化旋涡，远距离地打量人生，那境界，就非同代人能相提并论了。

所以，我一直把他看成现代文化史上自由的书写者。当泛意识形态话语扭曲着我们民族的语言时，他却保存了"五四"的余热，身上散发着自由的光芒。我读他晚年的文字，有时就想起他的同龄作家们，那些人，还能葆有平淡、纯情的已甚为寥落，像郭沫若、茅盾，已早就换了笔法，曹禺、老舍，也不复有早年的激情了。但曹聚仁，却仍立在那儿，在香港恪守着自己的园地。他的特殊角色，给中国的文化，也带来了特殊的意义。

章太炎弟子们，大多把治学看成人生的要义，像黄侃、钱玄同等人，一辈子待在书斋里。还有一类，如周氏兄弟，走出了唯学问之路，成为新文化的宿将。曹聚仁走得更远，最终成了报人，做起一般学问人不屑去做的工作。其实好的报人，倘通于学问，又有社交之才，对社会的贡献可能更大。曹聚仁就是个例子，他走出了学堂，在战火和商业社会里穿梭着，手中做的，仍是学问，所谓走着读书者正是。走着读书的人，书卷气便稀少，灵动的东西就多了。我一直觉得，小品文的高手周作人，倘若一生中也有过曹聚仁式的经历，晚年的文章大概不会掉到书袋里。鲁迅的文字好读，就因为阅世很深，由阅世而走向阅史，总比从书斋到书斋更有张力，百余年的文学史，已向世人暗示了这一点的。

曹聚仁一生，编辑了大量报刊，对新文学是有贡献的。他做过《社会月刊》《太白》半月刊、《芒种》半月刊的编辑，还曾主编过著名的《涛声》半月刊。到香港后又任过《南洋商报》《循环日报》的主编。他差不多和左、中、右的文人均有来往，文章带着中性色彩。曹氏根本上是个史家，因为做了报人而成了社会活动家。他的文化观可以说是进化的自由主义，谙于国学而不拘泥于古人，对新文化很有感情。1927年后，"五四"阵营分化成多种团体，文人似乎均钻进小圈子里，唯曹氏仍自立门户，和鲁迅派、周作人圈子、胡适集团，均关系不错。他自认自己站在"史人的地位"，对20世纪的党派之争，殊无兴趣。但他又不是一个骑墙的人，文字有着凌厉之气。例如与聂绀弩的争吵，和林语堂的矛盾，等等。他喜欢鲁迅，我以为是心灵相通的缘故，但又不以鲁迅的是非为是非。这样的人，不仅文坛上少，史学界也不多见。在那本著名的《文坛五十年》中，谈及怎样看待新文学历史时，曹氏写到：

> 坊间所已出版的，虽有王瑶的《中国新文学史稿》和蔡仪的《中国新文学史》，但都有宣传的倾向；他们只能转述官方几个主持文艺政策的人的话，缺少自己的意见。（在台北出版的《文艺月报》，连载了王平陵的《现代中国文艺史》，其人，文艺修养本来很差，加以替国民党宣传部做号筒，所写更不成。）笔者不能自已，才发奋执笔，把真实史事写了一点以待来哲。我相信政治斗争的空气，一定会慢慢澄清的；到了将来，也如北宋新旧党之争，化为陈迹，王荆公的道德文章以及他的政治主张，就为后人所认识，那些颠倒黑白评蔑荆公的话，犹如过眼烟云，不复存在了。

这样的观点，发表于20世纪50年代初，为大陆、台湾所没有。我记得80年代末，人们大喊重写文学史时，其实正是重复曹聚仁的观点。他比中国的作家和学人们，早醒悟了几十年。茅盾、巴金、王瑶、唐弢等从那段历史中走过的人，均未说过这样的话，此可见他的特别。

晚清以来，中国最重要的学人、作家，他都涉猎过，品评时常发奇思，有些见地，是让人称道的。例如，历史人物评价的标准，此乃公说公有理，婆说婆有理，很少有统一的时候。曹氏于此，是很看得开的，这一点也很类似周作人，头脑并不发热，有平常之心在。谈到对鲁迅这样的人物评价，他就冷静得多，敬重之中，又有反诘，没有神化和圣化的因素。论新文化中人，他有一个观点，很是生动，不妨引来：

"人"，这种有血有肉的动物，总是有缺点的；一成为文人，便不足观，也可以说，他们的光明面太闪眼了，他们的黑暗面更是阴森；所以诗人往往在历史上，几乎等于神仙，要是住在我们楼上，便是一个疯人。谁若把文人当作完人看待，那只能怪我们天真了。笔者曾经听了一位年轻女孩子的说法，她对徐志摩的诗，那么爱好，因而对那位多才美貌的陆小曼，心向往之。她曾经想到上海去看她，要我替他介绍。我就笑着说："还是让她的美妙印象住在你的理想中吧！"陆小曼风华绝代，那是三十年前的事；而今是久困芙蓉帐的佳人，早已骨瘦如柴，七分像人三分像鬼了。我们说文坛掌故，虽有人如其文的说法，却也有人不如其文的事实；文人中虽有朱自清、叶绍钧这样恂恂儒者，但狡猾阴险的也并不少。文人气量之狭小，那是"自古而然"的。

曹聚仁在此表现了他的知人论事的敏锐，和迂腐的书生比，是多了精神上的力度的。鲁迅在品评人物时，也有这类意见、看法和大学里的教授，往往相左。何以故？有复杂的生命体验在吧？阅人与阅史，有相似的一面，深与浅，大抵与修养、经历有关的。

我认为曹聚仁是"动"的史家，不是"静"的学者。说"动"，乃因为他亲临过许多重大历史事件，写过《中国抗战画史》《现代中国通鉴》这样的书，他是带着史家的意识，参与到历史中的。在一篇文章中，他说"八一三"战争一爆发，便走出了书房，做了战地记者。刚上战场的时候，就有了写战史的愿望。他对历史，有着特有的看法，和流行的观念，往往大异。支撑其思想的，是其深厚的国学根底，及自由主义的文化观。他从现实的体验中，总能找到历史的根源，又从历史出发，去看现实的问题。例如写抗战史吧，他眼里的世界，就很别致，和台湾、大陆流行的书很不一样。这大概受到了章实斋《文史通义》的影响。曹聚仁很佩服章实斋，他说："通义，便是一种自己的主张，不为一切成见，一切学说所围，而能'言之成理、持之有故'的一家言。"曹聚仁的《现代中国通鉴》《鲁迅评传》等，就有点这类意味，虽深浅不同，但见解之鲜活，是让人难忘的。历史在他笔下，不是死的资料，而是流动的河，且时常滚动着浪花，这在别人，都难以做到。

史家治学，看重的是"博"与"通"，曹聚仁于此，是很留意的。他在国学上，确有博的一面，记得鲁迅遇到难解的古词的出处时，曾求教于他，曹聚仁很快就解决了。章太炎讲学时，曹聚仁做的记录，完整准确，令章氏大为惊叹。所以，晚年的时候，他在香港批评港人在国学知识上的错处，均一针见血，显示了大家风范。另外，曹聚仁不满于《四书》《五经》的单一解读，主张随着时代的变迁，思想也应有所进化，究天人之际，通古今之变。所以不拘泥于古物，精神在新学之中。我们读他谈及五四以及英法俄文学的文章，是可感受到这一点的。由古及今，顺随进化，这使他成了一名通才。

他一生著述颇丰，史学、传记、散记，共70余种。像《中国学术思想史随笔》《蒋经国论》《中国史学ABC》等，很引人注意。在众多著作中，我最看重的是他的《鲁迅研究》，我以为其中的一些观点，是站得住脚的。关于鲁迅，他有三本书。一是史料集《鲁迅手册》，问世于1937年，1956年和1967年，又分别推出《鲁迅评传》与《鲁迅年谱》。其中那本《鲁迅评传》，我以为是治现代史的人必读之书。迄今为止，为鲁迅作传的中国人，只有曹氏一人和鲁迅有过交往，且情谊不浅。曹氏写鲁迅，有可信的一面，常态的东西多。既贴近性格，又超于象外，文笔可见出周作人式的气象，不过于文饰，有举重若轻的潇洒感。《鲁迅评传》最动人之处是写出了鲁迅平凡中的伟岸。曹聚仁在史料、观点上，没有极端的东西。其精彩处是"述学"的文字，但"评"的部分则缺少哲思，对鲁夫子内心的把握，还停留在直观的层面。他的知识储备还是从章太炎那儿来的，虽又多了西洋的一些传记意识，但因为对形而上学殊乏研究，探究问题时，就显得平淡。不过，周作人对《鲁迅评传》评价很高，1956年5月，在致曹聚仁的信中，周氏说：

　　鲁迅评传现在重读一过，觉得很有兴味，与一般的单调者不同。其中特见尤为不少，以谈文艺观及政治观为尤佳。云其意见根本是虚无的，正是十分正确。因为尊著不当他是"神"看待，所以能够如此。

周作人把曹聚仁是看成同道的。虽然曹氏的文化观点，与周氏略有差异，但在基本的学术层面，有相通之处。曹氏和周氏兄弟，关系如此之好，又不偏袒一方（鲁迅与周作人分手后，许寿裳成为鲁派，钱玄同变为周作人之密友，朋友间也对立起来了）。这在那一代人中，是很少有的现象。从这个角度去看曹氏的特别性，我觉得当能走进他的心灵深处。

我一直觉得，在中国，看一个人的文学观怎么样，只要了解一下他对鲁迅与周作人的态度，便能体味些什么。拥鲁的与拥周的，常常势不两立，大有泾渭分明之态。很少有人将二者沟通起来。其实二者是硬币的两面，分裂开来，倒把问题复杂化了。曹聚仁亲鲁迅，亦近知堂，在二周间，均有爱意。何以故？恐怕不能用中庸之道解释吧？谈到二周，曹聚仁说：

> 近三十年的中国文坛，周氏兄弟的确代表着两种不同的路向。我们治史的，并没有抹消个人主义在文艺上的成就；我们也承认周作人在文学上的成就之大，不在鲁迅之下；而其对文学理解之深，还在鲁迅之上。但从现在中国的社会观点说，此时此地，有不能不抉择鲁迅那个路向的。

我以为这就是史家的目光，和当时的流行色，颇相反对。而先生的气魄和胆识，也在此流露无遗。只有这样的人，才有自由书写的气度，在历史的空间穿行的时候，才有挥洒自如的一面。中国文人，直陈历史时，要么因偏狭而走极端，要么因学识不逮而得之皮毛。像曹聚仁这样的人，真真是凤毛麟角，很少见到的。

清代著名的学者焦循，谈治学时，很推崇有个性的人，他说："人各一性，不可强人以同于己，不可强己以同于人。有所同，必有所不同，此同也，而实异也，故君子不同也。"曹聚仁就是个与世俗不同的人，我们现在纪念他，一是要感叹他的史家境界；二是他的自由精神。有人曾叹：最是文人不自由。用以感慨文人在社会尴尬的角色。但曹聚仁却是个异类。他的书籍既不感伤，又不绝望，是个乐天的，健康的存在。中国文人中，最缺少的乃是朗然的精神，曹聚仁给后人，做了这种示范。看他的书，阴郁的东西渐少，明快的调子加多，这正是"君子不同也"的例证。

（2000年2月17日于京）

曹聚仁的自由主义思想及其报业活动

陈振平

　　曹聚仁是我国著名的文学家、史学家，也是著名的新闻记者、专栏作家。他20年代初期进入上海文坛，1972年病逝于澳门。在这50年的文人生涯中，他大部分时间是从事新闻采写、编辑和教学工作。他在抗战期间所作东南战场的军事报道和50年代对我国社会主义建设事业的报道，对海内外读者都有较大的影响。

　　曹聚仁长期自称自由主义者。作为一个新闻记者，这种观点使他一度陷于矛盾之中：站在爱国主义的立场上，他对中国共产党的许多政治主张都曾给予过赞扬；然而作为自由主义者，对国共两党之间的斗争又一概持批判态度，否认社会革命的意义，在政治上一度摇摆不定。这使他不仅遭到国民党反动派的围攻谩骂，也受到共产党人的批评。曹聚仁在他的自传《我与我的世界》中引用了罗曼·罗兰评论米开朗琪罗的话来作为自己的考语："他是孤独的，他恨人，他亦被人恨；他爱人，他不被人爱；他在周围造成了一片空虚。"他自比米开朗基罗，优柔寡断，赋性怯懦；又觉得自己酷似罗亭，是"口的长人，手的侏儒"。他认为这些足以解释自己一生的悲剧。

　　（一）他曾厌恶政治斗争，但坚决反对国民党在政治上的倒行逆施。

　　曹聚仁1915年进杭州第一师范。五四运动期间，受到《新青年》的影响，曾一度把陈独秀、胡适、钱玄同、鲁迅等人的言论奉为神明，也将克鲁泡特金、巴枯宁同马克思、恩格斯混为一谈，对于社会革命的认识是朦朦胧胧的。

1922年曹聚仁到了上海，他开始投身文坛，为邵力子主编的《民国日报》副刊《觉悟》撰稿，与当时以及后来文坛中的进步势力发生了联系。由于整理章太炎国学讲演记录颇受赞赏，次年便当上了上海艺术专科学院的教授，当时他才21岁。不久以后他又担任了暨南大学的教授。

但是，1927年"四一二"反革命政变，使他产生了极度悲观情绪，昔日杭州浙江省立一师同学中有个叫陈德征的，摇身一变成了国民党上海市党部的主任委员，而另几个"左"派同学则在一夜之间惨遭杀害。陈德征在杭州时曾追求一位女同学，后来这位女同学嫁给一位"左"派干部，"四一二"后这位"左"派干部被囚禁，这位女同学便托曹聚仁向陈求援，谁料陈于当晚就把那位"左"派干部处决了，这使曹聚仁的精神受到很大的打击，认为国共之间"冤仇结得太深"（《采访外记》123页），于是他"立志不再接近政治，不参加任何党派"（《我与我的世界》，香港《晶报》1971年9月4日）。1932年8月曹聚仁在上海主编《涛声》周刊，将乌鸦商标作为刊头，标榜其"虚无主义"的观点："不崇信任何权威，不人云亦云地信仰任何主义，完全用批评的眼光看待一切。"（《涛声》第三十七期）他认为官府和政治都是不可信的，"要改革国家，必须改革社会，要改革社会，必须改造个人。"（《涛声》第五十七期）在这个基础上，逐渐形成了他的自由主义思想观点。

但是，社会现实总是社会政治的反映，作为一个直接投身于社会活动的学者，曹聚仁不可能逃避当时的社会现实，也不得不过问当时的社会政治。因此，尽管他在口头上声称自己超脱于一切党派之上，是一个洁身自好、远离是非圈的旁观者，但在许多具体的尖锐的社会问题面前，却时常自觉或不自觉地卷入社会的潮流中去，染上鲜明的政治色彩。面对着30年代初国民党反动政府的种种倒行逆施，曹聚仁在《涛声》周刊中开辟了"从何说起"专栏，先后用陈思、韩泽、挺岫等笔名写了许多短小、尖锐的杂文，锋芒直指消极抗战的国民党政府和胡适之类提倡不抵抗主义的奴才文人，例如在《读报有感》一文中，他辛辣地讽刺了国民党的所谓"抗战"报道，并得出一个读报口诀："先看'译文'，再看'中文'；谣言须信，凡假必真。"《忠告丁文江》一文，则进一步对国民党的腐朽统治给予无情的揭露："今日之国民党员，与土豪劣绅有以异乎？与贪官污吏有以异乎？与买办阶级有以异乎？民众运动，舍戒严以外无工作，社会上俊秀分子，无不罹反动之罪名，党之使人绝望如此，欲共产党之不成功得乎？"当时鲁迅曾赞扬《涛声》刊载了一些"赤膊打仗，拼死拼活"的文章（《祝〈涛声〉》），并以罗怃、旅隼的笔名为《涛声》撰文。1933年11月，《涛声》终于遭到反动当局的查禁，曹聚仁也因参加抗日救国会的活动而被CC列入黑名单，排挤出暨南大学。

1935年3月，曹聚仁又同徐懋庸一起创办了《芒种》半月刊。曹聚仁在《我与我的世界》中回忆道："在他（徐）的心目中，我是一个进步的同路人，可以助他们一臂之力的。我呢，只要是真心的朋友，一切都无所谓，正如鲁迅先生所说的，'甘为孺子牛'也。"《芒种》继承了《涛声》的批判精神和泼辣文风，成为"左翼"文坛中较有影响的刊物，同时也在上层社会和右翼文坛中引起一阵"《芒种》种刺"的哀怨。对此，曹聚仁曾给予肯定的回答："那是真的，绅士们的外套要自己当心，不要挂在刺上，给裂开了……我们未始不想种点花卉；土地太硗薄，满地长着荆棘，也没有办法。但能拦住袁中郎之徒，不让他们到山林去风雅，也够满意了！"（《芒种》第六期）在此前后，曹聚仁还在陈望道办的《太白》半月刊、黎烈文主编的《申报·自由谈》、谢六逸主编的《立报》副刊《言林》，以及陈灵犀主持的《社会日报》等有进步倾向的报刊上长期撰稿，反对国民党当局对文化事业采取高压政策，提倡"大众语"运动，并站在国家民族的立场上，积极主张对日作战。1937年4月8日，他在纪念《社会日报》出版两千天的社论中声明："我们不为政界作传声筒，不为作家写起居注，也不做任何人的工具。为社会，为民众，把我们的刊物来宣达民众的意见，这是我们开宗明义所要宣示的第一要义。"在他为《社会日报》撰写的许多篇社论中，都鲜明地表达了这样的立场，从而获得了许多读者，使《社会日报》的销量猛增。国民党中央宣传部新闻检查处的老爷们把他视为眼中钉，将他写的许多社论都割手断脚地进行删改，有两次竟删得整篇"开天窗"。但曹聚仁并不退却，他与同人们相互勉励："倚马万言是斗，不着一字也是斗！""人的一生就是战斗的一生，以一张小型报而能取得《大公报》的舆论地位，也可以自豪了。"国民党新检处也曾试图拉拢他，请他"笔下留情"，亦遭到他的当面怒斥："违反了千万民众的意志，而便宜了敌寇，那就笔下一留情，只怕敌人刀下不肯留情吧，平津拿红笔检查新闻的人员……只要满足某方的心愿就算尽职，国家的存在全不在他们的心眼里，他们的笔下实在太不留情了。"（陈灵犀《社会日报杂忆》）1933年5月，在国民党的白色恐怖下，为了纪念李大钊烈士，曹聚仁还准备冒着风险出版《守常全集》，并请鲁迅写题记，只是由于客观情况发生变化而未实现。

从曹聚仁早期的这段报业活动，我们可以看出，虽然他的自由主义思想中带有消极的因素，但由于他本着强烈的爱国主义思想，反对国民党政府对日不抵抗的卖国政策，拥护共产党的主张，因而这种自由主义思想在发展的过程中便逐渐地与当时进步的社会力量结合起来，使"个人的改造"顺应了历史发展的潮流，从而起到了一定的积极作用。

（二）他一度身为中央社战地记者，但对国民党政府及其所谓"抗战"充满了鄙夷和愤慨。

1937年8月13日，爆发了上海战役。曹聚仁立即走出书斋，应《大晚报》之邀，作为战地记者深入淞沪战场，同时为《立报》和中央社发稿。在短短的三个月中，他写了大量的战地新闻和军事评论，其中有不少成功之作，对鼓舞军民的抗战士气起了很大作用。上海失陷以后，曹聚仁随军南行，兼任了《星岛日报》《立报》的战地特派员，同时为邹韬奋的《抗战》杂志撰写"战地通讯"，为《东南日报》写专栏。1938年4月7日，他及时地报道了轰动海内外的"台儿庄大捷"，这使得他在国民党东南战场中颇负盛名。

1937年冬，曹聚仁成为国民党中央通讯社的战地特派记者。曹聚仁不是国民党党员，中央社此时接纳他为战地记者，主要是为了拉拢他。他到达重庆时，蒋介石还试图劝他为蒋家王朝效劳，但是曹聚仁却并未落入彀中。

曹聚仁是怀着抗日爱国热情参加中央社工作的。然而当他一靠近国民党的政治圈子，便嗅到了那股腐臭不堪的气息：就在谢晋元孤军八百壮士誓与上海四行仓库同存亡的那一天，曹聚仁却看到宋子文以处理后方勤务调度工作为名，匆匆跑到上海，为保住私人武装和财产与孙元良、杜月笙争斗；在杭州沦陷一个月以前，国民党浙江省政府就仓皇弃民而逃，沦陷区的难民被敌寇奴役，政府则又到后方肆虐；在抗战前线，国民党的高级将领以致最高统帅部都是笑话百出，而在国民党的后方，警察、宪兵、特务处处残害百姓，投机商人和官僚政客则趁机偷运走私，大发国难财……面对着这乌烟瘴气的景象，作为代表官方的中央社记者，曹聚仁深深地感到："下笔难！"他不得不"睁半只眼，闭半只眼，那只半睁着的眼睛，也得时常戴上眼镜，眯着一点儿。"（《采访外记》130页）

抗战期间最使曹聚仁愤怒的，还是国民党假抗日真反共的阴谋。从自由主义观点出发，曹聚仁曾一度把国共之争当作"新旧教之争"，持批判态度。但在抗战问题上，他却倾向于共产党的主张和行动。在抗战初期的军事评论中，就曾对八路军的平型关大捷和游击战给予高度的评价，认为是"非其他军队所能做到"。（《立报》"战场小语"）他还将新四军同国民党军队进行比较，指出："新四军可以离开南京城郊30华里，建立茅山根据地；可以纵横苏北数千里，使敌军疲于奔命。国军呢，不独游击队毫无作用，连正规军都经不住敌军的扫荡。"（《采访外记》122页）随着抗战的深入，曹聚仁愈加看清了蒋介石企图借日军力量来消灭新四军的反共阴谋。但是作为中央社记者，他又不得不对此加以回避，对有关的新闻只字不提，因而在写战地通讯时也常有"下笔难"之苦。1941年1月，发生了皖南事变，这更使他的笔尖为内心深处的重重矛盾所困扰。他在《采访外记》中写道："那时，共俘两千余人，正在闽北受训，许多《前线日报》的朋友都曾到那儿去担任过政治教师，我就明明白白地拒绝去教课或讲演，我不相信政府所采取的方法会有什么成效的！"

抗战胜利时，曾担任中央社记者的曹聚仁得到国民党颁发的胜利勋章，但他却无意在中央社继续干下去。于是，他便脱离了中央社，到上海接替宦乡担任了《前线日报》主笔。当时，各地许多大小报纸都刊载了国民党胜利接收的消息，而曹聚仁则写了《上海三月记》《战迹初旅》、《皇军的末日》等通讯，用一连串事实勾画出一片阴影，反映出在国民党接收上海的头三个月中，上海人民从热烈狂欢到怨声载道的过程，并引用了当时流行的两句民谣："天上来，地下来，老百姓活不来！盼中央，望中央，中央来了更遭殃！"（《采访二记》24页）在国民党宣传机构的一片报喜声中，以"乌鸦"著称的曹聚仁，用这一串文字对国民党所粉饰的"太平盛世"作了尖锐的揭露和绝妙的讽刺。

（三）他自称保持中立，但报道中不乏褒贬。

1946年夏，蒋介石撕毁"双十协定"，悍然挑起全面内战。曹聚仁依然坚持不卷入所谓国共斗争的"新旋涡"，声称保持中立。不久，《前线日报》有集体加入国民党之举，曹聚仁便托词在家拒不加入。后来他逐渐疏淡了与《前线日报》的关系，将立足点移到上海法学院报学系和苏州"国立"社会教育学院新闻系，一面教授新闻采访学等专业课程；另一面对政治局势静观默察。此外，为了回避尖锐的政治斗争，他将当时写的大量关于时局动态的通讯报道和分析预测的文章，以"京沪通讯"为专栏题，移到香港《星岛日报》发表，而且时常运用曲笔，以便遇到政治风浪时可以悄然抽身。可是尽管如此，广大读者还是可以从他的字里行间品出他的锋芒所向。1946年冬，国民党在南京召开"国民代表大会"通过所谓"新宪法"。曹聚仁在一连串的通讯中报道了当时潜伏着的种种危机，用事实提醒人们，这个"宪法"只不过是一份国民大会堂中的装饰品而已。1947年至1948年，解放战争炮火正酣，曹聚仁接连写了《鲁豫战局》《九月战场》《时局漫谈》等战地通讯，不仅对战局作了如实报道，而且不顾国民党反动派的重重压力，对解放军坚持不用侮辱性的"匪"字相称，而是用"共方""共军"等字眼，这对于国统区的新闻记者来说，是难能可贵的。

（四）他离开了光明的祖国，但他时时向往祖国的光明。

1950年秋，曹聚仁孑然一身，告别了刚刚获得了新生的祖国，默默地走

过了罗湖桥，客居香港。

这位在旧社会中度过了半个世纪的老报人，曾多次预示蒋家王朝的覆灭命运，也曾急切地渴望过民主和自由，他又是那样欣喜地迎来了中华人民共和国的成立，迎来了新生活。但是，他却不得不别她而去，重新走回往日的、他所熟悉的生活。

他并不是不爱新中国成立后的新生活，但他深深地懂得，他自己的自由主义思想，是与这种新生活格格不入的。早在解放战争期间他就品尝过这样的苦果：当时他的"京沪通讯"在香港发表以后，国民党当局自然极不满意，认为他是替共产党说话，有"通共""赤化"之嫌；我党在香港出版的《华商报》也对他通讯中的民主个人主义立场和观点进行批评，认为他还没有完全站在人民大众一边。这使他深深地陷入了困惑和苦闷。然而他并不准备放弃自己的观点，而是希望它"有着历史的价值"，（《采访二记》35页）并带着这种情绪走进了新社会。

看到新生祖国蒸蒸日上的景象，曹聚仁又何尝不想大干一番？但是，作为自由主义者，他仍然坚持自己的立场、观点，对于思想改造一时难以接受。他不希望改变自己的自由主义思想方式，使自己成为一个齿轮，加入全社会的整体。在他看来，以往的生活就像南丰橘子，虽然个小，不中看，可是味甜，带着浓郁的芳香；而一经改变，生活圈子大了，在社会中人们之间像紧扣着的齿轮，彼此联系，便失去了自由主义的天地，就像改良种的南丰橘子，个头大，颜色好看，可甜头差了，香气也减了。正是这样一种失落感，使得曹聚仁眷怀反顾，依依不舍地离开祖国大陆，应林霭民社长之邀，前往香港出任《星岛日报》主笔。

曹聚仁的南来，引起了当时香港社会各方面的关注。人们怀着各种不同的动机，渴望知道关于大陆的新闻。秉着一贯的爱国心和正义感，曹聚仁在抵港后第四天，便动手写了《南来篇》，用自己在大陆所见事实，证明当时香港某些报纸的所谓"大陆新闻"都是虚构的谎言；同时，也以自由主义的观点，对我党在肃反、土改工作中的一些具体做法提出非议。这些文章在社会上引起了强烈的反响。在台湾国民党中宣部的指使下，香港右派报纸对曹聚仁进行了围攻，长达三个月之久。而香港的进步报刊对当时曹聚仁的言论亦有所批评。这使得曹聚仁一时处于较为艰难的处境中。不久，《星岛日报》转向右倾，曹聚仁便脱离该报，被新加坡《南洋商报》（按：系爱国侨民陈嘉庚先生创办）聘为主笔，但由于新加坡当局视他为"左倾"分子，宣布他为"不受欢迎的人"，他只得滞留在香港从事写作工作。

面对着当时潮水般的反共叫嚣，曹聚仁毅然宣称："我从光明中来！"在南来的头几年中，他接连写出了大量的报道文章。在《南来篇》中，他十分喜悦地描绘了新中国成立后的社会新风貌；在《隔帘花影》中，他用详尽的事实拨开了人们眼前的帘幕，报道了谢冰心、梁漱溟、张恨水、老舍、曹禺、茅盾、孙瑜等一大批文坛巨匠在大陆的生活、创作情况，揭穿了香港某些报纸散布的谣言；在《数风流人物，还看今朝》中，他向香港读者介绍了我党的领导人毛泽东、周恩来、陈毅、刘伯承、贺龙等的光辉业绩，表达了他本人对他们的敬仰；在《人民之页》中，他还论述了在中国共产党领导下中国所发生的翻天覆地的变化，认为从西汉到国民党政府，两千年中，中国的政治都是以儒家政治理论为骨干，是地地道道的官僚政治，直到中共取得了政权，才粉碎了官僚政治的整个体系，创造了前所未有的新局面。因此，曹聚仁觉得是见到了民族的光明，并从内心感到欣喜。

"既已在光明中住，又为什么要到南方来呢？"友人的反问触到了他的痛处，他是背着沉重的思想包袱离开大陆的，但独居香港，却没能使他得以摆脱这个思想包袱。他总是情不自禁地注视着大陆知识分子思想改造的动向，同人们的每一个进步，都会在他心中荡起波澜，使他感触最深的是冯友兰、王芸生等人的思想变化。冯友兰是曹聚仁所熟悉的哲学家，他在《自我反省》中曾写道："从土改工作队回到学校后，我在我的书桌上发现了冯先生要在哲学讨论会中讲的一篇歌德批评提纲，他说：'歌德常常陷入不可避免的矛盾：不满现实，又要维持现实，承认革命的意义，又恐惧革命的爆发，追求明朗，有时又被所谓不可知的神秘束缚，所以他的著作中，积极性的英雄都是悲剧的，他的处世哲学，则以和谐节制为标准。'若拿这几句话作为对我的批判，倒是很合适的，在过去我的思想中确有这样的矛盾……我对于中国，确有热爱，近一二十年，我总想，也总说，不拘什么党派，只要他能把中国搞好，我总是拥护的，可是后来日益显著，能把中国搞好的，只有共产党了。可是上面所说的潜伏的情感暗中拖着我，使我不能向革命'一面倒'，因而就有上面所说的矛盾，因此自北京解放后，在有一段时期中，我的情感是混乱的，有的时候觉得欢喜，有的时候又觉得凄凉。"曹聚仁把冯友兰这段自剖引入报道中，读者一方面可以从中了解大陆知识分子思想改造的情况；另一方面也可以从中清楚地看到曹聚仁的影子，因为冯友兰当初那种矛盾、复杂的情绪，也正是曹聚仁此时此刻的心声。

更使曹聚仁受到启发的还是王芸生的思想变化。王原是《大公报》总主笔，解放战争时期，面对国共之间的激烈斗争，他的政治态度与曹聚仁有些相似，在立场问题上也同样受到过《华商报》的批评。1948年秋，他离沪经台北，辗转至香港，宣布香港《大公报》起义。不久，他到了解放区，通过各方面的接触，思想逐渐发生了变化，认识到自己从事了20多年的新闻工作，时时策励自己要做一个好记者，但未曾坚决地把握住阶级立场，尽管自以为主观愿望是好的，实际上却已脱离了人民大众，甚至被反动阶级利用了。王芸生表示要"抛弃旧习惯，去掉旧成见，一切重新学，一切从头干"。曹聚仁从这些话中看到了友人们经过思想改造以后所表现出的崭新的精神面貌，心中产生了强烈的共鸣，也更加深了离开光明而又向往光明的内心痛楚。但仅仅是痛楚还不足以使他抛弃自己的观点，因此他时常慨叹自己的"无根的生活"，有时还写些流亡者的故事，说明"没有根的生活，是需要勇气的"云云（《采访三记》145页），孤芳自赏一番，聊以自慰。

（五）他曾自命为不带任何政治色彩的新闻记者，但在晚年终于抛弃了自由主义。

1956年，国内和国际形势都发生了很大的变化。为了真正了解自己的祖国，真实地向海外华侨和港澳同胞们反映自己的祖国，曹聚仁终于改变了那种退避三舍的生活方式。1956年7月，他以新加坡工商考察团随团记者和新加坡《南洋商报》记者的身份，回到了离别六年的祖国大陆。

行前，他曾向公众表示，自己是一个绝不带政治色彩，也不夹杂政党利害关系的记者，而且没有放弃自由主义的观点；他所任职的《南洋商报》也是一家民营的报纸。因此，这次北行，"凡是宣传性的话，一定不写。"（《北行小语》11页）

然而，一踏上祖国的大地，强烈而美好的第一个印象，便使他情不自禁地拿起笔来，在第一周的行程中，就写下了近万字的报道。

访问东北归来，他兴致勃勃地为海外侨胞描绘了中国重工业发展的真实图景，并结合他所掌握的历史资料，采用对比的手法，深刻揭示了新中国成立以来在重工业领域发生的翻天覆地的变化，反映出中国工人阶级当家做主的精神面貌。

走访城乡，他以见闻录的形式详细报道了新中国成立以来劳动人民衣、食、住、行条件的改善和社会风气的改观。

来到杭州、庐山，祖国的大好河山使他陶醉。他以史学家的渊博知识和文学家的妙笔，把那些丰富多彩的古代传闻和今日奇观呈现在海外读者面前，贯注了他强烈的爱国热情。

当时，对于国内的一些著名知识分子、民主人士和国民党战犯，海外曾有种种传闻。曹聚仁来到北京后，就专门访问了这些人物，并把他们的现状公之于世。沈从文教授是颇有名望的文学家，海外曾有人撰文报道他在北京解放以后的"悲惨遭遇"。曹聚仁通过直接采访，向海外读者介绍了沈氏接受思想改造的曲折过程，并指出：前者的报道"对1953年说是真实的，对1956年说却不真实了。现在他还是做他的教授，同时也在《北京日报》《人民日报》的副刊上写稿。记者看他的神情，也很愉快似的，并没有什么自卑的怪僻。"（《北行小语》113页）此外，他还报道了梅兰芳、周作人、徐凌霄等文艺、新闻界老人的情况，并告诉读者，像陶希圣、陈公博、林语堂这类人的著作，在市场上也都还能买到，可见大陆学术研究气氛之浓厚，也说明了共产党的"双百方针"的英明。为了使海外读者真正了解中国共产党的政策，曹聚仁特地采访了杜聿明等五位被俘的国民党将领，详细描述了他们的精神面貌、身体状况、饮食起居及政治学习等各方面的情况。他还专程前往浙江奉化蒋介石的故乡，报道蒋氏家园"一切都如往日，只是少了游览的人"，蒋氏的亲戚"生活也还过得去……"（《北行三语》46页）曹聚仁的这一系列实事求是的报道，对于海外读者在客观上起到了有益的宣传作用。

在1956年以后的几年中，曹聚仁又多次以记者身份回到祖国大陆，受到过毛主席、周总理、陈毅副总理等的接见。通过对社会主义各条战线的深入采访，曹聚仁对于我们的党，我们的国家有了新的了解，对于知识分子思想改造也有了新的认识。当戊戌变法60周年之际，他回顾60年来中国革命的历史，终于得出结论，认为从康有为、梁启超到蒋介石，他们的道路都是行不通的；只有中国共产党，唤起民众、建立一个强有力的政治组织，并改变社会经济的生产与分配方式，才是唯一救国的途径。

社会主义发展的事实使曹聚仁改变了前半生所坚持的政治观点，使他的思想冲破了自由主义的樊笼。1958年他在给友人的信中感慨地写道："过去那几回，我看了许多使人兴奋的建设大业，只是兴奋而已，并不曾改变我个人的观点，我还以为个人保留'自由主义'的立场是不错的。这回，我不仅是兴奋，而是变更了我的观点；我认为，我们在建设大业中，应放弃个人的自由主义观点。新中国的前途，光明远大……"（《北行二语》1页）对于一个蜚声海内外的自由主义者来说，这是一个带根本性的转变。

曹聚仁先生晚年，依然独居香港，自比为波兰作家显克微支笔下的"灯台守"——一个在异国海岛上孤守一盏灯塔，却时时眷恋家乡故土的老人。这一时期，他在《循环日报》《晶报》《正午报》等报刊上从事专栏写作，参加爱国文化活动，还为争取早日实现祖国的统一大业做出过努力。这位爱国文人，即使是在浮过生命海洋前的最后一刻，也仍然念念不忘祖国，与祖国同经忧患。当国内"四人帮"横行的时候，他对"四人帮""否定一切"的极"左"思潮极为反感，在病魔缠身的情况下，他仍然以惊人的毅力，将几十年中搜集起来的大量宝贵文史资料进行综合整理，编写出《现代中国剧曲影艺集成》这一巨册，满腔热情地把祖国解放17年来文艺舞台上所取得的丰硕成果公之于世，并对梅兰芳、程砚秋等一大批伟大艺术家的艺术成就予以充分的肯定。此外，他还想尽自己最后一点心力，撰写《现代中国通鉴》，然而，仅写完了五册中的第一册，竟赍志而殁。

　　曹聚仁先生因患癌症，于1972年7月23日逝世于澳门镜湖医院。生前，他在回顾自己一生曲折、矛盾的生活道路时，曾多次叹息"身后是非谁管得，满街听唱蔡中郎。"觉得自己总是难以为人们理解。在给子女的书信中也曾不无悲观情绪地写道："到了今日，世人怎么说，过眼烟云，我一概不管。"然而，在他患病期间和逝世以后，周总理曾代表我党向这位襟怀坦白的老朋友表示了关怀。他的骨灰亦从香港送回国内，安葬在雨花台（1998年，迁葬上海青浦福寿园）。

　　粉碎"四人帮"以后，国内文学界、新闻界也都开始对他进行新的评价。对于这样一位在不同历史时期都能站在爱国的立场、在国内外颇有影响的老报人，我们应当给他以应有的历史地位。

曹聚仁先生与香港 "左派" 出版

黄耀堃

　　我在一所被称作 "爱国学校" 的中学念书（即香港一般称作 "左派学校" 的）。"文化大革命" 发生以后，香港的 "爱国学校" 也紧跟大陆的做法，并没有按照香港政府编定的课程上课，因此在国文课上多教一些 "毛主席著作" 和鲁迅的作品，学生认识的现代作家没有多少，大多是《毛泽东选集》里提过的几个，如鲁迅、闻一多、朱自清、周作人、梁实秋等，也许还听过俞平伯、胡风之类。不过从来没有提过曹聚仁先生。虽然曹先生晚年一直在 "左派" 报纸《晶报》和《正午报》写专栏，但这些报纸却不准带进 "爱国学校" 里面，特别是《正午报》，《正午报》的一些版面跟黄色小报完全没有分别。

　　我跟曹聚仁还是见过一面，大约在60年代末。我很喜欢逛书店，有一天在学校附近，铜锣湾电车总站的 "中西书店" 那里看书。那家书店占了两层楼，在二楼的陈列桌上平放了一批书，每种都有五六本。这些书干净整齐，不过封面和内页都发黄。这些书我从来没有见过，但又不是新书，于是问问店员，店员就指着一位个子不高的先生说，是他拿来卖的。那批书主要是创垦出版社的东西。

　　在此之前，其实已经听过曹先生的名字。邻居黄先生是一家 "左派" 书报发行公司的推销员。我家订了 "左派" 周刊《周末报》，他替同事送报给我们，跟我们很熟络。有一次，他提起了曹先生，说曹先生的作品虽然在"左派"报纸里刊登，由三育图书公司这家出版社出版，但经过审查之后，有些书还是不可以代为推销，他说了两本书名，其中一本是《秦淮感旧录》的下册。后来想起这件事，才明白当时曹先生，和"左派"人士罗承勋、陈展谟等人出版周作人的《知堂乙酉文编》为何费煞思量。

说到罗承勋先生，我又想到另一件事。罗先生大力协办"左派"文学团体"香港青年文学爱好者协会"，找了很多著名的"左派"作家来演讲，甚至直接辅导这群青年文学爱好者。这个文学团体的负责成员之中，也有《正午报》的编辑，但"香港青年文学爱好者协会"从来没有找过曹先生。前几天，我再就这件事，向一位"香港青年文学爱好者协会"的负责求证，他最初还以为我记错了，翻查一下才确定真的没有找过曹先生，他也觉得很奇怪。

邻居黄先生有一次又跟我说起南天书店老板的故事，说到曹先生如何被那个老板欺负。不过，这个故事在后来却有不同的解释，有人说曹先生生活太困难，书店的老板趁机敲诈曹先生，要曹先生把珍藏的材料交给他出版；有人说曹先生没有办法找到其他人出版，为了让珍藏的材料得到流传，只好甘受欺负。总之，言人人殊，但似乎隐约说明曹先生晚年的境况。

后来，我进入了出版机构工作，于是明白了内外之别，曹先生始终是外人。"文化大革命"之前，曹先生一直为《文艺世纪》撰稿，南苑书屋又为这些文章结集出版。这间杂志和出版社都是属上海书局这一个外围"统战"系统，至于三育图书公司更是在这个系统之外。也许由于上海书局的渊源，后来香港《九十年代》杂志发表了一个不知是真是假的旧闻，就是说"文化大革命"前，曹先生为中国的统一曾与蒋经国会面。《九十年代》最初隶属上海书局的系统，总编辑在中学毕业后一直在那里工作。

我在出版机构工作了三年，只有两次听到机构的"领导"提到曹先生。当美国总统尼克松要访问中国，"领导"突然说如果有时间，可以看看曹先生的《北行小语》和《北行二语》，不过，他又补充一句，找不到也不用特意找来看。"领导"也没有看过这两本书，大约是"领导"的"领导"的旨意。有一位同事后来才悟出"领导"的意思，原来不是已经视曹先生为自己人了，而是叫我们看看这两本书里面毛泽东的言论，以及有关中国统一的问题。另一次，就是在此不久之后，曹先生去世，"领导"全部都到澳门参加丧礼。

前年，我在香港大学谈了一下60年代香港"左派"新诗的情况，朋友对我说，这些回忆对保存香港文学史料有点意义。写了这些六七十年代零零碎碎的回忆，只不过希望因曹先生的大名引起更多人的注意，收集香港文坛史料，特别是香港"左派"文学的史料。

（2000年2月24日）

天下滔滔，几人堪与共语

——略谈曹聚仁和鲁迅

赵敬立

　　由于思想的丰富和深刻，个性气质的鲜明和独特，"文明批评"与"社会批评"的尖锐和激烈，以及处世行事和对文化使命之担当的勇毅决绝，鲁迅一生结下了不少的"怨敌"（论敌）——"我的怨敌可谓多矣"，[①]诸如陈西滢、徐志摩、梁实秋、施蛰存、成仿吾，等等，包括由"同一战阵中的伙伴"、友朋而终至决裂或疏淡的胡适之、林语堂、刘半农等人。这当中除了与乃弟周作人由兄弟怡怡转成参商两分的情形稍为复杂外，根本原因乃是鲁迅自己所说的："我有时泛论一般现状，而无意中触动了别人的伤疤，实在是非常抱歉的事，……其实我不过是泛论……"[②]和"虽大抵和个人斗争，但实为公仇，绝非私怨"，[③]因而他也是至死仍"一个都不宽恕"。然而，这只是鲁迅为人处世的一面。从另一面看，鲁迅一生也"还不少几十年

---

① 　《且介亭杂文末编·死》。

② 　《华盖集续编·不是信》。

③ 　《书信340522·致杨霁云》，这里虽说的是《华盖集》和《华盖集续编》，但我以为是可以推而论之的。

的老朋友"，诸如"五位姓许的知己朋友，三男：许季上，许寿裳和许钦文；二女：许羡苏（钦文的妹妹）和许广平"，[①]早先的范爱农、钱玄同及陈公侠（仪）将军，后来的郁达夫、瞿秋白、冯雪峰以及日本友人内山完造等人。还有许多崇敬拥戴鲁迅、与鲁迅"平生风宜兼师友"的文学青年如孙伏园、莽原社成员及胡风、萧军、萧红，等等。究其根底，用鲁迅自己的话说就是"现在的许多论客，多说我会发脾气，其实我觉得自己倒是从来没有因为一点小事情，就成友或成仇的人。我还不少几十年的老朋友，要点就在彼此略小节而取其大"。[②]在这些朋友当中，就有一位是曹聚仁。上述这段颇能见出鲁迅胸襟的话便是在写给曹聚仁的信中说的。曹聚仁晚年回忆与鲁迅相处相得时，曾有"天下滔滔，又有多少人可以共语呢？"[③]字里行间充滋、流淌着知己相契的欣慰和自豪之情。

由于曹聚仁说这句话时，"公已无言"——他所言及的鲁迅先生已逝世30多年，而今并说这话的曹聚仁先生也已逝世20多年，我们今天该如何看待这一断语？曹聚仁与鲁迅相识交往的情形究竟何如？曹聚仁比鲁迅小19岁，当属后生晚辈——"鲁迅是章太炎的入室弟子，我呢，已经是后辈又后辈了。钱玄同先生和鲁迅是同辈，我的老师单不庵和钱玄同一辈，我该是退居后辈的"。[④]如若曹聚仁所言的"共语人"一说果然不虚，那么他与鲁迅往年相契的原委何在？以"天下滔滔共语人"期许的曹聚仁，曾一度致力于鲁迅研究，先是与妻子邓珂云整理编印了资料性的《鲁迅手册》，其后"在鲁迅身后二十年"，"开始写《鲁迅评传》，后来，又再三易稿，写成了《鲁

---

① 曹聚仁：《我与我的世界》，人民文学出版社1983年3月版，第394页、399页、391页。

② 《书信360221·致曹聚仁》。

③ 曹聚仁：《我与我的世界》，人民文学出版社1983年3月版，第394页、399页、391页。

④ 曹聚仁：《我与我的世界》，人民文学出版社1983年3月版，第394页、399页、391页。

迅年谱》，真的谬托知己了"。①今天的学术界又该如何认识与评价他之鲁迅研究的学术价值与成就得失、如何辨析"谬托知己"的真与伪呢？……这些都是大题目，有待深入细致地研究。《鲁迅研究月刊》曾刊有长篇评价曹聚仁之鲁迅研究的文章，②本文拟抉发一二，并提出一些疑点，以为抛砖引玉并就正于大方之家。

一、曹聚仁与鲁迅交处的始终

1933年5月7日鲁迅日记记有"得曹聚仁信，即复"，这是他们之间的第一次通信。从鲁迅的复信看，知是曹聚仁为《守常全集》向鲁迅求序而投书鲁迅。鲁迅当即在复信中表示"守常先生我是认识的，遗著上应该写一点什么"，并说"我想至迟于月底寄上"。后来鲁迅果然于5月29日夜写作了《〈守常全集〉题记》一文并于30日即寄曹聚仁，后发表在1933年8月19日《涛声》第二卷第31期上。文中追忆了对李大钊的印象、描绘了他的模样："总之，给我的印象是很好的：诚实、谦和、不多说话。《新青年》的同人中，虽然也很有喜欢明争暗斗，扶植自己势力的人，但他一直到后来，绝对的不是"，"他的模样是颇难形容的，有些儒雅，有些朴质，也有些凡俗。所以既像文士，也像官吏，又有些像商人"，并称誉曰"他的遗文却将永住，因为这是先驱者的遗产，革命史上的丰碑"。

曹聚仁向鲁迅求序，可谓知人之请、得其所哉，鲁迅不仅"谊不容辞"地写下了他对李大钊的认同与评赞。而且后来还为《守常全集》的出版事宜出谋划策——"《李集》我以为不如不审定，也许连出版所也不如胡诌一个，卖一通就算"，"所以我以为不如'自由'印卖，好在这书是不会风行

---

① 曹聚仁：《我与我的世界》，人民文学出版社1983年3月版，第392页。

② 古远清：《"把鲁迅当作有血有肉的活人来描画"——评香港曹聚仁的鲁迅研究》，（鲁迅研究月刊）1997年第10期。

的，赤者嫌其颇白，白者怕其已赤，读者盖必寥寥，大约唯留心于文献者，始有意于此耳，一版能卖完，已属如天之福也"①这是曹聚仁与鲁迅交处的开始。这以后，他们之间书信来往频繁。据《鲁迅日记》所记，曹聚仁致鲁迅信共44封；鲁迅则大多"即复""夜复"，他致曹聚仁信计39通。（另有发表于1934年8月上海《社会月报》第一卷第3期的公开信《答曹聚仁先生信》）鲁迅致曹聚仁的最后一封信写于1936年3月7日，得曹聚仁最后一封信是1936年8月17日。在三年多的时间里，这样的通信密度，算得上高的了。

遗憾的是，曹聚仁致鲁迅的信，收入《鲁迅、许广平所藏书信选》的只有一函，②而鲁迅致曹聚仁的信，鲁迅去世后许广平征集鲁迅书信时，曹聚仁将他整理粘好的23封寄奉给了许广平，另有17封他认为"很简单的信"③则未寄返。这就使得我们今天无法读到他们所有的往来书信，因而也就无从确切、完整地了解他们之间谈论的全部内容。好在现《鲁迅全集》的书信卷中收入了鲁迅致曹聚仁信25封，④为我们考索他们之间交接情形的真相，提供了基本的史料依据。

其实，在他们正式通信之前，鲁迅已与曹聚仁有了"文字因缘"。鲁迅1933年6月3日致曹聚仁信中说："先前也曾以罗怃之名，寄过一封信，后来看见广告，在寻这人，但因为我已有《涛声》，所以未复。"这封信便是后来收入《南腔北调集》的《论"赴难"和"逃难"——寄〈涛声〉编辑的一封信》，初刊于1933年2月11日《涛声》第二卷第5期，原题为《三十六计走为上计》。文章开首虽写的是"编辑先生"，且是以自由投稿方式而不是直

---

① 《书信330603》·致曹聚仁》。

② 《鲁迅、许广平所藏书信选》，周海婴编，湖南文艺出版社1987年11月版，第211页、404页。

③ 《鲁迅、许广平所藏书信选》，周海婴编，湖南文艺出版社1987年11月版，第211页、404页。

④ 此数字大于曹聚仁致许广平信中所说的23封，或系许广平据鲁迅书信原稿辑入。

接寄给曹聚仁本人的,《涛声》也是由曹聚仁、李儵（曹艺）、曹礼吾、陈子展、黄芝冈几人合办的,但因刊物上署的"编辑人"是曹聚仁,因而也可视作是鲁迅与曹聚仁之间最早的笔墨因缘。

曹聚仁与鲁迅的第一次见面,却要比投书识荆早得多。此即鲁迅在暨大讲演那一次。鲁迅1927年12月21日日记载有"午后衣萍来邀至暨南大学演讲"。鲁迅来沪后,曾应友朋邀约先后至沪上多所学校讲演。在暨大讲演的题目是《文艺与政治的歧途》,记录稿有二,一为章铁民记,经鲁迅修改发表于暨大《秋野》月刊1928年1月第3期；另一为刘率真记,发表于1928年1月29日、30日的上海《新闻报》副刊《学海》第182、183期,后来收入《集外集》的即是后者。而这稿实乃曹聚仁所记。曹聚仁时在暨大任教,他后来自述曰:"从《鲁迅书简》中,大家才承认《集外集》中那篇顶长的《文艺与政治的歧途》（讲演稿）是我的手笔。这篇讲稿,并不曾在上海版《语丝》半月刊刊出,给章衣萍挡住了,退还给我。后来刊在《新闻报·学海》上……"[①]鲁迅在致杨霁云信中曾数次谈到他的一些讲演稿的记录"离实际太远""实在记得太不行了",强调其中的几篇在收入《集外集》时"决计不要它",但对曹聚仁的记录稿却颇为满意,要杨霁云编入正文——"曹先生记的那一篇也很好,不必作为附录了。"[②]这或许要归之于曹聚仁的笔头奇快,记忆力好,语言上又没有障碍等原因吧——他先前曾于22岁时记录过章太炎的国学讲演稿,并因此而得拜太炎先生为师。

但这一次恐怕也只是"谋面"而非"结识",更非订交之始,否则关于这稿的记录者不会有这一番云遮雾罩的谜团,曹聚仁与鲁迅也不会迟至1933年5月才投书识荆了。曹聚仁晚年在回忆录中批驳"此间有人说我在上海卖文,全靠鲁迅提拔,后来又背叛鲁迅了"时说:"可是,我从1922年到上海,直到1927年,鲁迅才到上海久住。我和他本不相识,而我又从不靠卖文过活,不知如何提拔我？"并说:"鲁迅先生是文学家,我呢,只是研究历

---

① 　《我与我的世界》第391页。

② 　《书信341219·致杨霁云》。

史的人，道并不相同。"①是否真的"道不同，不相为谋"姑且不论，我们从这件事中可以看出曹聚仁确是无意如"时贤"所谓"我的朋友胡适之"般地攀附借重于鲁迅，当无疑问。

据鲁迅日记，曹聚仁与鲁迅之间真正的相识，似应在1933年9月11日，时为多次通信以后。这天的鲁迅日记有"曹聚仁邀晚饭，往其寓，同席六人"的记载。大概也正因为初次会面的缘故吧，宴请也就颇为正式——鲁迅于其后的9月21日致曹聚仁信中有"前蒙赐盛馔，甚感"一语，并于"盛馔"二字下加有圈点，这可令我们对当日的情形悬想一二。

但据曹聚仁前妻王春翠的回忆，则曹聚仁与鲁迅的第一次会面，当在"大约是一九二九年秋天"的一个星期日，地点是内山书店："星期日，我俩携女儿阿雯乘早班火车去上海，下车就径直去内山书店……当我走过柜台时，发现用布幔隔着的内间坐着一个人很像鲁迅先生，他全神贯注地看书。我连忙悄声告诉聚仁，周先生在内间……"②征之以曹聚仁的自述："我与鲁迅相识那年，已接近30岁了，因为我那时已经做了七八年大学教授"，③可知时间上颇相吻合，但从描述的情形看，又似是"偶然相逢"而非专门造访。此点则让人生疑。

另一更令人疑惑处，在于王文所做的两次鲁迅登门作客的记叙。第一次是他们移住花园坊一〇七号那年（1932年秋天移住此处），本是邀请鲁迅一家"阖第光临"的，但结果是"上午十时许，鲁迅先生身着灰色长衫，左手拎起衣角，独自一人走过后门口"。④另一次则是"记得是一九三四年的一天，我正在家里埋头写作，写得入了神，屋内的响动全然不知，当我写好一

---

① 《我与我的世界》第391页。

② 王春翠：《回忆鲁迅》，曹灿整理，见《高山仰止——鲁迅逝世50周年纪念集》，上海鲁迅纪念馆编，上海文艺出版社1986年8月版，第263—264页。

③ 《我与我的世界》第399页。

④ 《高山仰止——鲁迅逝世50周年纪念集》第265页、266页。

段搁下笔站起身时，方才发现宫妈已领着鲁迅先生进来……"①前一次谈到
请鲁迅品尝菜肴，后一次叙及请鲁迅为他拟编的文章集子定"竹叶集"的名
字，言语行色，俱生动肖神。但鲁迅日记却无赴曹聚仁家宴而无同席者的记
载。我以为其事当有，或许也就是鲁迅日记中所提及的那两次晚宴。推究出
人之原委，许是王春翠文章的重点在于回忆鲁迅（可能当日确也只是对鲁迅
的言语行止格外关注留心，因而记忆也保留得较为长久），而于同席之其他
人则或不甚熟悉或不甚留意，且年久失记的缘故吧。

　　从鲁迅日记中可以看出，曹聚仁与鲁迅见面、交谈的次数其实并不多，
除前述之9月11日一次外，另外只有寥寥两次。其一是1934年9月13日："晚
曹聚仁招饮于其寓，同席八人"，另一次则是鲁迅做东"回请"曹聚仁——
"晚约阿芷、萧军、悄吟往桥香夜饭，适河清来访，至内山书店又值聚仁来
送《芒种》，遂皆同去，并广平携海婴"②这其实也是碰巧遇见而非特意宴
请。又，据鲁迅致曹聚仁信，1934年8月12日曹聚仁当曾设有一宴并邀请了
鲁迅，因鲁迅迟收到信而未能赴宴。从这封信中，我们可以知道，鲁迅日
记中虽时有饭局的记载，但鲁迅本意却是不喜欢吃来吃去的——"十一日
信，十三才收到。昨天我没有去，虽然并非'兄弟素不吃饭'，但实在有些
怕宴会"③另据徐懋庸回忆，则曹聚仁与鲁迅之间则至少还有过一次聚餐：
"一九三四年新年，一月六日（《鲁迅日记》），黎烈文邀请《自由谈》的
十来个撰稿者聚餐，其中有鲁迅、郁达夫、曹聚仁、陈子展、唐弢、周木
斋、林语堂……也有我。"④

　　而据曹聚仁晚年自述，除林语堂在《人间世》创刊前（1934年4月创
刊）约请鲁迅夫妇、曹聚仁、陈子展、徐懋庸、陶亢德、徐訏等人在寓中吃
过一次晚饭外，他们之间应另外还有几次聚谈："在这儿，我记起我们三人

①　《高山仰止——鲁迅逝世50周年纪念集》第265页、266页。

②　1935年3月5日日记。

③　《书信340831·致曹聚仁》。

④　《徐懋庸回忆录》，人民文学出版社1982年7月版，第74页。

的几次闲谈（和鲁迅、秋白），想起了河上肇出狱以后对新闻记者的谈话，不禁感慨系之"①但不知何故，鲁迅日记中却无反映。或者因为涉及瞿秋白的缘故，鲁迅出于审慎而有意不记——然日记则以多种名字记秋白事多多，抑或曹聚仁晚年所忆有误，甚至别有缘故，真实情形如何不得而知，尚有待考证。

由于鲁迅日记特有的省略和简练文体，他与曹聚仁这几次聚谈的情形和内容，我们只有从曹聚仁的记述中才能略知其大概。这里，且先引几段曹氏自述：

一九三三年冬天的一个晚上，鲁迅先生在我的家中吃晚饭，一直谈到深夜。他是善于谈话的，忽然在一串的故事中，插上问了我一句："曹先生，你是不是准备材料替我写传记？"他正看到我书架上有一堆关于他的著作和史料。我说："我知道我并不是一个适当的人，但是，我也有我的写法。我想与其把你写成一个'神'，不如写成为一个'人'的好。"接着，我们就谈到路特微喜（Emil Ludwig）的《人之子》（耶稣传记），路特微喜把耶稣写成为常人，并不失其为伟大；说圣玛利亚是童贞女，由天神给她孕育这么一救主，也不见得增加耶稣的光辉。老老实实说玛利亚这个可怜的女孩子，给罗马军官强奸了，孕生了这样一个反抗罗马暴政的民族英雄，也不见得有甚么丢脸。因为是"人"，所以不免有"人"的弱点。这一方面，鲁迅比萧伯纳更坦白些，他并不阻止我准备写他的传记。②

我和他之间，有一段极机密的交游，我此刻并不想说出来，

---

① 《我与我的世界》第400页。

② 《鲁迅评传·引言》，香港新文化出版社1956年版，第1页、2页。

留着将来，作为"逸话"罢。①

　　我笑着对他说："我是不够格的，因为我不姓许。"他听了我的话，也笑了，说："就凭这句话，你是懂得我的了！"②

　　我对鲁迅说："季刚的骈散文，只能算是形似魏晋文；你们兄弟俩的散文才算是得魏晋的神理。"他笑着说："我知道你并非故意捧我们的场的。"后来，这段话传到苏州去，太炎师听到了，也颇为赞许。③

上引的几段话中，"留着将来，作为'逸话'"的那段极机密的交游，后来其实并无下文，但从这些记述中，我们当能看出曹聚仁与鲁迅之间，确能当得上深交知己。曹聚仁也正是在上引第四段话的后面颇为自得地写下"天下滔滔，又有多少人可以共语呢？"一语的。再征之以鲁迅书信，我们也不难推知曹氏之语确乎果然不虚：鲁迅致曹聚仁信中除了回答曹氏向他约稿、为他出书及讨论大众语等具体事宜外，分别谈到了《涛声》的特色与办刊的意见（"但我并不希望《涛声》改浅，失其特色"书信330603；"《涛声》至今尚存，实在令人觉得古怪，我以为当是文简而旨隐，未能为大家所解，因而侦探们亦不甚解之故"，书信330711）；谈现今与明末的对比（"近来的事，其实也未尝比明末更坏，不过交通既广，智识大增，所以手段也比较的绵密而且恶辣"，书信330618）；谈学问和拟著的文字史、文学史（"中国学问，待从新整理者甚多，即如历史，就该另编一部"；"我数年前，曾拟编中国字体变迁史及文学史稿各一部，先从作长编入手"，书信330618）；谈青年及自己的做人与处世，（"近来的学生，好像'木'的颇多了"，书信330603；"十余年来，我所遇见的文学青年真也不少了，而

---

①　《鲁迅评传·引言》，香港新文化出版社1956年版，第1页、2页。

②　《我与我的世界》第394页、399页。

③　《我与我的世界》第394页、399页。

稀奇古怪的居多"，"现在做人，似乎只能随时随手做点有益于人之事，倘其不能，就做些利己而不损人之事"，"历来所身受之事，真是一言难尽，但我是总如野兽一样，受了伤，就回头钻入草莽，舐掉血迹，至多也不过呻吟几声的"，书信330618；"我不会误会先生。自己年纪大了，但也曾年轻过，所以明白青年的不顾前后，激烈的热情，也了解中年怀着同情，却又不能不有所顾虑的苦心孤诣。"书信360221）；谈师道并太炎先生（"古之师道，实在也太尊，我对此颇有反感。我以为师如荒谬，不妨叛之，但师如非罪而遭冤，却不可乘机下石，以图快敌人之意而自救。太炎先生曾教我小学，后来因为我主张白话，不敢再去见他了，后来他主张投壶，心窃非之，但当国民党要没收他的几间破屋，我实不能向当局作媚笑。以后如相见，仍当执礼甚恭"，书信350618）；谈心情（"多伤感情调，乃知识分子之常，我亦大有此病，或此生终不能改"，书信340430；"记得前信说心情有些改变，这是一个人常有的事情，长吉诗云，'心事如波涛'，说得很真切。其实有时候虽像改变，却非改变的，起伏而已"，书信341211）；谈周作人自寿诗（"周作人自寿诗，诚有讽世之意，然此种微辞，已为今之青年所不憭，群公相和，则多近于肉麻，于是火上添油，遂成众矢之的……此亦'古已有之'，文人美女，必负亡国之责"，书信340430）；谈与林语堂的分歧（"语堂是我的老朋友……曾经竭了我的诚意，写一封信，劝他放弃这玩意儿，我并不主张他去革命，拼死，只劝他译些英国文学名作……他回我的信是说，这些事等他老了再说。这时我才悟到我的意见，在语堂看来是暮气，但我至今还自信是良言，要他于中国有益，要他在中国存留，并非要他消灭。"书信340813）……

　　笔者这里不厌其烦地摘引鲁迅致曹聚仁书信中的语句，是因为凡这些均是颇为重要的问题，涉及鲁迅的思想、学术、心理、情感、个性及为人处世等方方面面。能将这些"灵府之至奥"对曹聚仁"出以言辞"、直白相告，当然是视曹氏为知己良友了。

　　1936年8月17日，曹聚仁写了给鲁迅的最后一封信，鲁迅没有回复（原委下文论及）。一个多月后，鲁迅溘然长逝。"鲁迅先生逝世噩耗传来，我和聚仁万分悲伤。两人默默无言地坐着……好一阵子，聚仁起身挥毫，写就一副挽联：'文苑苦萧条，一卒彷徨独荷戟；高丘今寂寞，芳荃零落痛余香。'他双手把挽联交托给我，无限惆怅地说：'明天学校有会不得缺席的，你一人去吊唁先生吧'"①这挽联系集鲁迅诗意而成，哀情沉痛，立意颇高评价亦切，与蔡元培、许寿裳、马幼渔等人之挽联可堪伯仲，不愧是出自知己深谊者之手笔。

出殡那天，曹聚仁向校方请准了假，与王春翠一起赴殡仪馆为鲁迅先生送行。这是他们之间交处的终了。

二、曹聚仁与鲁迅知己相得的原委

曹聚仁能与鲁迅忘年相契、并世而共语，自有其原委所在。

所谓"共语"，即是说交谊的双方相互之间有共同语言、能谈得来合得拢。而实际上，固然可能有促膝抵掌、竟夜长谈而言犹未尽的时候，却也未必一定总是一见面即大谈特谈、口若悬河滔滔不绝。有的时候，一语解颐、会心一笑，乃至颔首称善、无语默然，也是相知的胜境，正所谓"心有灵犀一点通""此时无声胜有声"是也！曹氏即曾说过："有人以为我和鲁迅闲谈，一定谈文论道，跟什么讲习会相似的。实际上，绝非如此，我和他从来没有谈过文、论过道，和青年人的天真想法绝不相同。因为这样，我们才可以相处得很不错。只有一回……"②

交处的双方若要臻于上述那样的境界，必得双方学力相称、识见仿佛、处世行事及个性与为人等方面相类近，方为可能。

曹聚仁与鲁迅之间，即大略具备这样的前提条件。鲁迅方面，大家尽皆熟稔。下面就曹聚仁方面，略谈一二。

---

① 《高山仰止——鲁迅逝世50周年纪念集》第267页。

② 《我与我的世界》第399页、8页、15—16页、143页。

首先，学问上，曹氏为后学，比肩角力固然不足，但对话共语却是有余。曹聚仁并非出生在书香世家，然他父亲梦岐先生却是由自幼种田通过苦学而中秀才、挤进绅士层中去，有着"钢铁般意志"的人。赴杭州应最末一科举人未中，"却带了康梁维新变法的新观点回来，他要办学校、兴实业、放小脚，启蒙期种种，要在那乡僻地区，一一做起来。"①曹聚仁幼承家学，因"早慧"而在戚友面前变成了"神童"：四岁便能念完《大学》《中庸》，五岁那年，我已读完了《论语》《孟子》，六岁就会动笔了。……到了七岁那年，就读完《诗经》，除了那篇古怪字最多的《小戎》（《秦风》）以外，全书都背得默得，所谓"整本倒"②1915年入杭州第一师范学校，1921年夏毕业。我们知道，五四前后的杭一师，是华东地区尤其江浙的新文化运动的中心，曹氏在这里师事单不庵，1927年秋天又在西湖文澜阁跟着单师共事，"攻治桐城派古文，却超越了吴学的范围，从皖学转向浙东史学，和新考证学不期而相合"③同时，又从先后任教一师的陈望道、夏丏尊、刘大白、朱自清、俞平伯、李叔同等人那里接触、接受了新思潮、新文学与艺术的熏染。参加学生运动（做过学生自治会主席）、编辑（并主编过）《钱江评论》——"他们（按指阮毅成、沈端先）编刊《浙江新潮》，闹了那么大的风潮，累及一师经校长的去职。我们则编刊《钱江评论》和北京《新潮》、上海《觉悟》桴鼓相应"，④开始写作新闻电信、白话新诗……

从上述简略的介绍中，我们不难看出，曹聚仁所受的教育，新旧杂糅且均不失优良，此点与鲁迅正相类似，而尤以国学功底（文史方面）为扎实、优长。他晚年述学曰"自从跳过子英文的难关，我便有充分机会来充实文史方面的知识。单不庵师乃是一代通儒，和蒋百里、张宗祥两位先生同为嘉兴

---

① 《我与我的世界》第399页、8页、15—16页、143页。

② 同上。

③ 同上。

④ 《我与我的世界》第141页、105—106页。

三杰。我从朱芷春师那儿得来的，有关王船山《读通鉴论》的史学知识，才生了根。单师教我研治桐城派古文，熟读归有光的小品文字，也正是我一生运用文字技术上的基础。……单师却引我转向清代朴学家的广大园地中来。我一进本科，有学校图书馆可以予取予求，便着手考证学工作，成为戴震、焦循、章实斋的追寻者，这就注定我的一生命运了。我的考证学工作，得章太炎师的指引，而进入博大精深的园地，这就和今日的新考证学碰上了头了"①笔者这里大段引据曹氏述学的文字，是因为这正与鲁迅治学的"清儒家法"相类通："讨论鲁迅的学术贡献，最佳入手处莫过于他在考据学上的成就，因其师承及发展均脉络清晰"，②"借助于章太炎作为中介，鲁迅以一种特殊的方式沟通了与清儒的历史联系"③而鲁迅与曹聚仁，尽管拜师有先后，却同是章门弟子。

再证之以曹氏20年即出版《中国史学ABC》，1922年记录章太炎的国学讲演稿《国学概论》，1926年再版校读、增订范应元的《老子集注》，1927年再版所编辑的《古史讨论集》，后来在总数达4000多万字的著述中，又有《新红学发微》《国学十二讲》及《鲁迅评传》《鲁迅年谱》等学术著作多部，我们可以说，当他与鲁迅交接时，虽不敢说学问如何广博渊深，但30出头的人能有此学力，宜乎鲁迅对他另眼看待乃至青睐有加了。也难怪曹氏会不无自负地说："我与鲁迅相识那年……已经做了七八年大学教授"了。

其次，是识见方面。这是与学问紧密相关的一个方面，不学无术而有洞识顿悟，虽不无其人但毕竟少见。但学问与识见又绝非对等相应，饱学硕儒而识见平常乃至迂腐、昏庸，往往而有。史家刘知几论史人尝有"才学识"之三分，在这三者当中，如果说"才"系先天禀赋、"学"靠勤奋积累，则

---

① 《我与我的世界》第141页，105—106页。

② 陈平原：《作为文学史家的鲁迅》，见《陈平原小说史论集》（下），河北人民出版社1997年8月版，第1742页。

③ 陈平原：《作为文学史家的鲁迅》，见《陈平原小说史论集》（下），河北人民出版社1997年8月版，第1747页。

"识"却尤为难得，必得超出"终觉浅"的纸上功夫，躬行实践，于读万卷书的同时行万里路，广见博闻，甚而至于出入三教九流交接各色人等，方能见解不俗、清明乃至高明。

曹聚仁既在金华中学时被错误地以"志趣卑下，行为恶劣"的考语而除名并蒙受巨大的心灵创伤、影响及于久远，又曾置身于学潮的遄流旋涡中沉浮趋退；因偏好文史，数理及英文成绩差，投考南京东南高级师范落第不名，转考武昌高等师范又因为第二天生疟疾、不能应试而失败，正是游子他乡、黯然泪落——"那时，我这个年轻小伙子，满怀壮志，好似对天下兴亡，依旧颇有信心。可是，对自己的浮萍前途，却觉得渺茫得很"。①在上海做了三年家庭教师，虽尊为西宾，但毕竟也是"寄下篱人"。期间开始大量读书和写稿——"我一进了上海，想不到一脚踏到的是文坛，又一脚踏到的是'报坛'"，②再后来，在大学任教，先后与政界、学界、文坛和报坛都有着"纠缠瓜葛"——"我因缘时会，和朝野政治文化军事人物，有或浅或深的关系"③……他的这些经历遭际，也算得复杂丰富，虽不比鲁迅出入于质铺与药店、由小康人家而坠入困顿的早年经历之惨痛，也不如鲁迅"见过辛亥革命，见过二次革命，见过袁世凯称帝，张勋复辟，看来看去，就看得怀疑起来"之失望与颓唐来得深切，但无疑有助于看清世事与人心的真相吧。

此外，曹聚仁具有独特的史家眼光，他说："我是研究历史的人，又做了近20年新闻记者；我的单不庵师，又指示我以'考证''存疑'的精神，对于古人的言行，都不敢随便褒贬，何况今人？我的史观，又是从王船山的读通鉴论中，翻过筋斗出来的，更不会随声附和。"④这段话虽是晚年自

---

① 《我与我的世界》第194页、197页、535页。

② 同上。

③ 同上。

④ 《鲁迅年谱再版跋》，见《鲁迅年谱》，香港三育图书文具公司1970年10月版，第349页。

述，但史观之养成非一日之功，而师事单不庵更在读书求学时期。这种史家眼光与鲁迅"看事情太仔细，一仔细，即多疑虑"①正相参差，程度或有深浅之别，却也可说是"异曲"而"同工"。

凡此种种，都可佐证曹聚仁的识见不同凡俗。识见，主要表现为对世事时局的认识判断与学问行事上的辨别取舍，很难一一细说。这里且举两个事例来说明。

一个是曹聚仁创办"乌鸦商标"的《涛声》周刊，标举"乌鸦主义"，并认"乌鸦主义＝理性主义"——"我们之间，只有共同的兴趣，并没有什么政治主张，也不替什么主义作宣传，我们对一切问题，采取批判的态度"②这是难得清明的识见，正与鲁迅"泛论一般现状"的"文明批评"和"社会批评"有着很大程度的契合，因而鲁迅会主动给《涛声》投稿，并说："我常常看《涛声》，也常常叫'快哉'"。③

另一个颇值一辩的，乃是曹氏在《鲁迅评传·引言》中提到的"我想与其把你写成为一个'神'，不如写成为一个'人'的好"一语。人们不禁要问：曹氏是在其时即有这样的看法并当面向鲁迅谈论，还是后来见到鲁迅研究中所存在的种种"有趣的推想、神话化的玄谈"才有感而发呢？若是前者，则曹氏不仅识见高明，且为预言和警语；若为后者，则亦不过事后诸葛而已。

笔者以为当是前者。因为，早在他初版于1935年1月的杂感小品集《笔端》中，即有《谈鲁迅》一文，该文既有"鲁迅先生的小说，对于社会的影响不能算得怎样大；他的最有力量最有影响于社会的作品要算他的讽刺散文"，"他的每一篇作品，都面对着现实，给它以无情的赤裸的剖开。从他的作品中，处处照见人们的灵魂隐秘处，使人们觉得有点忸怩，因此，他的

---

① 《两地书·八》。

② 《我与我的世界》第433页。

③ 《南腔北调集·论"赴难"与"逃难"——寄〈涛声〉编辑的一封信》。

敌人非常之多"以及"有人以为讽刺作家的基点是'憎恨',那是错的,讽刺家的基点在于'怜悯'——最深切的同情……所以鲁迅的笔底,像是最无情的剥落,实是最恳切的同情。鲁迅先生伟大在此"等的评,也有"鲁迅先生是非常寂寞的","在槐荫古屋中抄古碑,过装死的生活;但《新青年》时代以后,就不许他这样做。他的偶或咳嗽声,也许成为文坛的谈话资料,或许成为嘲笑的题材。因此鲁迅吃饭鲁迅走路都写入文坛消息。然而鲁迅先生更寂寞了"以及"左翼文坛之奉鲁迅先生为宗匠,更是滑稽的事"[①]等与"时贤"不合流的意见。这些意见虽没有明言"神"与"人"之别,但确已透露出这方面的最初的消息与端倪。曹聚仁曾将此书寄呈鲁迅,1935年1月27日鲁迅日记载有"下午得聚仁寄赠之《笔端》一本",仅隔两天,1月29日鲁迅在致曹聚仁信中说:"《笔端》早收到,且已读完,我以为内容很充实,是好的。"鲁迅是否在两天多的时间里即"已读完"权且勿论,但主要的篇章肯定是翻阅一过的,否则鲁迅是不会打诳语、更不会妄加"内容很充实,是好的"的评断的。这篇《谈鲁迅》当在阅过的篇目之中。然而,鲁迅并未提出异议。这可视为鲁迅对曹氏之论基本认可,至少认为无大的谬误。否则,鲁迅是不会不指出和订正的——他后来就曾在给徐懋庸的信中,针对徐的《〈故事新编〉读后感》一文的误读,直言不讳曰:"我并不赞成",鲜明地指出"我以为那弊病也在视小说为非斥人则自况的老看法",[②]由此可知鲁迅不是顾全情面而不指出友人谬误的人,因为他的交友之道是"略小节而取其大"。

　　根据以上的引证和分析可知,曹氏晚年为鲁迅作传时的追忆与说法,固然不免有后来观点的发展及事实的刺激,却也并非空穴来风,更非事后诸葛的徒作大言,而是一以贯之的。大概也正是因为得到了鲁迅本人的默许(至少是不反对)吧,曹氏对自己的识见更加有信心,决意要"把鲁迅当作有血有肉的活人来描画"。

---

① 曹聚仁:《谈鲁迅》,见《笔端》,上海书店1988年4月影印版。

② 《书信360221·致徐懋庸》。

最后，是个性方面。曹聚仁能与鲁迅相得，个性气质上的投缘契合，亦是重要的因素。

曹聚仁虽说过："我是一个彻首彻尾的虚无主义者。我是梦岐先生的儿子，却又是他的叛徒：优柔寡断，赋性怯懦"，[①] "三十以后，我时常浮着罗亭的影子"，[②] 但他却又是个性很强、有点"牛性"（"我也有这么一种牛性"，《鲁迅评传·引言》）的人。关于这一点，他先后说过："我不是一个随声附和的人，人人赞成，我未必赞同；人人反对，我未必反对；这一点，我继承了王船山、章实斋的精神"，[③] "一九二七年以后，我就下了决心，不参加任何政党组织，也不卷入任何政治斗争的旋涡"。[④] 并曾自我解嘲曰"语云：'既不能令，又不受命，是绝物也。'吾其为绝物乎！"[⑤] ……曹氏这种个性特点与处世立场，大概因同是章门弟子、都受太炎先生"不党不群、特立独行"的影响之故，正与鲁迅相近似。而他大概也正是因此而推己及人、说鲁迅是自由主义者、虚无主义者的。

关于曹聚仁的个性，有一颇具说服力的事例，即他1936年8月17日写给鲁迅的最后一封信。我们都知道，鲁迅于8月2日收到徐懋庸信后，于8月3日到6日写作了长篇檄文《答徐懋庸并关于抗日统一战线问题》，文中将徐信"没有得他同意就在这里发表了"。徐懋庸在晚年的回忆录中写道：

　　鲁迅先生的文章发表后，我觉得自己固然有错误，但又很觉得委曲，于是写了一封公开信，叫作《还答鲁迅先生》，主要说了

---

① 《我与我的世界》第1页、2页、564页、5页。

② 同上。

③ 同上。

④ 曹聚仁：《采访三记》，转引自邓珂云为《我与我的世界》（北京版）一书所写的后记。

⑤ 《我与我的世界》第1页、2页、564页、5页。

三点意思：

（1）说我的信只是私人通信，鲁迅先生把它公开，不合适。对事业无益。（2）说鲁迅文章中所揭露的事实，绝大部分与我无干，而且为我所不知道的，把这些事情同我拉在一起，没有道理。（3）问鲁迅先生说我们是"敌人所派遣"的话有何根据。[1]

这封信后来发表在《今代文学》上，但"鲁迅却没有再予理会"。[2]

回顾了上述史实后，我们再来看曹聚仁的信。信中，除了为鲁迅在答徐信中几处提到的《社会日报》"向先生表白几句"外，主要谈的都是关于原信和复信的问题："和懋庸同处一屋，一月间也难得碰头。上月末，有一天懋庸说要写一封信劝劝先生，劝先生不要被别人包围，又说先生在病着，不写了罢，我因为对于这回争论全未留心，不曾问下去。看了《作家》，原来他毕竟把信写了。这样惹是非的信，假使我知道，一定要劝他不写……"这是关于"原信"的说明和解释，因为他与徐同处一屋，在外界看来或有知情乃至"合谋"之嫌。而接下来的一段话，则是关于"复信"的：

> 先生把原信和复信一同刊出来，我的私意不敢苟同；年轻的人有许多见不到的地方，当作私人通信开导一番，其益处比公开的好得多。气量有广狭，有些不必有的是非，先生还得为年轻的人包含一点。懋庸说我不懂世故，但他虽少年"老"成，也是这样不懂世故。信中说胡风性诈黄源行诡那几句，该打百下手心。人间何处不相逢？这样破了脸，真会终身切齿成仇呢！原信一刊出来，似乎两面都不能收场；在我不懂世故的人看来，倒是给另外一些人拍手的。[3]

---

[1] 《徐懋庸回忆录》第91页。

[2] 同上。

[3] 《鲁迅、许广平所藏书信选》第212页，重点号为引者所加。

　　这里整段引用曹信，是因为这段话最能见出曹聚仁的个性乃至"牛性"。信中所言虽与徐懋庸《还答鲁迅先生》的第一点相通，但笔者并不认为这是为徐打抱不平、为朋友拔刀相助，而是本着他自己的"私意""仗义执言"。这里，笔者对于"只有在政治染缸的边沿上站着，一直不肯跳下去，以静观自得为乐"①的曹聚仁竟以"人间何处不相逢""破了脸"来看政治上之大是大非的书生之见正确与否，权且勿论，但能本着"春秋责备贤者"之古训，而将"不敢苟同"的"私意"直言不讳地说与鲁迅先生，我认为正可见出曹聚仁与鲁迅相交接也是尊崇和恪守"直谅"的交友之道，也是"略小节而取其大"呢！

　　只是在"大"与"小"的理解上，这次他们之间却有着差距。

　　鲁迅在复杨霁云信中说："其实，写这信的虽是他一个，却代表着某一群。……因此我以为更有公开答复之必要。倘只我们彼此个人间事，无关大局，则何必在刊物上喋喋哉。先生虑此事'徒费精力'，实不尽然，投一光辉，可使伏在大纛荫下的群魔嘴脸毕现……"②这是鲁迅所取的"大"，可看作对曹聚仁信的回答。可事实上，鲁迅却没有回复曹聚仁！

　　写到这里，笔者不禁自问：由这对"大"与"小"的理解和取舍的分歧作始，倘天假以年，鲁迅与曹聚仁之间是否也会由"共语人"而终至如同鲁迅与林语堂之间"另外也无话可说了"一样的结局呢？作为史家的曹聚仁曾在《鲁迅年谱》中提出"鲁迅假使活到现在，中共对他如何？他对中共将如何？"的问题并做了肯定的回答。笔者既无史家眼光，又乏想象力，因而虽提出问题，对于回答却只能三缄其口了。

　　必须说明的是，本文虽考索了他们之间交接的情形并对他们相知的原委作了分析和论证，但也只是说他们之间在学识和个性上有颇多相类近之处、确是知音共语人，而无意于说他们是"志同道合"的同志、战友。曹聚仁尚

---

　　①　《我与我的世界》第61页、564页、538页。

　　②　《书信360828·致杨霁云》。

有"主张尽可不相同，交情依然不变的"[①]说法，并有"师友"与"同志"之区分。[②]我想，曹聚仁也正是在这个意义上才说"天下滔滔，又有多少人可以共语呢？"的吧？

琐琐写来，曹聚仁之鲁迅研究尚未论及，字数忽忽已是万余言了。"卖文求钱"的讥嫌自不必避，然长文章读来毕竟令人头痛以致生厌。况且，连日的挑灯伏案，我也累了，乏了。吾生有涯而学无止境，且待来日，另拟专文论之吧。

---

① 《我与我的世界》第564页、538页。

② 同上。

贯穿一生的爱国主义情怀

曹 雷

　　就在我10岁的时候，我父亲离开家远去香港。这以后，他曾多次回国，因为公务，家庭团聚的时间并不很多。对父亲的了解，更多的是通过他给母亲和我的书信，以及他留下来的大量的文章书稿。这些年来，我一直在做整理出版父亲遗稿的工作，目的是为了把他文字中一些宝贵的史料保存下来，也为了读者对他有个更全面的了解。而这个过程，也是我和父亲相通相知的过程。使我得以了解贯穿他一生的爱国主义情怀。

　　父亲早慧，幼年受祖父影响很深。祖父曹梦岐出身贫苦农民，却有很强的反抗压力的精神，耕余读书，应了乡试，并接受了维新志士的变法路向，在家乡办起了新式学校——育才学堂。并一生致力于地方自治的文化教育，身体力行，晚年甚至被当地乡民奉若圣人。祖父所信的是儒家的理想，认为"立志为圣贤，尧舜的己饥己溺，范仲淹以天下兴亡为己任，这都是青年人应有的志向。"

　　父亲在育才学堂接受了小学教育，16岁时考进杭州第一师范，师从陈望道、夏丏尊、李叔同、单不庵、朱自清、俞平伯等著名进步学者。1919年五四运动的狂飙也刮到了浙江，杭州一师成了走在革命运动最前列的学校之一。父亲从最早接受革命思想的施存统等同学处第一次看到了《新青年》等进步刊物。他在学校经历了引起新旧思想和势力激烈冲突的"《非孝》事件"（一师同学施存统在革命思想影响下，组织"新生"学会，出版《浙江新潮》周刊，并发表反对片面伦理的文章《非孝》。激进的观点引起校内外乃至全国的辩论。同学凌独见办了《独见周刊》，大骂施存统，引起公愤。学生自治会组织法庭"公审"凌氏，曹也是审判员之一。对凌的批判受到陈独秀的支持。）、"留经运动"（《非孝》事件在一师爆出，浙江省当局要追究责任，便据此撤了经子渊校长的职，附带要解除刘大白、陈望道、夏丏尊、李次九等四位积极倡导新文化运动的教师的职务，受到了学生和进步教师的反对。这一新旧势力的较量，引发了一师学潮，并受到社会广泛关注。）激发起他的关注国家命运，追求进步思想的热情，他投身到学生运动中去，当了学生代表，还继任了学生自治会主席（两主席之一）。同时，他与另外12位同学一起办起了《钱江评论》，与施存统、夏衍等办的《浙江新潮》相呼应，是学潮的组织宣传者之一。他回忆一师时期的生活时曾说："前三年是埋头读书，一意做理学家门徒的后代。后二年，便是束书不观（实在没工夫读书了），到要把'天下兴亡'的责任担当起来的时期；我们都变成了忙人，天天在十字街头奔走往来，自以为是了不得的——我们觉得救国的工作太重要了，读死书是没有用的。"

同时，父亲也受到他的老师——朴学家单不庵先生的影响，从朴学的角度去研究当时中国那个半封建半殖民地社会，研究中国的哲学和历史。他从一师毕业后，没有考上大学，独自来到了上海，通过陈望道老师的介绍，认识了国民党里的"左"派邵力子先生，并开始在邵氏主办的《民国日报》副刊《觉悟》上写稿。他写杂文，写新诗，为新文化运动呐喊。同时，经邵力子先生推荐，他到在沪的陕西盐商吴怀琛家当家庭教师。在这期间，他几乎读遍了当时从欧西译介过来的文学名著，旁及社会科学、哲学、史学专著，还开始学习"用现代的烛光来照明中国的古籍"，读了无数种前人的笔记、杂学，打开了他的眼界。他不断把自己阅读学习的心得发表在《觉悟》上，直至章太炎先生举行国学演讲会，他替《觉悟》去笔录讲稿，加以发表，引起了章师的注意，要他去拜门，成了章太炎的入门弟子。这时他才21岁。此后，父亲就被民国女中、上海艺术专科学院、上海艺术大学、路矿学院、上海大学附中部、暨南大学等大中学校聘为国文教师。

他始终没有参加任何政党，但他始终关心着国家的命运。那一时期，他接触得比较密切的人是《民国日报》的一群师友：邵力子、陈望道、刘大白、夏丏尊等人。大革命时期，国共首次合作，上海的《民国日报》虽是国民党的机关报，但也是两方合作的一个重要的文化阵地。邵力子先生把他带进了这个"火辣辣的圈子"中，使他结识了国共两党的许多重要人物。他认识了叶楚伧、柳亚子、胡朴庵诸氏，还接触了陈独秀、戴季陶和孙中山先生。对他影响较深的还有当时在《民国日报》编《杭育》周刊的吴稚晖先生。（《杭育》乃是提倡现代科学的周刊，"杭育"象征码头工人的劳动号子声。）

1927年，蒋介石背叛革命，第一次国共合作破裂，国民党内部"左"右两派日趋对立，父亲的师友间，也发生了尖锐的矛盾。眼看着自己的同学国民党右派的陈征德打了被父亲称作"恩师"的邵力子先生；眼看着同学中的国民党杀了同学中的共产党，他受到了极大的震惊，思想极度消沉，觉得这样下去中国无望。这时，他的老师单不庵邀他去浙江省立图书馆西湖分馆（在文澜阁，单师当时为分馆主任）整理《四库全书》；同时，邵力子先生受政府委派，到苏联考察回来，面对国共合作完全破裂的局面，精神上十分痛苦。蒋介石电邀他去溪口，他想邀我父亲同去，我父亲说："我见了鬼，怕黑，我要到杭州图书馆去做鸵鸟了。"就这样，彷徨苦闷中的父亲，去了杭州，一头扎进故书堆里去了。

在文澜阁半年，虽然让父亲有机会研究文物掌故，也熟读了很多古书，夯实了他以后治史写作的基础，但那时他只有20多岁，对镜自照，自叹不该终老于斯，在那里过养老的生活，便翩然有去意。第二年春天，又回到暨南大学教书去了。

对那段时间的自己，父亲在他的文章中自剖："1927年秋天，国共婚变，我就远离政治旋涡，躲到文澜阁去钻古书堆，做现代的蠹虫；其后回到暨南大学教书，只是教书而已，不再过问社会问题了。从那时到1931年，期间差不多沉默了五个年头。一个社会革命的力量，慢慢从地下成长起来，和我已经没有什么关系了。和我相知的朋友，很多都已在狂潮中死去了。1931年秋天，'九一八'事变发生了，正是危急存亡之秋，似乎沉默不下去了。几个朋友，开头只是极少数几个人，想写点文章叫喊一番，定名《涛声周刊》……我们之间，只有共同的兴趣，并没有什么政治主张，并也不替什么主义作宣传，我们对一切问题，采取批判的态度。后来，慢慢成熟了一种共同概念，就用'乌鸦主义'作口号（乌鸦主义＝理性主义）。王琳兄替我画了一张图案，下面是海涛汹涌，上面是群鸦乱飞；一面象征时代大变动，一面表明我们为时代而叫喊……"

在那样一个低气压的政治气候中，父亲虽说"不替什么主义作宣传"，实际上，他是鲜明地在做爱国主义的宣传，而且十分激烈。《涛声》上所刊登的文章，不论是他自己写的，还是其他作者如陈子展、黄芝冈、陶行知、鲁迅等写的诗文，都具有强烈的爱国主义色彩。所以鲁迅会说他是爱看《涛声》的，"《涛声》上常有赤膊打仗，拼死拼活的文章。"并且预言在那种政治气候下，它活不长，只能"看一张算一张"。不久，《涛声》果然在创刊一年半后，于1933年11月被当局封掉了。

《涛声》被封的第二年，父亲心犹不甘，又与徐懋庸一起创办了《芒种》半月刊（《芒种》有着"到农村去"的意义）。还成了陈望道主编的《太白》半月刊的编委之一。提倡大众语，主张战斗的文学，否定自我为中心与闲适的笔调。

这期间，父亲又不断地在《申报·自由谈》上写稿，并为陈灵犀先生主办的《社会日报》写社论。因为揭橥抗日，他的文章经常被当局检查老爷开天窗，有的甚至整篇被剪去。他当时写的《松花江时代》《牛兰事件》《总示威的幻灭》《抗议邓演达处死刑》《莫谈国事》《誓言》《论中国之内战》《"开天窗"的演讲》《伪国可否承认》《气节》《说爱国主义》等杂文中，以沉痛、辛辣的手笔，直指国民党当局的分裂卖国行径。

当时，父亲经常为之撰稿的报纸还有《辛报》《立报》《大美晚报》等。

父亲曾将自己这段时期的部分文字收集在《文思》《笔端》和《文笔散策》几个集子里。不过，他也承认："我既立志欺骗死者（按指假造一些时事消息安慰临终时的祖父），却乃不忍欺骗生者，白纸上写黑字，总想忠实一点；因此，屋角上的老鸦，不免惹人头痛。我又转念：金鸡纳霜味苦，外面裹一层糖衣，让人家咽得下去。我又何必不裹一层糖衣呢！删削又删削，凡保留于《笔端》中的，已经没有什么苦味了。"这也是他编集子时的苦衷。

正因为父亲在文章里反抗当时对文化采取高压政策的当局，在国家民族的立场，主张对日本作战，1932年，蒋介石崇尚法西斯主义，加强特务组织，国民党CC派一心控制全国大学，迫害爱国教授和学生，父亲被暨南大学无理解聘。

1936年1月28日淞沪抗战四周年纪念日成立的上海各界救国联合会，在上海湖社公开选举，曹以120票，被推举为11位理事之一。（救国会理事中还有沈钧儒、王造时、李公朴、史良、章乃器等）曾在各处作过百多次的讲演，宣传鼓动抗日。他甚至为抗日歌曲写了歌词："枪，在我们的肩膊……"

在这里要说一件事：那年，父亲曾因救国会理事身份，去无锡讲演，被当局逮捕，幸得爱读他文章的孙元良疏通，才放了出来（当年上海《大公报》曾有文以《捉放曹》为题记述这件事）。父亲说，他当时并不想空言救国，他想投军去。

"七七"卢沟桥事变，打响了全面抗战的第一枪。继之"八一三"战事爆发。父亲因有了与孙元良的前缘，决定放下教鞭，进住八十八师（孙元良师）师部，做一名战地记者，进行随军采访。这样，他就成了进入四行仓库里的唯一的随军记者。他一面学习军事知识，一面采访各路战情，向外界报道。有一时期，他的报道成了各报和外电争相转载的消息来源。

三个月以后，四行仓库失守，父亲心情沉重，他决心随军撤退，带笔从戎。正因为他在四行仓库时的报道影响很大，国民党中央通讯社也就破例将他这个无党派人士聘为他们的战地特派记者。这以后，父亲得以转辗浙皖、武汉、徐州、郑州、洛阳等地，进行战地采访，并首先报道了台儿庄之捷的消息。抗战期间，他写了大量的战地报道，也有长篇通讯。他对蒋介石的反共行径深感痛心，曾采访过当时任政治部主任的周恩来及新四军的叶挺、陈毅等领导，也受到了亲切的接待。叶挺同志还将南京大屠杀的九张照片送给了父亲，抗战胜利后父亲把照片收进了他编写的《中国抗战画史》中。他曾在《我的自剖》中写道："抗战给我一个新的信念，那时，我相信中华民族有了新的希望。我还相信抗战的血多流一点，或许社会革命的血就可以少流一点了。因此，当时我对中国的前途一变而颇为乐观了。可奈在泥泞长途走了一阵子，那份乐观了的念头，又渐渐褪了色……"

抗战胜利后，父亲回到上海，做了一件他自认是对后人有交代的事：就是与舒宗侨先生合作，编写了那部《中国抗战画史》。他在这本书的扉语——《我们的献词》中写道："我们中国，八年长期抗战的程途，真是崎岖艰苦的；我们在抗战初期，也曾用血肉躯体来和敌人的飞机大炮相抗拒；也曾从肉搏中争取小胜，积小胜为大胜，以空间换时间；也曾临到失败的边沿上，坚忍支持，兀立不屈；我们所付的代价，所受敌人摧残、破毁的程度，远过于这次世界大战中任何国家。我们抵抗暴力，比任何国家都早；有一段时期，几乎被若干国家所出卖；又有一段时期，我们独立支持东亚战争的局面，替盟邦争取准备反攻的时机。可是战争结束了，胜利到来了，大家震于原子弹的威力，几乎忘记了我们千百万将士在前线所付的代价，抹消了我们中国这次战争中所受的牺牲，甚至有人本于'民族自卑的心理'，竟否定了我们对于争取胜利的一切贡献；好似'胜利'的成因，全由于'原子弹'……"所以父亲无论如何要编写出这本书来，如扉语所说："我们所写的虽是关于战争的记录，但希望由此而闪出增进人类幸福，促成世界和平的光辉。"《画史》出版于1947年，是当时出版最早也是内容最丰富的一本记录中国人民八年抗战历史的作品。在对日本战犯进行审判时，这本书就放在审判长的案桌上作为佐证。需要说明的是，此书出版之时，正是国民党蒋介石又一次掀起反共高潮之时，但父亲和舒宗侨先生依然用相当篇幅记述了在共产党领导下的八路军、新四军以及敌后根据地人民的抗战业绩，并配有大量照片。为此，父亲还受到国民党上层的压力。

1948年，国民党政权已是穷途末路，风雨飘摇之时。父亲抗战中曾在江西赣州帮助蒋经国办《正气日报》，与蒋经国共事合作过多日，这时，他从民族国家的利益出发，规劝过蒋经国，以《桃花扇》的故事，晓以大义，反复陈词，说到福王的覆辙，谓内战不可不早日停止。并当面直言："国民党不亡，是无天理！"但也自叹："终无以改变当局的意向。"所以，新中国成立前夕，有人把全家去台湾的机票放在我父亲面前，他还是留在了上海。

这以后的两年，可说是父亲思想最矛盾，心理最复杂的时候。他常把自己比作屠格涅夫笔下的罗亭，具有知识分子软弱性。一方面，他热切地盼望社会变革的实现；可是，当革命来临的时候，他又难以承受割舍自由主义的痛苦。新中国成立时，他任校长的前进中学已经解散，当时的他，不属于任何单位和党派团体。他曾在他的《采访新记》中直言当时的心情："那年（按指1950年）6月，艾思奇在北京大学讲演说：'一块砖砌到墙头里去，那就推不动了，落在墙边，不砌进去的话，那就被一脚踢开了！'这是对自由知识分子的提示。……中共起了带头作用，把民主政团组成一个整体，每一民主人士，也是一个齿轮。于是，全国的学校、报馆、通讯社、书店，都组成一个整体，每一单位都只是一个齿轮；像我这样离开了齿轮的地位，到自由主义的圈子中来，对于我以后的运命，关系是很大的。我也如屈原一样眷怀反顾，依依不忍去，然而我终于成行了，这也是我心理上的矛盾。……"

当然，还有一家老少八口需要养活，也是父亲必须面对的现实问题，这一点甚至比思想上的矛盾压力更大。他在我长大一些后给我的信中曾写道："十几年前我应不应该到海外来闯天下呢？在当时，你妈真有千个万个不情愿，但这一家的担子谁来挑呢？我不能说一句空口漂亮话，说大家一齐挨苦就是了。我咬下牙关，决定到海外来做事，找钱养家，闷声不响，自己多吃点苦。那时，你们年轻，是不懂这番道理的。"

父亲于1950年8月跨过了罗湖桥，到了香港。

到了香港后，面对那个"自由世界"对新中国的大量误解和攻击，父亲的爱国知识分子的良心，让他不能不说真话。于是，写出了他抵港后的第一篇文章：那篇引起热烈反响同时又遭台湾中宣部一连5个月攻击的著名的

《南来篇》，文中开宗明义说的是："我从光明中来。"当时，他是孤独的。"左"派认为他是从"光明"中"逃出来"的，必定是倾向"黑暗"；而右派则说居然称自己是从"光明"中来，必定是"靠拢"分子（当时指倾向共产党的人）。而他，却始终在寻找着自己的一条报效祖国的路子。他在给我的信中说：

"别人以为，我到了海外，一定会远走高飞了。我一心向往北京，而且慢慢走上为祖国效力的路子，和别人的想法绝不相同。……社会革命，乃是我们年轻人的理想，我为祖国效命，也就是实现自己的理想。"

这以后，他在香港生活了20多年。在这个特殊的小岛上，他利用自己过去做新闻记者、做文人、做教师时建立起来的影响和种种关系，为海峡两岸的和平统一做了大量的工作；并用他的笔，为他热爱的祖国，在海外作了大量宣传。在他留下的香港时期的千多万字文稿和30多本书中，记录了他的心路历程。

这段时期，他在文章中多次提到两本书中的两个人物：《四骑士》（伊孛涅兹著）中的马尔塞尔和《灯台守》（显克维支著）中的老灯台看守人思凯闻思奇。前者因年轻时远离了祖国，当祖国处于危难中，他却因报效无门，而处于极端的矛盾和痛苦之中。后者是终生漂泊的老人，为了寻求乐其天年的安静的归所，在异国的海边当了灯塔看守者，却因一份祖国来的杂志，使他忽动故国之梦，心事波起，不能自已，误了点灯工作，被解职，复上漂流之道。从父亲晚年钟爱的这两个小说中的人物身上，可以看出他心中深藏的怀念祖国的情愫。

父亲逝世后，遗骨终于回到了祖国，现已落葬在上海。墓碑上，并没有带着伟大光环的头衔；"爱国人士"四个字，实实在在地反映了父亲热爱祖国，并为祖国贡献的一生。

学术与创作研究

回忆曹聚仁

HUIYI CAOJUREN

文 史 资 料

百部经典文库

"毋求备于一夫"

——读曹著《鲁迅评传》

陈漱渝

　　据说《尚书》中有一句话，叫作"毋求备于一夫"。其含义是：各人有各人的见识，各人有各人的特长，不能万物皆知，万事皆懂，所以不能对任何人求全责备。曹聚仁先生自幼受这句话影响很深。在撰写《鲁迅评传》时，他就用上述观点来看待和分析鲁迅及其作品。

　　其实，鲁迅在评人论世的时候，也从来都反对求全责备。他明确指出："但现在的人、事，哪里会有十分完全，并无缺陷的呢，为万全计，就只好毫不动弹，然而这毫不动弹，却也就是一个大错。"（《二心集·非革命的急进革命论者》）在《思想·山水·人物》一书的《题记》中，鲁迅更明确地指出："倘要完全的书，天下可读的书怕要绝无，倘要完全的人，天下配活的人也就有限。每一本书，从每一个人看来，有是处，也有错处，在现今的时候是一定难免的。"我想，用鲁迅的上述观点评价曹聚仁及其作品，显然也同样适用。

　　在中国现代文化史上，曹聚仁是一位以多方面业绩显示自己才华的人物。在中国当代政治史上，曹聚仁又以"海外哨兵"的姿态为祖国统一大业做了很多至今仍然鲜为人知的工作。他极具传奇色彩的经历和极为丰富的论著，为我们留下了许多饶有兴味的逸事，也留下了许多值得深入思索和探讨的话题。

曹聚仁是谁？让我们逐层揭开他的神秘面纱——

他说他"最不爱写文章"，但给我们留下的著作却有70余部，积4000余万言。

他很以国学自负。1922年章太炎先生在上海主讲国学，能听懂者寥寥无几，而时年22岁的他却将太炎先生的讲词记录增补，整理成《国学概论》一书，受到读者欢迎，先后印行达32版。富有戏剧性的是，时隔60余年后，他一生研习国学的得意之作《中国学术思想史随笔》恰巧由太炎先生之孙章念驰先生校订推出。

他又常以史人自命，著有《中国史学ABC》《中国近百年史话》《蒋百里评传》等。他的《蒋经国论》对这位传主的复杂性格作了多方面揭示，对其历史功过也作了比较客观的褒贬。1956年10月，毛泽东在中南海居仁堂会见他时曾向他索要此书。

不过，在他的一生中，大部分时间还是在教授生涯和记者生涯中度过的。他虽然只是一个五年制师范的毕业生，却做了20多年大学教授。真正使他名声远播而且成为争议人物的是他的编辑采访活动。早在1931年，他就主编了以乌鸦为图腾的《涛声周刊》。他倡导的"乌鸦主义"，就是反对光报喜不报忧的纯理性的批判主义。由于该刊发表了不少跟当局唱反调的文章，只出了83期便获"袒护左翼，诽谤中央"的罪名而寿终正寝。全面抗战开始之后，他着一身旧军装，腰间束一条皮带，当上了战地记者。他在屯溪会见了新四军军长叶挺将军，后来又在《中国抗战画史》中对八路军的战绩作了正面报道。举国为之欢腾士气为之大振的台儿庄大捷，也是由他抢到了头条新闻。从1956年至1965年，他又从香港六次回大陆采访，写成了《北行小语》《北行二语》《北行三语》《人事新语》等著作，"宣传祖国的新气象"，受到了周恩来总理的肯定。

他在总结70余年的生涯时，认为自己长期在社会革命和国家统一两者之间彷徨苦闷，后来终于为谋国家统一而努力。1956年秋，他致函胡适，动员这位实验主义大师回祖国去作一较长时期的考察，以肯定中共所进行的"政治试验的正当"。他曾建议让蒋经国和陈毅在福州口外的川石岛上直接接触，洽商国共的第三次合作事宜。他还想亲赴台湾说服蒋经国"易帜"，说服蒋介石以江西庐山为"优游山林，终老怡养之地"。然而蒋介石表示，要他生前做李后主，这不可能。由于蒋经国身体不好，陈毅元帅又于1972年被"四人帮"迫害致死，他牵线未成，就含憾以殁。

由于他的复杂经历，复杂思想，复杂性格，人们长期对他褒贬不一。自视甚高的柳亚子先生在1936年2月13日的一封信中，表示舆论界中所佩服之人除鲁迅之外，恐怕只有他。20世纪50年代他由上海移居香港之后，因对大陆形势的介绍有赞有弹而被一些自命为"左"派人士迎头痛击。与此同时，亲台湾的右翼人士也认为他"非我族类"。所以他在给女儿曹雷的信中说："你们应该知道你们的父亲，只是一个不好不坏，可好可坏，有时好有时坏的人。"

总结曹聚仁的文化业绩，不能不论及他的鲁迅研究。他在这方面做了三件事：一、经夫人邓珂云协助整理，于1937年在上海群众图书公司出版了史料汇编《鲁迅手册》。二、1956年在香港世界出版社出版了《鲁迅评传》，约26万字。三、1967年在香港三育图书文具公司出版了《鲁迅年谱》，包括收录的资料，约20万字。这三部著作，在鲁迅研究史上都有一定影响；特别是后两部著作，在海外的影响更为广泛。因此，作为一种重要的学术史料，上海东方出版中心决定重印曹著《鲁迅评传》是很有学术眼光的。

曹聚仁认为他研究鲁迅有以下三个优势：一、他虽然从不说"鲁迅是我的朋友"，但跟鲁迅也并非泛泛之交。而他所知的《鲁迅传》的作者都是没有见过鲁迅，不了解鲁迅的人。二、他有这方面的资料积累。三、他有史学研究的功底，既能鉴别史料，又能组织史料，可以写出比较合理近情的传记。不过，曹聚仁也承认他无法成为一面镜子，并没有十足把握反映出鲁迅真实的形象来；他自以为很公正的批判，也许表达的倒是他的偏见。

曹聚仁与鲁迅确非泛泛之交。虽然他们年龄相差20岁，文化活动的具体方向也并不相同，但30年代在上海有一段时间经常交往：在鲁迅日记中，有关曹聚仁的记载达68次。据曹聚仁回忆，鲁迅致他的书信有44封，现存24封，其余20封在太平洋战争爆发时被毁。虽然曹鲁的直接接触始于1933年，但追溯起来，曹聚仁初识鲁迅却是在1927年冬天。当年12月21日，鲁迅应邀赴暨南大学发表题为《文艺与政治的歧途》的讲演，记录者就是以"刘率真"为笔名的曹聚仁。这篇重要的记录稿，后经鲁迅校订，由杨霁云编入了《集外集》一书。1932年至1935年，曹聚仁曾主编《涛声》半月刊，协助陈望道编辑《太白》半月刊，与徐懋庸合编《芒种》半月刊，都得到了鲁迅的支持。仅在《涛声》杂志鲁迅就发表过《论"赴难"和"逃难"》《蜜蜂与"蜜"》《关于连环画》《祝〈涛声〉》《论翻印木刻》《悼丁君》等诗文。鲁迅说他是常看、爱看《涛声》的，读后常常叫"快哉"。同时也指出该刊发表的文章中有些是"赤膊打仗，拼死拼活"，跟他的斗争策略很相反；而有的文章又喜欢引古证今，带些学究气，影响了刊物的销路。1933年5月，曹聚仁受上海群众图书出版公司之约，请鲁迅为李乐光（即李大钊之侄李兆瑞）编辑的《守常全集》作序，鲁迅欣然应命，于同月20日撰写了《〈守常全集〉题记》一文，后收入《南腔北调集》。

在曹聚仁与鲁迅交往期间也有过短暂的不快。1935年底，鲁迅支持胡风、萧军、萧红、周文、聂绀弩等文学青年编辑《海燕》杂志。经聂绀弩征得曹聚仁同意，在刊物上印上了"发行人曹聚仁"字样。后迫于巡捕房的压力，曹聚仁又在1936年2月22日《申报》上登出了《曹聚仁否认〈海燕〉发行人启事》。事前曹聚仁将自己的苦衷函告鲁迅，以消除鲁迅的误会。鲁迅在2月21日的复信中表示"这不过是一点小事情"。鲁迅既委婉批评了"青年的不顾前后，激烈的热情"，又对曹聚仁"不能不有所顾虑的苦心孤诣"表示理解。①

---

① 关于《海燕》出版一事，曹雷同志认为，"我父亲是受冤的，据先父说当初聂走过他家找他谈出版《海燕》杂志之事，他表示支持，但并未商定由他当发行人。后来见杂志上刊出"发行人曹聚仁"觉得多少有点强加于人的意思，他登报申明却又被记恨，还一直背着罪名"——编者注。

回忆曹聚仁

正因为曹聚仁是鲁迅的同时代友人、本人也是文化名人，50年代初即只身移居到可以对中国大陆政治弊病持批评态度的香港，所以他多次对当时神化、圣化鲁迅的文化现象公开表示强烈的反感。曹聚仁对法国作家法朗士的一句话感到强烈共鸣："人生而为伟大的人物，实为不幸事；他们生前备受痛苦，及其死后，又硬被人作弄，变成与其自身毫不相关的方式"。他自己在撰写史传文学作品时，力求做到对人物分析具体，褒贬得当。比如他笔下的陈望道，既老成持重，又优柔寡断；黏滞使陈望道减慢了写作速度，坚韧又使得陈望道在学术研究中精益求精。他笔下的章太炎，对弟子平易谦和，对论敌却唐·吉诃德似的舞矛。即使描写父亲梦岐先生，曹聚仁也没有一意美化，而是既写出了他疾恶如仇、以身作则的一面，又写出了儒家思想和宗法观念束缚他的另一面。

反对神化鲁迅，是曹著《鲁迅评传》的一大特色，也是全书写作过程一以贯之的指导思想。"评传"一开头就回忆了1933年冬天他跟鲁迅的一段对话。鲁问："曹先生，你是不是准备材料替我写传记？"曹答："我知道我并不是一个适当的人，但是，我也有我的写法。我想与其把你写成一个'神'，不如写成一个'人'的好。"接着，曹聚仁推崇路特微喜（Emil Ludwig）撰写的耶稣传记。在路特微喜笔下，耶稣是一个常人，但并不失其伟大。曹聚仁表示要以这部传记作为楷范，正视鲁迅思想上的矛盾，而不是把这些矛盾掩盖起来，或加以曲解。

反对神化鲁迅在原则上无疑是正确的，因为将任何历史人物宗教化、偶像化都必将导致对人物的绝对肯定，盲目信赖，致使崇拜者情感失控，背离事实，丧失正常的独立自主精神。鲁迅生前也一贯坚持对历史人物"有好说好，有坏说坏"的评价原则，经常亲手撕毁别人强加于他的一顶顶纸糊的假冠，如"前辈""导师""战士""主将"之类。所以，如果神化鲁迅，也就从根本上背离了鲁迅的思想和意愿。曹聚仁撰写《鲁迅评传》的时候，国际共产主义运动中的个人崇拜思潮刚刚开始被清除，而国内的个人崇拜、英雄崇拜的现象却愈演愈烈。曹聚仁在当时再三强调应将鲁迅"人"化，而不应将其"神"化，其意义和影响无疑超越了鲁迅研究的专业范围，而成为一种警世之音。

不过，在反对神化鲁迅的过程中，我认为至少有两点是必须引起注意的：第一，必须正确区分宗教的崇拜心理和科学的崇拜心理的界限。第二，必须准确区分历史人物的是非功过、成败得失。

崇拜的准确含义是尊敬钦佩。科学的崇拜心理是以客观事实为内在根据的。它反映了人们对于在不同领域将人类历史推向前行的杰出人物的仰慕、赞美、向往之情，反映了崇拜者渴望建功立业和追求高尚完美的一种健康心态。比如半个多世纪以来广大中外读者对鲁迅的尊崇，就是因为他是名副其实的中国新文化运动的前驱，中国30年代"左"翼文坛公认的盟主。他之所以能够做出众所周知的多方面贡献，除了因为他具有超凡的禀赋和付出了超常的劳动之外，还由于他能够准确而深刻地洞察旧中国的沉疴积弊，能够相信人民群众（在鲁迅的作品中被称为"老百姓""无名氏""傻子""愚人"）的伟大创造力，并能够在作品中反映广大民众的根本利益。鲁迅去世之后，上海民众代表敬献了一面写有"民族魂"三个大字的锦旗，这就是人民大众对他们在文学战线上的忠实代言人的崇高标价。完全可以说，对鲁迅的尊敬、钦佩也就是爱国主义和民族自尊心、自信心的一种具体表现。

提出反对神化的原则是一回事，将这一原则运用于历史人物评价的具体过程是另一回事。前者相对简单，后者相当复杂。传记作者的功力也主要体现在后一方面。

那么，在曹聚仁的眼中，作为"人"的鲁迅到底是什么形象？他有哪些成就和局限性？在曹聚仁笔下，鲁迅是一个认真的人，一个有趣的人，一个廉洁方正的人，一个值得尊敬的人。他受过现代思想洗礼，头脑最冷静，能独立思考，不随声附和。他观察力强，对世态看得透彻，对人性理解深刻，擅长心理分析，对黑暗势力解剖细密。鲁迅的最大的贡献，在于解剖中国社会。他是一位冷静暴露中国社会黑暗的思想家。鲁迅的风格，一方面可以说是纯东方的，有着"绍兴师爷"的冷隽精密；另一方面又可以说是纯西方的，有着安特列夫、斯微夫脱的辛辣讽刺气息，再加上尼采的深邃。不过，鲁迅也有局限的一面，表现在他的接触范围大体上限于文艺圈，这样就影响了鲁迅的视野和对中国社会的了解。上述看法，是一个同时代文化人对鲁迅的认识，比较客观公道，能成为一家之言。

读完《鲁迅评传》，还有一些论述给我留下了较深的印象。那就是曹聚仁重视吴越地域文化对鲁迅的濡染，强调鲁迅前后期对中国社会问题评价的一贯性。他还指出了王充的唯物史观和吴敬梓"戚而能谐，婉而多讽"的风格对鲁迅的影响，又指出不能把鲁迅批驳过的若干文化界人士等同于"坏蛋"。这些看法，在五六十年代的鲁研界都可以称得上是独到见解，对今天的研究者也仍然不失其启迪作用。

在体例、结构和文风上，曹著《鲁迅评传》同样极具特色。该书第1节至第17节基本上按鲁迅生平活动的阶段为主线，展示传主的心路历程和创作业绩。第18节至第29节，从社会观、政治观、文艺观、人生观诸方面介绍传主的思想、性格、社会关系乃至生活细节，做到了脉络清晰，纵横交织，主次分明，重点突出，能多侧面、立体化地使传主的形象跃然纸上。在每节中，作者又将时代背景，传主自述，有关回忆、研究资料和作者的切身观察感受融为一体，做到了理论性、史料性与可读性的统一。文风也亲切自然，活泼生动，的确是以平等的态度跟读者进行文化对谈，丝毫也没有摆出学问家的架子和教师爷的面孔。

曹聚仁深知，他撰写的这部《鲁迅评传》只是"一本通俗的鲁迅传记，而不是一部专家的著述"。因此，如果要求这部书对鲁迅作品进行全面系统的解读，对鲁迅思想的一贯性和阶段性进行深刻剀切的理论阐述，对鲁迅文化遗产的特色及其与中西文化的关系进行纵横比较，等等，那是并不恰当的，因为这种要求超过了这部著作应有的学术负荷。

在阅读曹著《鲁迅评传》时，我认为有一点应该引起读者充分注意，那就是曹聚仁运用了一些传统概念来对鲁迅的思想特征、政治态度、道德取向等方面进行概括，如强调鲁迅是"同路人"，是虚无主义者，是自由主义者，是个人主义者……这些提法虽然并不是曹聚仁对鲁迅的有意贬损，在特定意义上只不过是他本人的一种"夫子自道"；但这些提法在笔者看来并不尽妥，采用这种简单化的提法对鲁迅研究弊多利少。因为概念是人们对事物本质的认识，它具有抽象性和概括性，而客观事物却具有具体性、丰富性、可变性，所以概念总会随着人的实践和认识的发展而处于运动、变化和发展的过程之中。这种发展的过程或是原有概念的内容逐步递加和累进，或是新旧概念的更替和变革。鲁迅是一个有着复杂人生经历的历史人物，他的思想是一种十分复杂的精神现象。如果不准确厘清曹聚仁所使用的概念的内涵和外延，读者就无法对他观点的含义进行正确理解，也无法对他文章的正误进行应有的评断。

曹聚仁认为他对鲁迅的独特理解之一，就是得承认鲁迅自始至终是"同路人"——不仅指鲁迅后期是中国共产党的"同路人"，而是说鲁迅的一生，"无论对辛亥革命、五四运动，以及后来的解放运动，都只是革命的'同路人'"。

"同路人"是20年代苏联文学界流行的一个名词，主要指那些政治上同情并拥护苏维埃政权但对革命的性质和意义认识不清的作家。但这个名称在实际运用时却相当混乱。岗位派和"拉普"派的批评家对"同路人"作家基本采取否定态度，他们认为"同路人"作家在作品中对革命进行歪曲和中伤，"同路人"文学在根本上是一种旨在反对无产阶级革命的文学。"拉普"后期甚至提出"没有'同路人'，不是同盟者就是敌人"的极端口号。另外是托洛茨基等人的态度。他们则过高估计"同路人"作家的作用，否定无产阶级文学的存在，认为社会主义过渡时期苏联文学主要依靠"同路人"作家。俄共（布）中央的态度比较折中，一方面承认"同路人"作家群中有许多文学技巧纯熟的"专家"；另一方面又认为必须注意他们的动摇和分化。1934年苏联作家协会成立之后，"同路人"作家这个名称便随之消失。

在《竖琴·前记》中，鲁迅曾给"同路人"下了一个定义："同路人者，谓因革命中所含有的英雄主义而接受革命，一同前行，但并无彻底为革命而斗争，虽死不惜的信念，仅是一时同道的伴侣罢了。"（《南腔北调集》）鲁迅又概括了"同路人"文学的特色和变化：反倾向性，没有明确的观念形态的徽帜，奉行"纯粹"的文学主义，持一种没有立场的立场。这类作品对革命和建设持旁观态度，显示出冷淡模样，"革命"在"同路人"作家眼中充其量不过是一种艺术的题材罢了。但在"同路人"作家群中，确有不少技术卓拔的出色的作家，如理定、毕力涅克、绥甫林娜等。在1927年前后，"同路人"作家中的不少人因受现实的熏陶，了解了革命，终于与其他倾向的作家合流。依据"同路人"作家的原义以及鲁迅对"同路人"作家的理解和分析，我认为把鲁迅迳称为"同路人"、把鲁迅作品等同于"同路人"文学是不符合事实的。

对于曹著《鲁迅评传》的标新立异之处，周作人作了以下评价："鲁迅评传，现在重读一过，觉得很有兴味，与一般的单调书不同，其中特见尤为不少，以谈文艺观及政治观为尤佳，云其意见根本是'虚无主义'的，正是十分正确。因为尊著不当他是'神'看待，所以能够如此。"（转引自曹聚仁：《〈鲁迅年谱〉再版跋》）。所以，我们必须接着讨论鲁迅与虚无主义的关系问题。

要判断把"虚无主义"视为鲁迅思想的根本究竟是否正确，首先必须对"虚无主义"这个概念进行准确的界定。如果光纠缠于名词本身而不介绍其含义，就会发生鲁迅杂文中那种近视眼看匾的争论："在文艺批评上比眼力，也总得先有那块匾额挂起来才行。空空洞洞的争，实在只有两面自己心里明白。"（《三闲集·扁》）

据查考，虚无主义中的"虚无"源于拉丁文"nihil"，为德国唯心主义哲学家雅科比（1743—1819年）首先使用，因俄国作家屠格涅夫著名小说《父与子》中的巴扎罗夫形象而得到广泛传播。在19世纪六七十年代，虚无主义者成了那些反叛传统和社会秩序、反对任何形式的专横和虚伪的民主派知识分子的代名词。后来这个名词的内涵和外延有不同的变化。为避免误会，列宁曾把合理否定旧世界称为"革命的虚无主义"，把盲目崇尚恐怖和破坏活动称为"机会主义的虚无主义"。但作为一种怀疑主义的哲学，它是在"虚无主义"一词运用之前即已产生。比如中国先秦时代的《老子》一书就提出了"绝圣弃智""绝学无忧"的主张。在当前，虚无主义又演化成了贬义词，专指全盘否定人类文化遗产的思想倾向，或没落阶级悲观厌世的颓废思想。

　　鲁迅最早接触虚无主义大约是在1907年。当时他在日本读到了克鲁泡特金撰写的《一个革命家的自叙传》，就认识到巴扎罗夫的虚无主义跟当时采用恐怖手段的"虚无党"的区别。在以"独应"为笔名发表的《论俄国革命与虚无主义之别》一文中，周氏兄弟强调"虚无主义，纯为求诚之学，根于唯物论宗，为哲学之一支，去伪振敝，其效至溥"。周氏兄弟特别赞赏虚无主义者"不服权威"，"行贵率真，最嫉文明习惯之虚伪"（原载1907年11月30日《天义报》第11、12期合刊）。

　　由此可见，周氏兄弟当时肯定的"虚无主义"，与西方流行的虚无主义很少有共同之处，它是一种植根于俄罗斯黑土之上的精神现象，是俄罗斯启蒙运动的一种激进形式。俄罗斯的虚无主义者是唯物主义者，不是文化怀疑论者。他们酷爱真理，崇拜科学。他们揭露高尚道德和理念原则掩盖之下的虚伪是为了善。俄罗斯的虚无主义者重反抗。在他们看来，反抗是一种历史现象；没有反抗，俄罗斯人就不能实现自己的历史命运。简而言之，鲁迅留日时期尊崇的虚无主义者，其实就是19世纪六七十年代俄国民主主义革命家的代名词。直到1926年7月2日，鲁迅再次在《马上支日记》中重申："虚无主义者"或"虚无思想者"是屠格涅夫创立出来的名目，"指不信神，不信宗教，否定一切传统和权威，要复归那出于自由意志的生活的人物而言"。鲁迅肯定了俄国虚无主义者的真诚信仰，同时揭露了中国那种善于变化，毫无特操，什么也不信从的人物——他们"虽然这么想，却是那么说，在后台这么做，到前台又那么做"。鲁迅指出这种人应该称之为"做戏的虚无党"或"体面的虚无党"，他们跟俄国的虚无主义者绝不能混为一谈。

　　我们承认俄国虚无主义对鲁迅早期思想的影响，也承认鲁迅反因袭、反独断的一贯性，但我们更应该看到鲁迅对虚无主义的超越。早在留日时期，鲁迅就对"唯以喋血为快"的主张和做法进行了批评和抵制。他也早就划清了怀疑一切、否定一切与"虚无主义"的区别。在1921年撰写的《知识即罪恶》一文中，鲁迅辛辣嘲讽了朱谦之宣扬的虚无哲学。在1926年发表的《记谈话》中，鲁迅彻底否定了绥惠略夫的可怕的思想。绥惠略夫是俄国作家阿尔志跋绥夫创作的《工人绥惠略夫》一书的主人公。"他先是为社会做事，社会倒迫害他，甚至于要杀害他，他于是一变而为向社会复仇了，一切是仇仇，一切都破坏。"鲁迅不希望中国出现绥惠略夫式的人物。对于悲观厌世意义上的"虚无"，鲁迅也给予了排斥和抗争。1925年3月18日，鲁迅在致许广平信中真诚袒露了自己的心迹："你好像常在看我的作品，但我的作品太黑暗了，因为我常觉得唯'黑暗与虚无'乃是'实有'，却偏要向这些作绝望的抗战，所以很多着偏激的声音。其实这或者是年龄和经历的关系，也许未必一定的确的，因为我终于不能证实：唯黑暗与虚无乃是实有。所以我想，在青年，须是有不平而不悲观，常抗战而亦自卫……"在《野草·墓碣文》中，他曲折表达了摆脱消极悲观思想阴影的决心。对于阿尔志跋绥夫《沙宁》一书中沙宁的厌世颓唐，鲁迅多次给予过否定。他指出巴扎罗夫是相信科学的，而沙宁之徒是"以一无所信为名，无所不为为实"。（《且介亭杂文二集·〈中国新文学大系〉小说二集序》）。

对于鲁迅思想的上述发展和变化，曹聚仁是有一定认识的。他在《文思·鲁迅的性格》中承认："说到鲁迅先生的对一切事都很悲观，也只说了一半。他的幼年时代的经历，以及壮年以后对于政治改革社会改革的幻灭，无疑地使他变成虚无主义者……鲁迅先生在近十年间（按：指1927—1936年），努力克制个人主义的气氛，要和为社会舍身的战士们的步骤相一致，或者应该这样说罢。他是渐渐远离了虚无主义投入社会主义中去，对于革命事业的完成，并不如先前那样悲观了。"

在《鲁迅评传》的《文艺观》一章中，曹聚仁又提出鲁迅"只能说是自由主义者，正义感很强烈，不一定是社会主义的前驱战士"。这一判断是否正确，同样需要厘清"自由主义"这个概念。

作为资本主义反对封建制度的有力武器，自由主义在18、19世纪发生过积极的历史作用。19世纪末20世纪初，随着经济社会的发展，自由主义由传统向现代过渡，日渐丧失其鲜明面目与严格内容。跟传统自由主义比较起来，现代自由主义理论上更不定型，成为一种名副其实的多元主义。在自由主义的标签下，自由主义者们各说各的语言，其混乱程度，是其他任何政治意识形态都无法比拟的。基于这种状况，要断定什么不是自由主义，谁不是自由主义者，就成为一件十分困难的事情。

事实表明，对自由主义（Liberalism）做出简易的理论界定是不恰当的。因为这种观念有从古典向现代演化的历史轨迹；由于国情的千差万别，自由主义在不同国度的影响和命运也各不相同。不过，从广义上说，自由主义思潮也有其共性和基本特征，这就是重视人的个性发展，要求把人从对集体的完全屈从中解放出来，尤其是从极权主义的束缚中挣脱出来。由于自由主义是市场经济的产物，所以自由主义者只是想改造和控制利润制度，而丝毫无意于改变乃至消灭私有制。

源于西方的自由主义被胡适等留学英美的知识分子移植到中国之后，逐渐形成了它的理论体系和基本原则。其标志是：在价值取向上尊重个人选择的自由，反对传统的束缚和外力的压迫。在政治理念上，不顾中国国情，力图全盘移植西方的民主制度，将这种制度视为个人基本自由的保障。在行为方式上，强调对异己和少数的容忍，认为容忍是自由的根本和自由主义的基石。在社会改革上，主张改良渐进，和平转移政权，点滴谋求进步，反对暴力革命以及由此引起的暴力专制。如果用以上理论观照鲁迅，我们就可以发现，鲁迅除了在崇尚个性，主张独立思考、独立判断等方面跟自由主义的精神相通之外，在其他方面跟自由主义是格格不入甚至背道而驰的。鲁迅生前，瞿秋白撰写了《〈鲁迅杂感选集〉序言》。这篇论文根据鲁迅的著名的"打落水狗"的主张，反虚伪反中庸的立场，指出鲁迅的精神"真正是反自由主义"。这种意见为鲁迅本人所首肯。如果根据对本国文化历史传统的看法，对近世欧美文明的选择，以及对中国文化历史进程的设想，将中国近代文化流派划分为保守主义、自由主义、激进主义三大营垒，那鲁迅明明白白是属于激进主义阵营而不是属于自由主义集团。

曹聚仁在《鲁迅评传》中，还将鲁迅称之为"坚强的个人主义者"。笔者认为这一概括同样不妥。作为一种政治和社会哲学，个人主义跟追求个人正当利益性质上截然不同。它是以个人作为价值的基础和评价社会的唯一标准，特别重视自我支配、自我控制、不受外来约束的个人或自我。直白地说，就是以个人为万物的尺度。在近代资产阶级革命的进程中，个人主义曾经是反对封建禁欲主义的思想武器。但个人主义把个人跟集体、跟社会对立起来，一切以个人为中心，一切从个人需要和个人幸福出发，其消极作用又是不言而喻的。

鲁迅的人生哲学跟西方个人主义是有原则区别的。他的"人生计划"是为民族，为大众，为社会，即使牺牲自我也在所不惜："在生活的路上，将血一滴一滴地滴过去，以饲别人，虽自觉渐渐瘦弱，也以为快活。"我们承认西方个性主义思潮对鲁迅早期思想的影响，也承认鲁迅前期思想中存在人道主义与个人主义这两种思想的消长起伏，但鲁迅即使在他生平活动的早期和前期，也从来没有苟同一切以个人为中心的个人主义。曹聚仁为了说明鲁迅是一个坚强的个人主义者，特别引用了易卜生致勃兰兑斯信中的一段话："我所最期望于你的是一种真正纯粹的为我主义。要使你有时觉得天下只有关于我底事最要紧，其余的都算不得什么。你要想有益于社会，最好的法子，莫如把你自己这块材料铸造成器，有的时候，我真觉得全世界都像海上撞沉了船，最要紧的，还要救出自己。"对于易卜生敢于攻击旧社会，敢于独战多数的精神，鲁迅是十分敬仰的，但并不同意他的个人主义主张。在《坟·从胡须说到牙齿》中，鲁迅说得很清楚，他"并非遵了胡适教授的指示在研究室里用功"，"更不是依着易卜生博士的遗训正在'救出自己'"。

在行将结束这篇序言的时候，我们不得不坦率地指出，曹著《鲁迅评传》中还有一些错误的史实，不妥的论断，以及跟鲁迅本人意见相背离的提法。书中说许钦文之妹许羡苏是鲁迅的"爱人""恋人""几乎成为他的夫人"，是没有根据的，至少是一种讹传。他又认为在中国现代作家之中，真能继承"鲁迅风"的只有周作人一人。事实上，周作人是中国现代散文史上提倡个人主义和趣味主义的"言志派"的代表人物，是中国自由主义思潮在文学领域内的传播者、实践者和推动者。40年代又丧失民族气节，在汪伪政府担任要职。他的散文呈现的是"隐士风"，而鲁迅散文呈现的是"斗士风"。显而易见，在中国现代文化史上跟鲁迅处于两极的周作人完全不可能成为"鲁迅风"的唯一继承人。曹著《鲁迅评传》断言："我以为鲁迅的观察深刻与眼光远大，并不是由于接受了唯物史观的论据，而由于他的科学头脑以及尼采超人哲学的思想。我们不必阿附时论，替他戴上一顶不必有的帽子的。"其实，说唯物史观为鲁迅提供了观察问题的望远镜与显微镜，这并非什么"时论"，而是鲁迅本人的深切感受。鲁迅在1928年7月22日致韦素园信中明确表示："以史底唯物论批评文艺的书，我也曾看了一点，以为那是极直捷爽快的，有许多昧暧难解的问题，都可说明。"再如曹聚仁认为张定璜在《现代评论》杂志第1卷第7—8期连载的《鲁迅先生》一文"是一切批评鲁迅文字中最好的一篇"，但鲁迅本人对这篇文章是有保留意见的。鲁迅1925年4月22日致许广平信中，就认为自己并不像张定璜所说"第一个，冷静；第二个，还是冷静；第三个，还是冷静"。李霁野在《在北京时的鲁迅先生》一文中也回忆道："鲁迅先生有时也谈到别人对他的批评。他不欢喜不中肯的赞誉，也不重视不相干的指责。真能了解他的作品的文章，使他感到喜悦，仿佛是遇到了知己。误解了他的精神的评语，往往使他叹息。我记得他说孙福熙关于《示众》的短文，写的是中肯的。张定璜说他的特色：'第一个是冷静，第二个是冷静，第三个还是冷静'，他提起来就摇头。"（《鲁迅先生与未名社》1984年7月人民文学出版社出版）所以，读者对曹聚仁在《鲁迅评传》中的观点应该持一种科学分析的态度，不能粗暴否定，也不应曲意盲从。

作为一个后辈，一个后学，我对曹聚仁先生的《鲁迅评传》坦陈了以上意见，感到有些僭妄，也感到十分心虚，好在我的看法只是一个普通鲁迅研究者的一己之见，发表出来，只是为了引起同行和本书读者的进一步思考而已。如果能通过集思广益把鲁迅研究向前推进哪怕是一小步，那也就达到了笔者的初衷。"毋求备于一夫"——曹聚仁先生推崇的这一评人衡文的原则，当然也会适合于对我这篇小文的批评。

"不如写成为一个'人'的好"

——读曹聚仁《鲁迅评传》

吴长华

　　"那一袭暗淡的长衫，十足的中国书生的外貌，谁知道他的头脑，却是最冷静，受过现代思想的洗礼的。"①寥寥数语，从外貌到内心，曹聚仁就把一位融入中外文化于一体，具有现代思想和民族性格的中国作家鲁迅勾画得栩栩如生，仿佛身穿一袭暗淡长衫的鲁迅向我们走来……

　　曹聚仁的《鲁迅评传》是一部与众不同的鲁迅传记，在众多鲁迅传的作者中，他是唯一见过鲁迅、了解鲁迅、熟悉鲁迅的人，他在鲁迅生前，就已经着手准备写鲁迅传记。1933年冬天的一个晚上，鲁迅在曹家吃饭，看到书架上有一堆有关他的著作和史料，以鲁迅的敏感，就知道曹聚仁准备写他的传记。当时曹聚仁也坦率地对鲁迅说："我知道我并不是一个适当的人，但是，我也有我的写法。我想与其把你写成一个'神'，不如写成为一个'人'的好。"②接着，他们讨论路特微喜撰写的耶稣传《人之子》，称赞把耶稣作为常人的写法。看来鲁迅并不阻止曹聚仁写他的传记，也认同了把

---

　　①　曹聚仁：《鲁迅评传》，东方出版中心1999年4月版，第5页。

　　②　《鲁迅评传》第1页。

他写成一个"人"的观点。

曹聚仁对写传记有自己的看法，他承认他的治史方法和态度，很受胡适和梁启超的影响，他要改变向来的传记，只说传主的好处，不说传主坏处的写法。他写传记，不但要写出传主的长处，还要指出传主的短处，他所仰慕的是路特微喜（德）的《耶稣传》《俾斯麦传》，莫洛亚（法）的《雪莱传》，以他们为榜样，写出一个有血有肉的鲁迅。鲁迅一向主张"好处说好，坏处说坏"，讲究实事求是，也从未承认自己是天才，只求做培育天才的泥土，所以他认同曹聚仁写传记的观点，也在情理之中。

不神化鲁迅，这是曹聚仁《鲁迅评传》最主要的特色，他能够既不仰视也不俯视，如他自己所说："可以自由地撰写鲁迅"，当然也由于此书写于20世纪50年代的香港，这种环境和条件使他能在写作中不受干扰，坚持不神化鲁迅的原则，能说出别人不敢说或不便说的话，他的引文中有许多是别的鲁迅传中所没有引用过的。他从不同的角度去描写鲁迅，既写出他的优点，也不讳言他的缺点，他笔下的鲁迅，一改在一般的鲁迅传中严肃的面容，变为生动、鲜活、多姿多彩。

以其中的一章《印象记》为例，他引用了女孩马珏、女学生吴曙天、上海电车卖票员、周作人、陈源（西滢）、茅盾和作者本人对鲁迅的印象，列出了7个人眼中所见的鲁迅，真是够热闹的。小姑娘马珏见到的鲁迅："他穿了一件灰青长衫，一双破皮鞋，又老又呆板……'他手里老拿着烟卷，好像脑筋里时时刻刻在那儿想什么似的'。"[1]吴曙天是绘画的，她勾画的鲁迅是："黄瘦脸庞，短胡子，然而举止很有神，我知道这就是鲁迅先生。我开始知道鲁迅先生是爱说笑话了，……然而鲁迅先生说笑话时，他自己并不笑。"[2]电车卖票员在内山书店看到的鲁迅：'他的面孔是黄里带白，使得教人担心，好像大病新愈的人，但是精神很好，……头发约一英寸长……却

---

[1]　《鲁迅评传》第151页。

[2]　《鲁迅评传》第151—156页。

一根一根精神抖擞地直竖着。"①茅盾更看到鲁迅的内心："他是实实地生根在我们这愚笨卑劣的人间世……他绝不忘记自己也分有这本性上的脆弱和潜伏的矛盾。"②曹聚仁还引用了周作人和陈源对鲁迅的印象，这在当时的鲁迅传中没有引用的，他引用了兄弟失和后的周作人在鲁迅逝世后对北平记者们的话："他的个性不但很强，而且多疑。"③另一个鲁迅论战的对手陈源（西滢）眼中的鲁迅："他常常的无故骂人，要是那人生气，他就说人家没有幽默。可是要是有人侵犯了他一言半语，他就跳到半天空骂得你体无完肤，还不肯罢休。"④作者向读者介绍了不同类型的人对鲁迅的印象后，也说出了他对鲁迅的看法："鲁迅为人很精明，很敏感，有时敏感过分了一点。"⑤这种写法很别致，他让读者自己从7个人的印象中去观察鲁迅。《印象记》中的鲁迅，并不是一个十全十美、高不可攀的超人，而是一个扎根在群众之中，有优点也有缺点的血肉之躯。

　　曹聚仁曾在1939年的秋天，在绍兴城中住了一个多月，到城里城外追寻鲁迅少年时代的足迹，拿着鲁迅小说和随笔小品作为蓝本，有时走路，有时坐乌篷船，对鲁迅的老家——城内东昌坊口新台门；鲁迅的外婆家——城外安桥头等等史迹散布之处，差不多都寻访过了。这样认真的态度，贯穿着实事求是的治史方法，这使得他比一般的鲁迅传作者更能细致地考察故乡绍兴对鲁迅的影响，从绍兴的风土人情、人物等诸方面寻觅与鲁迅的关系。

　　他首先分析鲁迅对绍兴气候和风物的留恋，并指出这些对鲁迅作品的影响。他以鲁迅《在酒楼上》为例，鲁迅称颂南方的风土与北方迥然不同，在积雪里还盛开着花朵："几株老梅，竟斗雪开着满树的繁花，仿佛毫不以深冬为意；倒塌的亭子边还有一株山茶树，从暗绿的密叶里显出十几朵红花

---

①　《鲁迅评传》第151—156页。

②　同上。

③　同上。

④　同上。

⑤　同上。

来，赫赫的在雪中照得如火。"鲁迅笔下的这一幅毫无寒冻气息的美丽的南方雪景，正是倾注了鲁迅对故乡的深情。曹聚仁还特地指出"那棵山茶花更显明的是故家书房里的故物，这在每年春天总要开得满树通红。"①这样具体而深入地分析的确使人信服。同时他也指出作品中的罗汉豆、油豆腐等鲁迅儿时在故乡所吃的土物都寄托了鲁迅思乡的感情。

曹聚仁分析鲁迅在《故乡》中，用水声表达寥落情怀："我们的船向前走，两岸的青山在黄昏中，都装成了深黛颜色，连着退向船后梢去，……我躺着，听船底潺潺的水声，知道我在走我的路。"②他认为鲁迅能勾画得如此真切而有神，是由于绍兴是水乡，出门就是河，鲁迅从小就是坐着乌篷船，卧听打桨摇橹声中长大的。

他认为鲁迅的性格和文章风格，都属于绍兴，有点师爷的调门，因此他着重分析绍兴师爷，一直追源到东汉的王充。他说王充《论衡》无视孔、孟、墨、道各家的思想权威，一一剥去他们的外衣，这种尖锐的战斗风格是开了绍兴师爷的先河。他还考证了绍兴师爷起源于蒙古人入主中国，因为他们是游牧社会的豪杰，不懂政务，政权落在幕僚之手，于是从明清两代形成了幕僚这个特殊阶级，幕僚之中主法律的在野便是讼师，也就是刑名师爷，大部分都是绍兴人，绍兴师爷成为绍兴读书人的主要谋生之道。绍兴文风的冷隽尖刻，就是绍兴师爷刀笔吏的风格。他认为绍兴文人明末的徐文长、张宗子，清代的章实斋、李慈铭都有这种风格。鲁迅少年时因祖父周介孚科场案而家境败落，也曾有去学幕的可能，恰巧有本家在南京办洋务，才进入现代化的思想圈。因此，曹聚仁认为鲁迅虽然没有去做师爷，但他的性格和文风中仍带有师爷的特色，他说鲁迅骂人也是绍兴师爷的学风，也是不必为讳的。

绍兴盛产酒，他说鲁迅在酒乡中长大，懂得饮酒的情趣，也懂得酒人的陶然之境，他与鲁迅曾同过许多回酒席，鲁迅也曾到他家中饮酒，他知道鲁

---

①　《鲁迅评传》第9页。

②　《鲁迅全集》第1卷第357页。

迅会喝酒，酒量不大，但喜爱喝几杯。鲁迅笔下是小酒店的情趣，是平民化的所在。他对绍兴小酒店的摆设，下酒菜茴香豆、鸡肫豆的制作，盛酒用的器具——窨筒的形状等等都一一作了具体的描绘，他为鲁迅作品中的酒乡添上了一幅图画，使读者能更真切地理解鲁迅的小说。

像曹聚仁这样深入细致地分析绍兴与鲁迅的关系，找出绍兴的风土人情、历史渊源对鲁迅性格和文风的影响，在众多的鲁迅传中独树一帜，是这部人物传记的一大特色，对解读鲁迅很有裨益。

曹聚仁不采用一般评传的写法，全部用编年史的体例，却把全部分成两部分，前面17章采用编年史的写法，后面11章列作专题，如《印象记》《日常生活》《社会观》等，特别最后一章，以《闲话》为题，这种写法，也是评传中所少见的。他自己说采用这种写法，是为了"用比较不拘束的格调，写鲁迅二三事一类的东西。"①的确，他这种写法，收入了许多一般评传中所没有写到的东西，如写鲁迅的生活简朴，一般的鲁迅传写他房中只有床铺、网篮、衣箱、书桌；冬天他不穿棉裤，再引用鲁迅的话："生活太安逸了，工作就被生活所累了。"而曹聚仁在评传中除了写了这些外，同时写出鲁迅是见过大世面的，在许多场合从容自在，举手投足，合乎大雅之堂，毫无寒伧之色，塑造了一位衣着朴素气度不凡的学者形象，这当然得益于他曾多次在各种场合亲睹鲁迅的风采。

他对鲁迅的家族和师友各列专章，这就比一般的鲁迅传内容丰富多了。如对鲁迅的家族，除写了他的祖父、父亲和母亲外，对鲁迅的兄弟和妹妹都一一作了介绍，包括幼年早殇的四弟椿寿和妹妹端姑，还与鲁迅小说《在酒楼中》等作对照。他对周作人和周建人写得更多，特别是周作人，分析了鲁迅与周作人从兄弟怡怡到成为参商的经过。对朱安、许广平和海婴，也有较详细地描写，尤其是对海婴，写了许多鲁迅宠爱海婴的细节，他是为了说明鲁迅与其他"老年得子"的父亲溺爱幼子没有多大差别，由此他认为鲁迅虽然是伟大的思想家、文学家，但不是圣人，只是一个常人而已。

---

① 《鲁迅评传》第342页。

　　在《他的师友》一章中，他列出的鲁迅师父有龙师父、章太炎和藤野先生，一一作了评说；友人中有袁文薮、蒋观云、范爱农、许寿裳、钱玄同、朱希祖、秋瑾、陈子英、刘半农、内山完造、郁达夫、孙伏园、许钦文、瞿秋白、沈雁冰、陈望道、黎烈文、赵家璧、郑振铎、冯雪峰、徐懋庸、曹靖华、萧军、李霁野、韦素园、台静农等数十人，人数之多，堪称鲁迅传中之最。而且他对瞿秋白、沈雁冰、冯雪峰、萧军等"左翼"作家，只一笔带过，对萧红连名字也没有列入，却对孙伏园、林语堂、陈公侠（仪）和蒋智由（观云）与鲁迅的友情作了具体介绍，还特别写出鲁迅与陈源（西滢）和顾颉刚之间的笔墨官司。冯雪峰以为左翼作家影响鲁迅的思想脚步，曹聚仁却明确表示对此"采保留的态度"，①可见这部《鲁迅评传》的与众不同之处。

　　曹聚仁认为鲁迅一生最大的贡献，乃是剖解中国的社会，鲁迅是一个冷静的暴露中国社会黑暗面的思想家，他对中国民族的深刻观察，对旧社会的剥露和反抗，是别人所不能及的。而曹聚仁认为鲁迅之所以能达到这个境界，并不是因为接受了唯物史观，而是因为他接纳的尼采超人哲学。他在书中有许多章节都反复论述这个观点。如："笔者和冯雪峰的看法有点不同，我以为鲁迅的观察深刻，与眼光远大，并不由于接受了唯物史观的论据，而由于他的科学头脑以及尼采超人哲学的思想。我们不必阿附时论，替他戴上一顶不必有的帽子的。"②他很赞同刘半农赠给鲁迅的一副联语，是"托尼学说，魏晋文章"，"托"是指托尔斯泰，"尼"是指尼采。他认为鲁迅在学生时代，就"很受托尼两家学说的影响。"③而后来，"马克思学说之进入他的思想界，依然和托尼学说并存，他并不如一般思想家那么入主出奴的。"④这也就是说，托尼学说是鲁迅贯穿一生的思想主线。曹聚仁不同意

----

①　《鲁迅评传》第328页、171页、48页、234页、190页。

②　同上。

③　同上。

④　同上。

鲁迅思想有从革命民主主义者向马克思主义者的发展："他的思想体系，大致成熟于35岁前后，其后来是不断在添加，到老年，也还是从原来的根苗上抽芽，结茂密的花果的。"①鲁迅35岁是1916年，也就是新文化运动时期，曹聚仁认为鲁迅的思想体系在那时已成熟，也就是说1927年的"四一二"政变对鲁迅思想没有大的影响。他明确提出鲁迅是自由主义者："我们也曾讨论过鲁迅的政治主张，他只能说是自由主义者，正义感很强烈，不一定是社会主义的前驱战士。假是大革命来了，他也只是'同路人'，不一定参加什么政团的。"②曹聚仁的这部《鲁迅评传》最标新立异的就是对鲁迅思想的观点。由于作者观点的不同，每位作者眼中的鲁迅都是不同的，对此，曹聚仁也是有自知之明的，他说："笔者虽是一个史人，有志于写比较合理近情的传记；但我知道我自己也无法成为一面镜子，反映出那真实的形象来。我有我的偏见。"③他认为鲁迅是自由主义者、"同路人"，这是不符合实际的，我们说鲁迅接受唯物史观并不是"阿附时论，替他戴上一顶不必有的帽子"，而是鲁迅自己的观点，在鲁迅的书信和著作中都有记载。如他在《三闲集·序言》中明确地写道："我一向是相信进化论的，总以为将来必胜于过去，青年必胜于老人，……然而后来我明白我倒是错了。这并非唯物史观的理论或革命文艺的作品蛊惑我的，我在广东，就目睹了同是青年，而分成两大阵营，或则投书告密，或则助官捕人的事实！我的思路因此轰毁。"④又说："我有一件事要感谢创造社的，是他们'挤'我看了几种科学底文艺论，明白了先前的文学史家们说了一大堆，还是纠缠不清的疑问。并因此译了一本蒲力汗诺夫的《艺术论》，以救正我——还因我而及别人——的只信进化论的偏颇。"⑤这篇序言写于1932年4月24日之夜，是他在把1927年至

---

① 《鲁迅评传》第328页、171页、48页、234页、190页。

② 《鲁迅评传》第256页，153—154页。

③ 同上。

④ 《鲁迅全集》第4卷第5—6页。

⑤ 同上。

1929年所做的34篇杂文编成《三闲集》时所写的感受，是经过他几年的反复思考的，其实他在1928年7月22日致韦素园的信中已经说道："以史底唯物论批评文艺的书，我也曾看了一点，以为那是极直捷爽快的，有许多暧昧难解的问题，都可以说明。"①这都是他的肺腑之言，并不是随便说说的。再如曹聚仁对周作人评价过高，他在书中经常把周作人与鲁迅相提并论，并认为周作人是"鲁迅风"的唯一继承者，其实周作人的散文与鲁迅的战斗风格完全是背道而驰的，何况他在汪伪时期丧失了民族气节、大节有亏，与鲁迅不能同日而语。

（2000年4月）

① 　《鲁迅全集》第11卷第629页。

"把鲁迅当作有血有肉的活人来描画"

—— 评香港曹聚仁的鲁迅研究

古远清

　　曹聚仁先生是香港当代文学史上的著名作家和现代文学研究家。他虽然早在大陆时期就登上了文坛，和鲁迅等人过从甚密，是海派作家重要的一员，但他的4000万字以上的著作，有近五分之三完成于香港（在大陆出版了26种，在香港出版了43种）。从1950年到1972年，他在香港生活、写作，成了地道的香港作家，其中出版的现代文学研究著作主要有：《文坛五十年》（香港新文化出版社1954年版）、《文坛五十年〈续集〉》（香港创垦出版社1955年版）、《鲁迅评传》（香港世界出版社1956年版，台湾天元图书有限公司与香港东西文化事业公司1988年联合出版）、《鲁迅年谱》（香港三育图书文具公司1967年版，台北新潮社文化事业有限公司1987年2月再版时更名为《鲁迅的一生——中国近代文化史的侧影》）。另有《现代文艺手册》（香港现代书店1952年版）、《到新文艺之路》（香港创垦出版社1952年版）《文坛三忆》（香港创垦出版社1954年版。原为《火网尘痕录》，马来西亚周刊社1953年版）、《我与我的世界》（香港三育图书文具公司1973年版，北京人民文学出版社1983年再版）。

　　20世纪50年代的香港文坛，大批本土作家还未崛起，活跃在文坛上的大多为南来的作家，尤其是从上海流落到香江的文化人。这些文化人，没有别的一技之长，谋生极不容易，只好煮字疗饥。为了免于沦为"港瘪"，仍坚持写作的文化人大多只好依附于不同的政治势力。他们的目光，不在本土香港，不在写出有分量的文学作品，只要能卖文为生就行。在这种情况下，毫无经济效益的文学研究便无人问津。可曹聚仁与这些作家不同。他不愿意依附任何政治势力，也不想卷入任何政治旋涡。"绿背"对他来说没有多大的诱惑力。他坚持研究中国新文学，以完成他"来香港是为着写自己的回忆录和鲁迅传"①的夙愿。

《文坛五十年》正、续编，属回忆录性质的书，与梅兰芳的《舞台生活四十年》有些类似，或者说是受了这本书的启发而作。但梅氏只是表演艺术家而非作家、史学家，故他的书纯属是回忆性质，而曹氏的书，虽离不开回忆，却夹杂着许多臧否人物、评价文坛事件的内容，即是说，他不满足于做一名文坛的孤立看客，还要以"史人"的眼光去评价文坛的是非和人物的功过。故这两本书不仅有史料价值，而且还有学术价值。对此暂且不论，这里仅论他的鲁迅研究成果。

还在1933冬天，鲁迅在曹聚仁家中做客叙谈时，就发现了曹聚仁有意为他作传的想法，曹知道后笑着和他说："我是不够格，因为我不姓许。"②这里讲的"姓许"，指鲁迅五位姓许的知己朋友，即许寿裳、许钦文、许季上等三位男性和许广平、许羡苏等两位女性。后者为许钦文的妹妹，人们曾以为她是鲁迅的未来夫人。鲁迅听后便笑着和曹聚仁说："就凭这句话，你是懂得我的了。"③

他们对话后只两年多，鲁迅就去世了。为了不辜负鲁迅的期望，曹聚仁和他的夫人邓珂云，便把先前收集到的鲁迅史料，加以梳理。正准备动笔，1937年"八一三"淞沪战事发生。曹聚仁投入抗日战争行列，自然无暇顾及

---

① 转引自李伟著：《曹聚仁传》，南京大学出版社1993年6月版。

② 同上。

③ 转引自《曹聚仁传》。

鲁迅传记的写作，只好先出版由邓珂云辑、曹聚仁校的《鲁迅手册》①。它非回忆录或学术著作，只具有纪念意义。全书共分九部分，书出后日军来查抄，当时流传在外面的，不过200余册。这本"手册"，现在看来编得芜杂，缺乏严谨的科学体系。

此后数十年中，曹聚仁想写的鲁迅传记已被他人捷足先登。先是有郑学稼于1942年初版、1978年在台北增订再版的《鲁迅正传》。此传从书名到内容都是侮辱鲁迅的，尤其是附录的《两个高尔基不愉快的会见》，完全是郑学稼人为"安排"或创造的，曹聚仁"骂"此书是"胡说八道"②一点也不过分。王士菁写于40年代末的《鲁迅传》③，曹聚仁认为作者"无论史才、史识、史笔，都是不及格的，只写了一部乱糟糟的传记"④。此批评也许有些过分，但王著在史料剪裁及对鲁迅总体评价上，确有可商榷之处。在曹聚仁看来，这些为鲁迅作传的人，都没见过鲁迅，都是凭自己的猜测在曲解鲁迅，而和鲁迅交往颇深，最适合作鲁迅传的作家如许寿裳、孙伏园、周作人，所写的是传记史料而非传记本身。许广平对鲁迅的生活了解最多，但曹聚仁怀疑其作传能力。曹聚仁和孙伏园一样，后来把希望寄托在林辰身上，可林辰只热心于鲁迅事迹考证，不见鲁迅传出版。鲁迅的传记之所以这样难以问世，在曹聚仁看来，一是鲁迅的言行，"并不符合士大夫的范畴的，所以画他的都不容易画像他"。二是有人"要把他当作高尔基捧起来，因此，大家一动笔就阻碍很多，连许广平也不敢说真话。"⑤

曹聚仁不单纯是作家，而且还是史学家，又做过近二十年的新闻记者。再加上他和鲁迅交往甚密（仅鲁迅给他的书信就多达44封），鲁迅是和他同桌吃饭、一室闲谈的文友，他本人又十分尊敬鲁迅，他说过"假如时间稍微

---

① （上海）群众杂志公司1946年版，（上海）博览书局1948年再版。

② 曹聚仁：《鲁迅年谱》。

③ （上海）新知书店1948年1月版。

④ 曹聚仁：《鲁迅年谱》。

⑤ 曹聚仁：《鲁迅评传·引言》。

推前一点，我就在杭州赶得上做他的学生（他教的杭州两级师范，便是我们一师的前身）"①。所以由他来作传，未必不是合适的人选。至少他不会去相信一些有趣的推想和神话般的玄谈，更不会按谁的旨意去图解。他完成于1956年的《鲁迅评传》，便是他独立思考的产物。该书28章。前面是"引言"，后面依次为：绍兴——鲁迅的家乡、他的童年、少年时代的文艺修养、在日本、辛亥革命前后、民初的潜修生涯、托尼学说、《新青年》时代、在北京、《阿Q正传》《北晨》副刊与《语丝》、南行——在厦门、广州九月、上海十年间、晚年、《死》、印象记、性格、日常生活、社会观、青年与青年问题、政治观、"鲁迅风"——他的创作艺术、文艺观、人生观、他的家族、他的师友、闲话。前面16章，为生平史实，后面12章，为鲁迅面面观。这种构架，与郑学稼、王士菁均有所不同。

1967年出版的《鲁迅年谱》，共分上下两卷。上卷为年谱，计11节，依次为：小引，幼年：1881—1897年，少年：1898—1901年，日本留学：1902—1909年，辛亥革命前后：1910—1911年，在北京：1912—1916年，五四前后：1917—1926年，南下：1926—1927年，在上海：1928—1936年，病逝。下卷为"作品评论及印象记"，作者周作人、茅盾、英H.E.Shapick、马珏、阿累、陈源、张定璜、曹聚仁、景宋、内山完造、邓珂云。另有悼诗及挽联。附录有"鲁迅生平和著作年表"。其中上卷曾在香港《文艺世纪》连载过，后经过修正和补充。下卷则是作者过去和邓珂云合编的《鲁迅手册》的修订本，比过去编的更有代表性。其中陈源致徐志摩的信充满了攻击鲁迅的内容。曹聚仁之所以要收入，是因为鲁迅自己觉得这是难得的反面教材，曾同意编入《关于鲁迅及其他》一书，亦可见鲁迅胸怀之宽广。

曹聚仁研究鲁迅，具有鲜明的学术个性。他自始至终坚持鲁迅是人，而不是神，反对把鲁迅神化、圣化的观点。首先从外形上来说，他认为鲁迅并不显得怎么高大或"伟大"，相反，鲁迅的脸庞很瘦削，看起来像是烟鬼，以致一位以貌取人的陌生人问鲁迅："那种特货（指鸦片）是那儿

---

① 曹聚仁：《鲁迅年谱》。

买的？"像这样的细节，即使大陆学者掌握了，也会删除。可曹聚仁偏将这种在他人看来有损鲁迅高大形象的细节加以披露。一是为了存真；二是说明伟人也是普通人。曹聚人就曾当着鲁迅的面说过："我想与其把你写成一个'神'，不如写成为一个'人'的好。"[1]在他看来，"要把鲁迅形容得怎样伟大，也许表面上是褒，骨子里是对他的嘲笑呢！"其实，在思想上，曹聚仁认为鲁迅并不纯粹，"他的思想本来有若干矛盾的，思想上的矛盾，并无碍于其在文学史上的伟大。一定要把这些矛盾之点掩盖起来；或是加以曲解，让矛盾消解掉，那是鲁迅所不会同意的。"鲁迅赞许刘半农送他的对联："'魏晋文章''托尼学说'，那就一切歪曲都没有用了。"[2]这与有些论者拼命将鲁迅的思想往马克思主义靠，极力否认或削弱托尼学说对鲁迅的影响，是完全不同的。这表现了曹聚仁作为一位史家求真的一面。本来一位坚定的马克思主义者，也不一定百分之百布尔什维克化，他还可能受别的学说的影响，也不会拒绝别的有益于自己做人为文的学说。鲁迅赞同马克思主义，同时又"兼容托尔斯泰的泛爱主义与尼采超人的学说"[3]，他有为人亲善的一面，同时还有"绍兴师爷的脾气"，这才是一个真的鲁迅，有血有肉的鲁迅。

基于鲁迅不是圣人的思想，曹聚仁不赞成把凡是鲁迅批判过的人都一律看成坏人，都是青面獠牙、鼠头獐目的恶棍。他说："笔者特定要提请读者注意，并不是鲁迅所骂的都是坏人，如陈源（西滢）、徐志摩、梁实秋，都是待人接物很有分寸，学问也很渊博，文笔也很不错，而且很谦虚的。有人看了鲁迅的文章，因而把陈西滢、梁实秋，看作十恶不赦的四凶，也是太天真了的——在鲁迅的笔下，顾颉刚是十足的小人，连他的考证也微不足道。其实，顾颉刚也是笃学君子，做考证，十分认真；比之鲁迅，只能说各有所长，不必相轻。"这些看法，未必没有合理的成分。像徐志摩、梁实

---

① 《鲁迅评传·引言》。

② 《鲁迅年谱》。

③ 《鲁迅年谱》。

秋，在中国现代文学史上都有一定的历史地位，因鲁迅批判过他们便一笔抹杀其作品及其影响，显然不是实事求是的态度。鲁迅当年批判顾颉刚时，连其考证工作也加以否定，这确实是"士大夫党同伐异，气量偏狭"的表现。对"民族主义文学"的代言人王平陵等，曹聚仁认为"都是毛头小伙子，都是不足数的。那位给鲁迅痛骂了一顿的黄震遐，他就给打得发昏，还莫名所以的。"曹聚仁反对一切文艺论争都是阶级斗争的表现，这值得肯定，但王平陵、黄震遐，与顾颉刚不同，他们从事的民族主义文学运动有靠山和背景，不能因其年轻就低估他们的能量。在这方面，曹聚仁的评论未免有些书呆子气。

曹聚仁研究鲁迅，处处注意以文学的眼光、历史的眼光来看鲁迅，而不是以偏狭的政治眼光来端详鲁迅，更不是以阶级斗争为纲来衡量鲁迅的一切文学活动和实践，因而他不满王士菁在其《鲁迅传》中把鲁迅在上海十年，当作被围攻时期。他认为，"新月派""第三种人"、林语堂和鲁迅的笔战，均是文艺观不同的争论，而谈不上围攻鲁迅。"真正围攻过鲁迅的，倒是创造社的后起小伙子，《洪水》、'太阳社'那一群提倡革命文学的人。"这种看法，不失为一种崭新的看法。因为文学论争，多半是由文学问题引起的，不见得都是一个阶级对另一个阶级的搏斗。把正常的论争，动辄说成是"围攻"，难免有泛政治化的倾向。至于创造社诸君子对鲁迅实行错误的排斥、打击的方针，甚至污蔑鲁迅是什么"封建余孽""二重性的反革命人物""法西斯蒂"等等，这才是名副其实的"围攻"。过去的文学史家，总是偏袒钱杏村等人，对"第三种人"则一棍子打死，这是"左比右好"的思想在作怪。

鲁迅曾被国民党通缉七年而未被逮捕，其原因何在？对此，大陆鲁迅研究者很少去碰这个"雷区"。身在香港的曹聚仁，大胆谈出自己的看法。他认为，鲁迅在上海的十年，"有惊无险，太严重的迫害，并不曾有过。"理由是鲁迅的名声和地位，一方面既受中共组织所掩护；另一方面又为国民党特务所不敢触犯（投鼠忌器）。曹聚仁在这方面虽不及后来的刘心皇拿出足够的证据说明自己的判断①，但这毕竟言之成理。鲁迅当年到底是"有惊无险"还是"有惊有险"，时过境迁的今天完全可作为学术问题研究。不能一听到"无险"的意见就以为是替国民党对鲁迅的迫害作辩护。曹聚仁在香港研究鲁迅时并没有依附任何一种政治势力，去做那一方面的代言人。他是谈自己的实感而不是为谁辩护。应允许这样的观点存在，才能体现百家争鸣的精神。

大陆学者研究鲁迅受条条框框束缚过多，很难发挥独立思考精神。曹聚仁研究鲁迅也有自己的框框，但他的框框毕竟较少，因而在一些重要问题上能提出与众不同的见解。比如，王瑶在他的《中国新文学史稿》中，"把那一（指左联）时期，当作鲁迅领导文学运动的时期"。曹聚仁认为这一说法也不符合事实。因为"无论左翼作家联盟或社会科学联盟，或戏剧工作联盟，都有主要负责人，如瞿秋白、周扬、潘汉年，他们对于鲁迅，只当作同路人看待——他们有其领导文化运动路线，并非要鲁迅来领导。"在《鲁迅研究述评》一文中，他说得更明确："若干文化运动，如大众语运动，手头字运动，都不是鲁迅所领导的，一定要把这些文化工作写在鲁迅史上，对于他，也只能算是一种莫名其妙的讽刺。"②曹聚仁这里讲的"领导"，主要不是指思想上的，而且指担任的实际职务。如果这样看，那曹聚仁说的是实话。冯雪峰就说过，"左联和鲁迅是相互发挥的。""在那时候，只要有鲁迅存在，左联就存在。只要鲁迅不倒，左联就不会倒。鲁迅斗争的顽强和他的权威实在起了决定的作用。"这里讲的是鲁迅的权威（并非实际工作的领导者）所产生的效应，因而曹聚仁引出来的结论是"左联依靠着鲁迅，而不是鲁迅领导左联"，也就是顺理成章的了。曹聚仁这样理解鲁迅与左联的关系，并不是在贬低鲁迅的地位，而是还鲁迅本来面目。尤其是大众语运动，是1934年夏天，曹氏与陈望道、夏丏尊、徐懋庸、金仲华、陈子展等人在提倡，然后向鲁迅征求意见。那篇在大众语运动中产生广泛影响的《门外文

① 参见刘心皇：《鲁迅这个人》，（台湾）东大图书公司1986年6月版。

② 《鲁迅年谱》。

谈》，是应曹聚仁的请求而写的。鲁迅在大众语中起了重要作用，但不是领导作用。这种看法是站得住脚的。如果把鲁迅描绘成未卜先知、无所不知、无所不能的"思想导师"和无处不在的"领导者"，只会使鲁迅成为一个虚假的偶像。

在研究鲁迅小说方面，曹聚仁也有新的发现和大胆的论断。如论《阿Q正传》，曹聚仁曾说过鲁迅也是"阿Q"①，这不是把鲁迅与阿Q等同起来，而是说在阿Q身上，也有鲁迅的影子，阿Q的弱点在鲁迅身上也存在过。有人认为这种说法是丑化鲁迅，其实曹聚仁不过是说明"阿Q是'乏'的中国人的结晶"这"中国人"当然既包括鲁迅，也包括曹聚仁自己在内。曹聚仁没有荒唐到把《阿Q正传》看作鲁迅自传体小说，而认为"是一篇典型的现实的讽刺小说"。其典型到连鲁迅这样的伟人也包括在内，可见《阿Q正传》的概括面之广。

曹聚仁对《在酒楼上》这个短篇尤其重视，认为在鲁迅小说中，这是"最成功的一篇，正如他自己所推荐的孔乙己一样"。像这样的论点，在别的论者书中是很难见到的。曹氏之所以这样认为，是因为这篇小说"表现了中年人的情怀"。他原以为吕纬甫的模特儿是鲁迅的朋友范爱农，"后来才知道其中虽有范爱农的成分，大部分还是鲁迅自己的写照"，尤其是有关蜂子飞了一小圈后又飞回来停在原来的地点的议论，以及先前到过城隍庙拔神像的胡子的感慨，"是把真的鲁迅勾画出来了，他就是吕纬甫。"众所周知，作家塑造人物形象时难免将自己的经历或人生感受融汇进去。曹聚仁正是从这点上立论的。他并不是认为吕纬甫的精神境界就等于鲁迅的全部（只是其中一部分或某一段生活经历），鲁迅后来就飞到更高更远之处，没有永远"停在原地点"上。我们应该准确、全面地理解曹聚仁对吕纬甫的评价，而不能一听到鲁迅"就是吕纬甫"便认为贬低了鲁迅的光辉形象。

曹聚仁和冯雪峰先后同学，且两人均是鲁迅的挚友，但他们对鲁迅的看法有重大的分歧。这种分歧是由于冯氏多站在共产党的立场看鲁迅，而曹

① 《鲁迅评传·引言》。

氏却站在无党派的立场透视鲁迅。对冯氏的《回忆鲁迅》，曹氏认为对鲁迅的评价有拔高之处，里面有"教条主义的错误"。他最反对的是冯氏对《彷徨》和《野草》的评论，不认为《野草》的思想和感情不健康，而认为"鲁迅一生的作品中，《野草》是最好的一种，也可以说是最接近尼采思想的"。曹氏和冯氏的看法可说是见仁见智，很难说谁是谁非。不同的研究角度必然会有不同的结论。对《野草》的研究，应允许有多种声音存在。

对《故事新编》中《采薇》，长期以来未得到人们的重视。而曹聚仁认为："鲁迅和笔者所谈：《采薇》中的'阿金'是很重要的；他创造了阿金，就等于创造'阿Q'，阿金也和阿Q一般普遍地活着在的。"可有人认为鲁迅写阿金，是为了讽刺社会上某一类型人物（以"鹿脯"和"卢布"谐音为例），曹聚仁认为这种说法过于牵强附会。还有，曹氏认为，"《一件小事》只能算是一篇杂文。《明天》是一篇阴暗的小说"，这些看法也很值得重视。以《一件小事》而论，的确不像小说——如果应称之为小说，只能说是散文化或杂文化的小说。《明天》充满了悲剧色彩，调子的确不够昂扬。

曹聚仁研究鲁迅，不仅研究鲁迅的过去，也注意探讨鲁迅的未来。比如鲁迅如果活到1949年后，会不会在政治运动中挨批？对这个敏感问题，曹氏看法与他人不同。他认为，"中共对于'人尽其才'，这一点是做得很不错的。鲁迅先生活到现在的话，他的创作将有什么成就，我不敢说。他的学术研究，一定有惊人的收获，那是可以断言的。"这是针对胡适在大陆反胡风运动中说鲁迅如健在，也会一起被清算而讲的。曹聚仁认为胡适"不懂中共政策"。就是胡适留在北京，他亦断言不会遭清算，他仍可做他的历史研究。对胡适的评论，曹聚仁的看法未免过于天真。在50年代中期发生的批判俞平伯运动中，胡适的思想便遭到了清算。至于对鲁迅，他的预言也许有一定依据。因为在"文革"中，连郭沫若都受到毛泽东的保护，更不用说被毛称之为"圣人"的鲁迅了。由此可见曹聚仁有时也为中共辩护，并非像秦似说的不折不扣的"反动文人"[①]。他对新中国有好感，对鲁迅更是崇敬，不

---

① 见秦似1979年2月在《新文学史料》上发表的《回忆〈野草〉》。

能因为他不把鲁迅当作神，请进孔庙供起来就说他是反鲁，以致像某些大陆学者那样把他和台湾的郑学稼、苏雪林这批反鲁"英雄"相提并论。

在体例结构上，曹聚仁的《鲁迅评传》也有独到之处。该书不完全按纵的线索，流水账式的叙述鲁迅的生平，而是抽出诸如"托尼学说""青年与青年问题""文艺观"等专题单独评说，以加强横的方面。这样写鲁迅，便给人一种立体感。由于这不是高楼深院的专门家写的评传，而是作家写的评传，且是鲁迅当年好友写的评传，故行文中所穿插的一些回忆文字，使读者感到亲切，可读性甚高。至于《鲁迅年谱》，深受胡适、梁启超的影响，尤其胡适所撰的《章实斋年谱》的影响。具体说来，曹聚仁编年谱，除列举鲁迅作品的著述时间外，把凡是可以表示鲁迅思想发展的变迁沿革的材料，都择要摘录，分年编入。在列举鲁迅作品时，不是客观的介绍，还掺入自己的评价。如谈到《白光》这篇写狂人的小说时，将其和《狂人日记》比较。谈到《中国小说史略》时，对其学术特色做出评价。当然，这样的文字不会很长。另外，历来的传记，只说传主的好话，尽量不谈其传主的局限。曹聚仁改变了这种做法。他这头"乌鸦"既报喜又报优，既说鲁迅的长处也说其短处。

曹聚仁的鲁迅研究工作，在香港学术界口碑甚佳。现代文学史研究家李辉英曾说："曹聚仁先生写这部评传是因30年代初期和鲁迅的来往还很密切，对于鲁迅只消察言观色，就已是上好的材料了……直到今天为止，可以大胆地说，还没有任何鲁迅传超过曹著这一部。"[①]另一位新文学史家司马长风，他在《新文学丛谈》中说：过去从不读曹聚仁的作品，可自读了《鲁迅评传》后，改变了对曹聚仁的看法，感到以"史家自命"的曹聚仁不是在推销自己，他的笔头确实有一个慑人的历史意境。

曹聚仁的《鲁迅评传》，还得到鲁迅亲属的肯定。曾经三次向曹氏索要"评传"的周作人，在致曹氏信中说：

---

① 《跋〈鲁迅评传〉》。

鲁迅评传，现在重读一遍，觉得很有兴味，与一般的单调书不同，其中特见尤为不少，以谈文艺观及政治观为尤佳，云其意见根本是"虚无主义"的，正是十分正确。因为尊著不当他是"神"看待，所以能够如此。尊书引法朗士一节话，正是十分沉痛。常见艺术家所画的许多像，皆只代表他多疑善怒一方面，没有写出他平时好的一面，良由作者皆未见过鲁迅，全是暗中摸索，但亦由其本有戏剧性的一面，故所见到的只是这一边也。……①

在大陆，曹聚仁的研究不但没有得到应有的重视，反而受到一些人的指责和批判。这和大陆长期流行的"左"的思潮有关。一些研究者，总认为鲁迅是完美高大的"民族英雄""圣人"，容不得对鲁迅有局限、有失误的议论和看法。某些人的鲁迅研究，完全是为政治服务、为阶级斗争服务的产物，而不是像曹聚仁那样"把鲁迅当作有血有肉的活人来描画"，更不敢如实写出"他那副鸦片烟鬼样子，那袭暗淡的长衫，十足的中国书生的外貌。"当然，许多大陆学者对曹聚仁的鲁迅研究有保留，还因为曹聚仁的评价确有与众不同或有不少值得质疑之处。

一是鲁迅是不是"同路人"的问题。曹氏认为："我们得承认鲁迅自始至终是'同路人'，是一个马克思主义者，并不是共产党员，否则我们就无从解释鲁迅回复徐懋庸的公开信以及他写给胡风的几封信了。作为一个'同路人'，鲁迅在革命道路的贡献也是同样伟大的。"这里讲的"同路人"不一定就会贬损鲁迅。须知，曹氏是在承认鲁迅为"一个马克思主义者"，对革命做出过伟大贡献的前提下进行讨论的。他说的"同路人"，含有鲁迅并未加入中共组织，但仍靠拢中共、与中共同走一条路的意思。这与胡适认为鲁迅晚年"反共"②是完全相反的。由曹氏讲的"同路人"而将其打入反鲁乃至反共行列，是黑白颠倒的表现。但这里讲的"同路人"一词是否准确、

---

① 曹聚仁：《鲁迅年谱再版跋》。

② 胡适：《中国文艺复兴运动》，1958年5月4日。

科学，则值得讨论。

二是鲁迅是否属"自由主义者"。关于这一点，不少港台作家均这样认为。如胡适有一次曾和周策纵说："鲁迅是我们的人，鲁迅基本上是自由主义者。"①无独有偶，曹聚仁也认为鲁迅"只能说是自由主义者，正义感很强烈，不一定是社会主义的前驱战士。"②这种判断，是偏颇的，它带有曹聚仁本人强烈的主观色彩。众所周知，曹聚仁来港后以"不偏不倚"的"中立派"和"自由主义者"自居，对大陆50年代初期的新气象有赞有弹，结果遭受"左右"两派的夹攻。鲁迅并不是自由主义者，其思想境界比曹聚仁高得多，其政治立场亦比曹氏坚定，旗帜更为鲜明，这从鲁迅批评曹氏1933年所写的《杀错了人》这一点可看出他们对同一政治斗争采取的不同态度。曹聚仁把鲁迅说成是"自由主义者"，未免有谬托知己之嫌。本来，曹氏与鲁迅"有一段极机密的交游"，凭这点他可高攀鲁迅，像当年有人说"我的朋友胡适之"那样说"我的朋友鲁迅"。但曹聚仁没有以此去炫耀，这是他人品高尚的表现。但他的根深蒂固的自由主义者的立场，决定了他不时会以自由主义者的眼光去审视鲁迅，以自己的好恶去评价鲁迅。这样，鲁迅就难免被这位台港文坛有名的自由主义者打成自由主义分子。主观上不想谬托知己，可在客观效果上却谬托知己。关于这一点，曹聚仁在《鲁迅与我》中曾坦率地表白过："在鲁迅身后20年，我才开始写《鲁迅评传》，后来又再三易稿，写成了《鲁迅年谱》，真的谬托知己了。鲁迅先生在《忆韦素园君》的结尾上说：'文人的遭殃，不在生前的被攻击和被冷落，一瞑之后，言行两亡，于是无聊之徒，谬托知己，是非蜂起，既以自衒，又以卖钱，连死尸也成了他们的沽名获利之具，这倒是值得悲哀的。'或许我也是这样的'无聊之徒'呢！"想不到曹聚仁竟不幸而言中。这是他始料所不及的。本来，是他自己"不相信任何政党会有什么成就的"，可他硬把这句话强加在鲁迅头上。他的自由主义立场无法理解鲁迅讲的下列话："唯新兴的无产者才有

① 周策纵：《五四思潮得失论》，（台北）《中国时报》1987年5月4日。

② 《鲁迅评传》。

将来"，"那切切实实，足踏在地上，为着现在中国人的生存而流血奋斗者，我得引为同志，是自以为光荣的。"

三是鲁迅是否戴着假面具演戏问题。1945年后，曹聚仁曾任苏州"国立"社教学院教授。他在该院讲课，曾对学生说："人总是人，人是戴着面具到世界来演戏的，你只能看他演得好不好，至于面具下面那个真实的人，那就不是我们所能看见的。你们要我说真话，说了真话，你们一定很失望，因为我把你们的幻想打破了。你们要听假话，那就不必要我说了……依我的说法，鲁迅为人很精明很敏感，有时敏感过分了一点。我们从他的言论中，听出他对青年不一定有多大好感，而且上了无数次当，几乎近于失望，然而，他知道这个世界是属于青年，所以他对中年人，甚至对于他的朋友，都不肯认输，不肯饶一脚的，独有对青年，他真的肯让步肯认输……"这里讲的鲁迅敏感（乃至过分敏感），上过许多青年人的当，均是事实，但他并未由此改变对世界属于青年的看法，这是因为他善于辩证地看问题，还有他早年信过进化论的缘故，而不是因为他人格分裂，戴着面具在演戏。演戏云云，是曹聚仁的人生观。他把自己对人生的看法，强加在多次反对过"做戏的虚无党"的鲁迅身上，是很不恰当的，也是不符合鲁迅实际的。

曹聚仁的鲁迅研究尽管有那样的失误或不尽人意的地方，但他的研究仍有存在价值和意义。在曹氏研究鲁迅的年代，海峡两岸的鲁迅研究朝着两个极端发展：一是尽力神化；二是竭力丑化。不是把鲁迅捧为"圣人"，就是把鲁迅说成"连起码的'人'的资格都够不着的角色"[1]，乃至把国民党当年兵败大陆，说成是鲁迅的责任。在这种情况下，曹聚仁的研究，起到了制衡的作用。正因为是自由派研究鲁迅，故海峡两岸都不欢迎他的研究。大陆在曹氏去世后出版过他的不少著作，就是不出他的《鲁迅评传》。台湾在解除戒严之前，亦把曹聚仁的所有著作列为禁书。台湾解严之后出版曹聚仁的《鲁迅年谱》时，在扉页上的"小前言"中说"捧鲁迅为圣人，反共的人们便不问青红皂白，否定鲁迅这位在文坛上颇有建树的作家，那就正成了毛泽

---

① 苏雪林：《我论鲁迅·自序》，（台北）传记文学出版社1979年5月版。

东的信徒而不自知。"这个评价应该是较客观的。我们不妨套用一句：如果因为曹聚仁说过鲁迅是"同路人""自由主义者"之类的话，拥鲁的人便不分青红皂白，否定曹聚仁研究鲁迅所做出的贡献或将其打成"反鲁派"，那就正中了"反鲁派"的计而不自知。从根本上说来，曹聚仁是拥鲁的，对鲁迅是相当尊敬的，和郑学稼们水火不容。他虽然号称不偏不倚，其实是"形中实左"。他受过右派及极"左"派的围攻，又曾三次见过毛泽东，周恩来请他吃过十次饭，在贫困的晚年对国家的前途仍感到乐观。仅凭这一点，大陆应重印他的《鲁迅评传》《鲁迅年谱》——至少作为内部出版吧。

独特的构架、视角和光彩

—— 曹聚仁《文坛五十年》序

陈鸣树

　　曹聚仁先生是位著名的记者和编辑，曾首次报道过台儿庄大捷，主编过文学刊物《涛声》《芒种》，并任《太白》编委；又是著名的学者和教授，对中国历史和哲学、文学都有深邃的研究，记录整理过章太炎的《国学概论》；作为鲁迅的挚友，仅已收集到的重要通信就有20余封。他一生勤于著述，达4000余万字，收入集子问世的有70余种，在中国现代文化史上占有重要的地位。他又是社会活动家，1950年移居香港后仍念念不忘祖国的统一，因此，在探望大陆期间曾受到毛泽东、周恩来、陈毅等非同寻常的接见。他生于1900年，逝世于1972年，活动于20世纪的大部分时空，关于他的生平，夏衍在《怀曹聚仁》一文中，说他"在香港那样复杂的环境中，他能二十多年不改其志地坚持爱国，是不容易的事，是当得上晚节可风的赞誉的"。（《随笔》1992年4期）他的文化业绩，将与他的遗文同在。

　　《文坛五十年》一书，曾由香港新文化出版社于1954年问世。作者在《前词》中说：

　　　　《文坛五十年》是一部回忆录性质的书，和梅兰芳的《舞台

生活四十年》相仿佛，也可以说是由于他那部回忆录所触发的。所
不同的是，梅氏之书，以他个人生活为叙述的中心，我则以四围师
友的生活为中心。我非文人，只是以史人的地位，在文坛的一角作
一孤立的看客而已。（重点引者所加）

中国现代文学自从建立了这门学科以后，文学史的出版已不下数十种，
但大都是学者所编撰，其中还不乏形式逻辑资料排比的高头讲章，因此，曹
聚仁先生这部书，以其独特的构架，独特的审视眼光，更贴近当时文坛生活
的感受，更具有历史意识和文化意识，显示其独特的光彩。

例如，在本书上篇第一章：《年轻时代的上海》，作者便以切身的观感
烘托了清末民初中国文学所由以产生的时代氛围。下篇的《前记》，作者开
宗明义，迳以第一人称《我在上海的日子》作标题，展开了他带有个人色彩
的叙述，变峨冠博带式的宏论为促膝谈心式的闲话，这是任何别的文学史所
没有的。他说："1927年以后，笔者和中国文坛的关系，更加密切起来，不
仅是由于'左联'和'中华文艺界救亡协会'，俨然成为中国文坛的核心，
笔者也是当时的一分子。而且笔者有机会和文坛重要作家，虽不是全部的，
差不多可以说是十分之八九以上，都有过往还；今日写入现代文学史中去的
作者，很多是当时的年轻朋友。因此，笔者回忆这些师友的动态，那鲜活的
印象，都在眼底，或许和那些道听途说的人的想法，大不相同。"

正由于作者是当事人，对现代文坛上的作家的评价不必仰视或俯瞰，即
使对鲁迅这样的作家也是如此，他说："鲁迅，可以说是现代中国文坛的彗
星，他的眼光远大，头脑清晰，那是我们不可及的，但他绝不是圣人。要把
他想象为'十全十美''无所不知''无所不能'的神，那是错误的。"这
段话写于1954年，对嗣后中国大陆的造神运动，可说是一种先知式的针砭。
任何历史人物，都是研究的对象，都应该给予理性的判断，即所谓"实事求
是"，这才是唯物主义的要义所在。

曹聚仁先生说本书用的是史家的笔墨，因为作者以史人的地位。他说：
"笔者个人的兴趣，一向在史学方面，对于文学，只能说是业余兼职；而由

于国文教学上的利便，自然而然，成为课室中的文艺批评者。"这就是说，本书的褒贬完全从历史的眼光出发；又由于作者所持的"课室中的文艺批评者"的方法，从而使本书的陈述和描述获得了不拘一格取便发挥的特色。作者取得了摆脱学术论文般拘谨的思想自由度，使读者也获得了不必正襟危坐接受灌输的阅读心理，增加了心灵感印的阅读效果。当然，任何方式的学术著作都难以两全，可能由此产生的负面效应即懈怠了严格的逻辑程序、严密的思想构架，但作者意不在此，因此，本书之作，至少是诸子百家争鸣中之一家，满园群芳中之一花。

作者说："我们治史的，并没有抹消个人主义在文艺上的成就。我们也承认周作人在文学上的成就之大，不在鲁迅之下；而对文学理解之深，还在鲁迅之上。"书中分析周作人的思想变迁，充分表现作者的史才、史德、史识，是最具代表性的章节："他最初也是守着尊王攘夷的思想，后来一变而为排满与复古，持民族主义计有十年之久。到了民元以后，他又惶惑起来。五四时代他又趋向于世界主义，后来修改为亚洲主义。到了1925年，又觉得民国还未稳固，还得从民族主义做起（他曾介绍一些弱小民族文学作品）。五四高潮过去了之后，宣布了他个人主义趣味主义，便从此贯串下去，成为他的思想的本质。"这一番话，曾获得周作人的认同，周说："我的心态看来被你了解得透彻无遗。"像这样与作家对话式的描述，也是为别的文学史所不可能具有的。《知堂回想录》，正由于曹聚仁先生的鼎力，得以问世，成为周作人遗书中最具史料价值和民俗学价值的文献。

本书正因为是史家笔墨，作者论述每一种文学现象的产生，都要追溯它的根由和渊源，如由于现代化都市生活环境，促进了报章文学的兴起，"这种文体，从过去士大夫看来，未免粗糙刺眼，没有雍容尔雅的气度。但是面对着小市民阶级，恰正是粗糙的好，是一块砖头，不是一块玉石，砖头正好合上了用处。"又如解释梁启超新民体的报章文学，所形成的"笔锋常带感情"的风格，作者也是从社会环境、读者心理找到它的渊源，报章文学要有煽动力，要制造轰动效应，因此梁氏常常好"偏激"之论，以"天下非常异义可怪之论"相骇，因此，"笔锋常带感情"。对梁氏文风的体认，曹氏可谓得其精髓。

丹麦著名文学史家格奥尔格·勃兰兑斯（1842—1927年）说：任何文学现象，"只是从无边无际的一张网上剪下来的一小块。"（《十九世纪文学主流》）既然是其中的一小块，那就必然与周围的其他块相联系，与无边无际的网相联结。本书对社会文化背景的描述，作者以其亲身经历，写出了感性的呼之欲出的印象，如《年轻时代的上海》，作者以三个半大亨起家的畸形风习，烘托了海派诞生地的文化氛围。对文化氛围的烘托作者常常举重若轻，要言不烦，以感性的事象代之理性的剖析，例如书中对"洋务"的考察，又从中引出世界文学对中国文学的介入。

作者不仅在书中引进了"关系"的范畴，从纵轴和横断面来论列文学现象，使之成为立体交错的感受。书中将时代、思潮对文学的关系，作为文学获得自身存在价值和品格的对应物，论之颇详，卓见层出。

作者又引进了"比较"的范畴。比较，从本质上说，是"关系"的衍生物，基于客体世界各别事物所呈现的有形无形的联系，存在于文化本源一体化的网状结构。书中标举了《章太炎与周作人》《王国维与郭沫若》《杜威与泰戈尔》《胡适与鲁迅》等比较课题。在《胡适与鲁迅》一章中说：

> 胡适之成为新文化运动导师，对于这一运动是有利的，因为他一直诉之于理性，而不诉之于激越的情感的。……和胡适一样，诉之于冷静理性的，则有鲁迅。鲁迅在文艺上的造诣，比胡适高，对青年人的影响，也比胡适广，但鲁迅的文体，比胡适不容易学，周、胡两人，并不如有些人所想象的，水火不相容，他们都是《新青年》的前驱战士，而且在学问上是彼此相推重的。

后面这几句话更见出史家的卓识。

本书不仅因为作者曾是驰骋文坛的老战士，是历史的见证人，而且又因为作者具备学者和教授的品格，因此，在浅表层次上虽然有着感性的具象性。使人读来通俗易懂，趣味盎然；但隐伏在其中的仍是通过知性分析所达

到的理性思维高度。高屋建瓴而不失于空，谈言微中又不坠其实。加以娓娓
道来如述掌故的那种绝无学究气的文风，保证了对读者的可接受性和亲和
力。相信本书之重版，必将引起学界的注意和读者的欢迎，并进一步推动中
国现代文学研究的深入。

（1996年10月24日）

（于上海复旦大学）

独具特色的现代文学史

——读曹聚仁《文坛五十年》漫记

潘颂德

　　曹聚仁原本不是把《文坛五十年》当作现代文学史来写的，他自己讲得很清楚："《文坛五十年》，是一部回忆录性质的书"，"以四围师友生活为中心"，写出他的文坛回忆。但这本书又不是一般的文坛回忆录，作者从19世纪末期康、梁维新变法时的报章文学写起，一直写到钱钟书1948年出版的《谈艺录》，整整50年，兼及近、现代，而以现代为主。作者纵笔所至，在回忆师友、钩稽文坛往事时，描述了现代文学各种思潮、流派、作家、作品，揭示了小说、散文、诗歌、戏剧等文学体裁的发生、发展、演变的历程。作者不但是我国现代著名记者，也是一位著名学者，二三十年代曾先后在暨南、复旦、持志、光华、大夏、中国公学等大学任教，并曾先后出版《文史讨论集》《国故学大纲》《中国文学概要》等史学著作，这就使他具备了作为史家的德、识、才、学。他在书中自述他的写作初衷："我还是保持着我的史家的客观态度，以批判的态度来评论现代中国文艺的进程，连笔者自己也在被批判之列"。这就使《文坛五十年》成了一种亚文学史。

　　绝大多数文学史家，他们所描述、所研究的对象，或者已逝去了几千年、几百年，至少也有几十年，由于研究者与研究对象没有这样、那样的直接或间接的关系，因此他们撰写文学史，一般都显得冷静、理智，也就是显得比较客观；另外，由于研究者对研究对象没有直接接触，对作家、作品所赖以产生的时世缺乏感性认识，所以评论有时不免隔靴搔痒，难以切中肯綮。而这类史家所编写的文学史著作，常常在体例、结构上下功夫，写成高头讲章式的著作，不免枯燥乏味，缺少引人入胜的力量。曹聚仁《文坛五十年》所描述的50年文学史历程，至少有近30年他是亲身参与了的，有许多新文学作家是他的师友。他不但了解不少作家思想演变与创作的历程，甚至了解他们的创作缘起与心态，而后者却是难以从书本上了解的。这就使他容易知人论世，文字也摆脱了一般学术著作在学术语汇中兜圈子的弊病，显得亲切从容、明白好懂。比如本书下篇《前言：我在上海的日子》有这样一段文字："朱光潜（孟实）对于《诗学》，郭绍虞的《中国文学批评史》和陆侃如、冯沅君的《诗史》，都是1930年前后有见地、有体系的文艺论著。笔者和陆氏夫妇虽在暨南大学同事多年，学问上却少有切磋的机会，我觉得他们的论著，细密而不开展；郭绍虞笃实，纯乎一个学者气度。笔者相识得很迟，直到抗战胜利那年，才初晤一面。后面，他任同济大学文学院长，笔者也奔忙衣食，不曾详细接谈过。朱光潜用美学家克罗齐的光辉来照看文艺的园圃，他的《文艺心理学》和《诗学》，都是壁垒严谨，有以自立的。笔者和朱氏的交谊虽不深，但声气相应，他的著述，最能引起我的共鸣。笔者曾劝青年朋友，有志写作的，一开头切莫写新诗，其言一出，听者哗然；恰好朱氏那时也有一封写给一位写新诗的朋友的信，也和我的看法完全相同，大家才明白我所说的，乃甘苦备尝后的经验之谈，并非立异以骇流俗的怪论。"这段采用的是随笔体，娓娓道来，引人入胜。一般的现代文学史，不涉及文学理论、诗论、文学批评史著作，只有现代文学批评史著作，才论及这方面的著作。作者对这些著作的评论，采用的是我国古代评点派的方法，只作简明扼要的评点，点到为止，不作深入细致的学理分析，学术评估和文坛交游、掌故结合起来写，既有学术著作的鲜明观点，又有随笔散文的浓郁情感。当然，诚如陈鸣树教授在为本书东方出版中心1997年版所做的序中所说："任何方式的学术著作都难以两全，可能由此产生的负面效应即懈怠了严格的逻辑程序，严密的思想构架，但作者意不在此。因此，本书之作，至少是诸子百家争鸣中之一家；满园群芳中之一花。"

我国上一个世纪之交开始涌现的文学史著作，文学史家们接受了西方的文学观念，对文学采用纯文学的小说、散文、诗歌、戏剧的四分法，在描述我国古代文学史时，古代许多脍炙人口的名家名篇，只是由于它们难以纳入上述四种文体，就被排除在外。30年代开始涌现的现代文学史著作，着眼于"五四"文学革命后的新文体。以诗来说，绝大多数现代文学史著作，只提新诗，将现代人写的旧体诗词排除在外。

曹聚仁《文坛五十年》打破四分法，甚至打破文学的藩篱，打破新文体观念的束缚，从社会文化背景入手来展开现代文学大势的描述。作者在上篇开头《年轻时代的上海》就指出："中国的文坛和报坛是表姊妹，血缘是很密切的。"在《晚清》一章更指出："一部近代文化史，从侧面看去，正是一部印刷机器发达史，而一部近代中国文学史。从侧面看去，又正是一部新闻事业发展史。"于是专列《报章文学》一章，揭示出自报章的谭嗣同、梁启超新文体如何由旧文体演化而来，并指出："报章文学，是适应现代工业化的都市生活环境而产生的，这是小市民的文学。"这是知人论世之论。作者同时指出这种报章新文体的浮夸、堆砌的弊病。作者认为："到了1912年间，章士钊的《独立周报》《甲寅杂志》出来了，他们这一群人之中，有李大钊、陈独秀、黄远庸、李剑农、高一涵、张东荪这些政论家，撇开了古拙的学术文和放纵的梁体时务文，建立谨严的政论文体，这才是报章文体的正轨。""逻辑文体以政论为文章中之'物'，'行文主洁'，'用远西词令，隐为控纵'，乃是文章中之'序'，旧文体的局部改革，已经到了顶点了。"在《桐城派义法》一章中，又指出："到了1912年间，章士钊的《甲寅》杂志出来了，他们这一群人，有人称之为逻辑文家；其议论既无华夷文学的自大心，又无策士文学的浮泛气，而且文字组织上，无形中受了西洋文法的影响，所以格外觉得精密。"作者理清了晚清报章文体演进的脉络，也一定程度上揭示了五四新文学与梁启超等倡导的"文界革命"的内在联系。

50年代开始，在"左"的政治路线影响下，全盘否定胡适在"五四"文学革命中的历史功绩。曹聚仁以史家的眼光，实事求是地肯定了胡适在新文学运动中的作用。他说："新近一些写现代中国史的人，似乎有意地把胡适在新文化中的领导地位减低下来，这在历史家眼前，是不能认为十分正确的。"（《新文化运动》）曹聚仁能在50年代初就充分肯定胡适在"五四"文学革命中的作用，确实具有史家的眼光。1917年1月，《新青年》发表胡适的《文学改良刍议》，提出改良文学先从"八事"入手，即：须言之有物，不摹仿古人，须讲求文法，不作无病之呻吟，务去烂调套语，不用典，不讲对仗，不避俗语俗字。1917年2月，《新青年》发展陈独秀《文学革命论》，提出"三大主义"，作为文学革命的宣言："曰推倒雕琢的阿谀的贵族文学，建立平易的抒情的国民文学；曰推倒陈腐的铺张的古典文学，建设新鲜的立诚的写实文学；曰推倒迂晦的艰涩的山林文学，建设明了的通俗的社会文学。"目前一般论者，认为胡适《文学改良刍议》着眼于语言文字的改良，陈独秀的《文学革命论》才着眼于改造社会与国民，张扬文学革命。曹聚仁在本书《新文学运动》一章据原始资料，认为"文学革命"这一口号还是胡适所提出。他根据1915年9月间胡适送梅光迪往康桥（即英国剑桥大学——笔者）的诗就有"文学革命其时矣"的诗句，认为胡适先提出"文学革命"，从而肯定他在"五四"文学革命中的作用。但是，一则1915年9月胡适送梅光迪诗没有发表，即使此诗当时就发表，胡适其时对"文学革命"的理解还是停留在语言文字改良的层面上。陈独秀的《文学革命论》才旗帜鲜明地抨击了旧文学的陈腐内容，从改造社会，改造国民的远大目标出发，提出了文学思想内容的革命。

不过，平心而论，作为史家的曹聚仁，对于胡适的评价，应该说还是正确的，体现了一种卓识。在本书《胡适与鲁迅》一章中，他认为，"五四"时期，"实际领导中国新文学道路的，乃是胡适。"20年代后期开始，"领导中国文学运动，已经是鲁迅的时代。大家在开始批判胡适了。""我们回看新文学运动的全段历史，陈独秀影响，不可说是不大，可时间很短。胡适的影响最切实，时间也不怎么长。最长久，而又影响大的乃是鲁迅。"这一评价，是符合历史实际的。

曹聚仁评论作家，常进行比较研究。他在《胡适与鲁迅》一章中说："和胡适一样，诉之于冷静的理性的，则有鲁迅。鲁迅在文艺上的造诣，比胡适高，对青年人的影响，也比胡适广，但鲁迅的文体，比胡适不容易学。周、胡两人，并不如有些人所想象的，水火不相容；他们都是《新青年》的前驱战士，并且在学问上是彼此相推重的。"事实的确如曹聚仁所说。例如鲁迅1927年2月18日在香港的讲演《无声的中国》中肯定胡适"五四"中期提倡的"文学革命"，胡适也曾经请鲁迅对他的诗集《尝试集》提出批评意见。他们两人，并不像过去在"左"的政治路线影响下所说的时时、事事冤家对头，冰炭不相容的。

曹聚仁充分肯定鲁迅在中国文学史上的地位，他说："鲁迅，可以说是现代中国文坛的彗星，他的眼光远大，头脑清晰，那是我们不可及的，但他绝不是圣人。要把他想象为'十全十美''无所不知''无所不能'的神，那是错误的。"这话仿佛是对大陆五六十年代形而上学地看待鲁迅的警示，也仿佛是对"十年动乱"期间"四人帮"为了达到篡党夺权的目的而神化鲁迅的批判。

《文坛五十年》以主要笔墨描述20世纪前半期小说、散文、诗歌、戏剧的发展历程，但他又并不仅仅停留在纯文学层面上。如《战场上的文学》一章并不仅仅谈作为散文一体的报告文学，提出："战场上的通讯文字，自以把握时地意义的电信为最有价值。"作者当年发表一篇新闻文艺论，认为新闻文艺"并不是纯文艺，乃是史笔。它的成分，要让新闻占得多。"他所强调的是新闻文艺的新闻性、真实性，而艺术性成了次要的东西。这样的作品，现在一般现代文学史家，决然不可能揽入文学史著作中。在曹聚仁，由于不是着眼于纯文学，因此将战场上的一般通讯文学与报告文学，无分轩轾，一并写入。作者还饶有兴味地总结了他写作战事通讯所尝试过的种种写法："觉得史家纪传、编年、纪事本末三体，可以自由运用，智珠在握，螺丝壳中未始不可以打道场的。"一篇之中，"常分三段来写：第一段仿编年体，写这一段时期的动态；第二段仿纪事本末体，把几个重要课题作简括纪述；第三段仿纪传体，对战场人物作侧面描述，插入一些有趣味的故事。分之为三，合则为一；这一体例，倒是曲折变化，随处可以用得的。"且不说一般战事通讯很难作散文论，更何况谈创作方法与创作体会，更有乖文学史体例。作者写作《文坛五十年》，其期待视野原本不是要写严格意义上的现代文学史的著作，他只是以自由的心态、不拘一格地写出五十年间新文体的流变。

迄今为止的现代文学史著作，描述的都是"五四"文学革命以后新文体的发展史。以诗歌史来说，只谈新诗，不讲旧体诗词。《文坛五十年》除着重讲新诗的发生、发展、流变外，也附带着论述到若干重要的旧诗人。在《几个诗人与作品》一章中，讲到抗战时期的新诗以激昂慷慨的爱国热情为特色。作者说：这一阶段若干旧诗人的作品，其爱国热情，"比新诗人的作品还更丰富，还更凝练些。旧诗人之中，如于右任、卢冀野、梁寒超、章士钊、潘伯鹰、易君左、黄炎培、施叔范，都写了有血有肉的诗篇。若干新诗人，如郁达夫、田汉、郭沫若，也都写了新情绪的旧诗歌。"他还认为，"五四"时期反对白话文学的胡先骕，抗战时期"就写了好多篇歌咏战争的古风新律，有着年轻人的奋进的情绪呢！""这都是不应该一笔抹煞的。"作者的提示，给我们以现代文学史观念上的启示。现代文学史与新文学史不应该是一回事。近年来，已有学者对"五四"以后运用传统文学样式进行创作的作家作品加以研究。前几年山东大学出版社出版的已故朱光灿教授的《中国现代诗歌史》就将新诗、旧诗一并论述，开创了现代诗歌史研究的新局面、新境界。

在"左"的政治路线干扰、影响下，自50年代初起到1976年粉碎"四人帮"为止，这期间出版的不少现代文学史著作，许多作家作品都没有得到应有的重视，没有给他（她）们在文学史上应有的地位。例如钱钟书、张恨水、徐訏，在相当长一段时间里，一般的现代文学史著作极少加以论述。《文坛五十年》在《离乱中的小说》一章中，作者认为钱钟书的《围城》，张恨水抗战时期的《大江东去》《八十一梦》等几个连载小说，徐訏在《扫荡报》的连载小说《风萧萧》"比较脱开了公式化的抗战八股"，对于变动着的社会与人生，"有着冷静的观察"。作品有传奇意味，有戏剧性，而"文字技术，又足以表达出来。"这些都是持平之论，足见作者史家的公正眼光。

注意揭示文学流派的演变、延续，也是《文坛五十年》的一个特点。《小品散文的新气息》一章认为三四十年代之交，上海"孤岛"唐弢、周木斋、柯灵等人办的《鲁迅风》半月刊、桂林出版的《野草》半月刊，继承了二三十年代鲁迅杂文的遗绪与风格。作者还认为，40年代前期，上海沦陷时期《今古》《杂志》等刊物，继承30年代《人间世》《宇宙风》的闲适风格。这就从风格、流派的角度揭示了散文的演变、发展，尤其是指出《今古》《杂志》继承《人间世》《宇宙风》的闲适风格，在曹聚仁之前，似乎还没有人明确指出过，这是作者的独创见解。

（2000年3月16日）

云雾不会永远蒙住真实

——读曹聚仁的《文坛五十年》

余力文

　　以我的阅历与学养，是不够格谈论曹聚仁先生的，可是出于自己的读书嗜好与写作偏爱，又不能不谈。在他逝世20周年之际，我斗胆写了一篇《一代报杰曹聚仁》投寄国内报刊，尽管多次"削足"，仍然难以"适履"。搁至前年，适为台湾《中副》采用，香港媒体予以转载，讵料彼岸也有顾忌，整段删削。勾销了他作为爱国书生的惊人之笔——为两岸和平奔走斡旋的功绩。后来，香港三联书店拟出《香港丛书·曹聚仁卷》，要收此文，我要求恢复文章原貌，对方以尊重"首刊权"为由，未予采纳。好在书内还收有罗孚、古远清两位先生的大作，三篇文章合读，读者自可窥清曹聚仁一生"行藏"。正是这篇文章的发表，十分意外地收到了上海著名话剧演员曹雷女士的赠书《文坛五十年》，喜出望外，含英咀华，沉浸浓郁，再次灼炙曹先生的治学态度与文化品格，领略了他的行文风采和渊博学识。

　　多年来，理论界形成一种偏见，仿佛只有专著才有分量，而轻视学术随笔与读书札记的价值（近年大有改观）。其实，材料丰富、论述精辟、见解卓越的随笔，其生命力比之专著不遑让。新中国成立后，大陆一连出版了好几部《中国现代文学史》，除王瑶的《中国新文学史稿》外，影响最大、定为大专教材的恐怕要数唐弢先生主编的那一部书，经过实践检验，它的缺陷愈来愈趋明显，书中存在着"概念化""程式化"，以及意识形态"泛化"的弊端，政治功能替代了学术功能，最大缺憾是"人为"地湮没了许多文学史料。如果允许重新定位的话，唐氏主修的"官书"只能冠之"左翼文学史"或"革命文学史"的名称，而不能涵盖中国现代文学的全部。

曹著恰与唐著分道扬镳，另辟蹊径，仿佛傲然的枭骑欣赏着现代文坛的"无边风月"，他以"史家"笔法勾勒出了现代文学的是是非非、跌宕起伏、潮涨潮落、风云变幻的历史画面。全书分上、下篇，合计55篇文章，时间起自20世纪初，断在曹去港之后，基本展示了中国文坛50年间整体风貌。每篇文章既可独立成章，又可连缀一体。第一，其论述重点旨在文学流派和团体的嬗衍变化，以及重要作家、作品的分析评价；第二，他以"纯自由人"的眼光对新旧文人进行独具慧眼的观照与剖析，毫无拘束地表达了个人的见解，为我们打开了封闭多年的"门户"，看到了满园春色，呼吸到一股前所未有的清新"空气"；第三，资料丰富，"含金量"高，书中澄清了不少"疑点、疑案"，披露了许多鲜为人知的文坛掌故和名家趣闻。编者评述该书是一部"不可多得的亚文学史"，而我认为，它更是一幅颇有新意的文坛"风云录"、文学"导游图"。

大陆只要读过"文学史"的，开口只知"鲁、郭、茅、巴、老、曹"，诚然，这些人尽皆知的名字均是新文学的"旗手""主将""重镇"，功不可没，但并不等于我国新文学的全部。除他们之外，还有不少名家与之"比肩"，小说方面李劼人、郁达夫可以争胜；散文方面，林语堂、梁实秋、周启明不可小觑；戏剧方面李健吾应入大师行列，还有一些"重量级"作家在文学园地辛勤耕耘播种，也结出了不少奇花异果，繁荣了我国的文学园地。

对于鲁迅，曹氏力排众议，诤言有声："鲁迅，可以说是现代中国文坛的彗星……但他绝不是圣人。要把他想象为'十全十美''无所不知''无所不能'的神，那是错误的。"他又说："鲁迅固然有不妥协的精神，却也存在着睚眦必报的偏激之情，谁也不必为讳。"假使这些话能让我们早早听到，就可避免在"文革"中拼命"造"神以致失去理智，做出一些幼稚可笑的举动。例如，为了塑造鲁迅的"完美"，只承认许广平夫人的合法性，连客观存在的朱安夫人也被"封闭"包瞒了几十年。对周氏兄弟的评价，可谓惊世骇俗震聋发聩，一新耳目，受益匪浅。如对周作人思想轨迹的分析，一针见血，直透肌骨，连周本人也为之折服，周说："我的心态被您了解的透彻无遗了。"可见充分的说理、科学的分析才是月旦人物的"利器"，而不是极"左"时期盛行的那种要么全盘肯定、要么全盘否定的两"极"做法。他与冯雪峰都是鲁迅的挚友，又是早年杭州一师的同窗，但他对冯不假词色，评骘也很尖厉，他说："本来对冯雪峰寄以希望，……看他的书就十分失望了，他的笔下，好似给什么缠住了似的……"什么缠住了呢？凡属"过来人"，没有不明白的，无非是政治信条和思想框架作祟，尽管冯雪峰如履薄冰，落笔谨慎，可仍未逃过1957年的厄运。这一点，作为"局外人"的曹先生，他又怎能有那种"斧钺伺身、诚惶诚恐"的体验呢？

首先，值得珍视的是，书中积淀了丰厚的"史料"。读此书，如入宝山必有所获，绝不至空手而归，只要细心踏访，可以采摘到不少睿智的花朵。过去，我们只承认"十月革命一声炮响，给我们送来了马列主义"，而漠视这样一种事实，五四运动一声呐喊，唤来了一批西方的文化贵客，如杜威送来了实验主义，罗素送来了"实证主义"，泰戈尔送来了"民本主义"，杜里舒送来了"新活力论"……可惜书中论述篇幅太少，对于中西文化"对接"后所产生的影响浅尝辄止，没有深入下去。还有倭铿、海明威、萧伯纳访问中国的史实只字未提，自称是"看客""史人"的曹聚仁不会疏漏这些文坛"盛事"，是否另有专述呢？最近又看到一篇《罗素在中国》的专论，印证了我的猜测。

其次，此书又是一部现代文坛"点将录""文人谱"。曹氏在书中升帐点卯，提调自如，使"左"中右人物纷纷登台"亮相"，其中有些名字是我们熟悉的，有些是久违的，有些是陌生的，更有些是犯忌的，如张道藩、王平陵、黄震遐、梁寒操、罗家伦、张君劢、曾琦、李璜、左舜生、陈西滢、傅斯年、叶公超等，不管他们的思想倾向与政治归宿如何。只要他们对文学、文化做过一些有益的贡献与业绩，历史就不应该遗忘他们，成为一处

"死角"。他始终遵守历史学家的"直言无隐，有闻必录"原则，即使是一些介乎文学与科学或作家与学者之间的两栖人物、三栖人物，作者也忠实地记下一笔，如王昆仑、费孝通、冯友兰等都在书中"留影存照"，虽然他们不属于文学阵营，却为文学殿堂添光敷彩、增色生辉。

再次，全书视点独特，眼界宏阔，其民族凝聚力很强。他"独立"香江，从未卷入党派纠纷，也不依附任何政治势力，一生靠"煮字疗饥"，所以，不存"楚河汉界"的政治成见，他是站在历史的高度向全中国人发话。笔下所述更接近"真实"，更贴近文坛的生活感受。如抗战时期的戏剧，他十分推崇田汉，文中开列的许多戏剧资料，填补了中国戏剧史上的许多空白。说到散文小品，他特别赞赏王了一的《龙虫并雕斋琐语》、梁实秋的《雅舍小品》、谢冰心的《关于女人》、储安平的《英人、法人、中国人》，除后两种未见重刊外，前两种已成为时下畅销书。书中，他肯定了杨世骥先生整理近代文学的贡献，对杨的《文苑谈往》赞不绝口，笔者言之惭愧，对杨氏其人其书，茫然不知，倒是缪钺先生我知道一些。曹先生对缪先生论宋诗的一段议论，钦佩有加，不惜全文照录，以飨读者。书中还提到了不少学者，如潘光旦的优生学、何永佶的现代政治、黎锦晖的音乐学、赵元任的语言学、丁文江的地质学等，他所揄扬的这些人，后来都成为各自学科的宗师与泰斗。可见，曹先生尤具识人之明。此外，全书真知灼见，随处可见，如评刘鹗的《老残游记》，他认为"胸襟开朗，眼光远大"。他说"苏曼殊的才华乃是天赋，其飘逸高世，乃在龚定庵之上"，"马君武自开一代诗派，曾译过达尔文的《神源论》"，"林琴南开小说之'先河'"，"黄遵宪的《人境庐诗》比李慈铭的《越缦堂诗》好，《今别离》有血有肉，陈三立推为千古绝唱。""王静安的《红楼梦评论》和《人间词话》可谓近代最有价值的文学评论。"他对坊间小说《何典》的评析也比润之先生更为深刻切挈；吴稚晖先生被冠之"刘姥姥"的雅号也是曹氏的首创。书中引进"关系"的范畴，古今映衬，横向比较，如将胡适与鲁迅、王国维与郭沫若、章太炎与周作人、杜威与泰戈尔"捉"对成双，从纵轴和横断面展开论述，顿使读者"澡灌胸胃，导启性灵"，获得"豁然开朗，触类贯通"的阅读快感。

特别令人兴奋的是，几十年前，他就智珠在握，慧眼识"金"，看出了钱钟书先生的《谈艺录》的分量，认为是"随笔中第一流作品，不独见解高人一筹，他的文字也是十分简洁的"，只不过其"融化东西，出以新象"排位还在王力先生之后，没有今天显赫奕煌，更没迈入文化"昆仑"的境界。同时对钱基博先生的《现代中国文学史》直下针砭，认为"只是晚清民初古文史与宋诗史，扣现代的帽子不十分相称的"。笔者在拜读这部著作时，也曾产生这种疑惑，书中只涉及胡适这一个新派人物，鲁迅也只沾了点边，多数都是晚清民初的旧派文人，如王湘绮、易实甫、樊樊山、林纾、杨圻等人，确实与现代搭不上界。

最后两篇是《文艺批评之新光》与《史料述评》，堪称是全书"高潮"部分。不仅资料充溢，文笔丰腴，而且笔锋犀利，淋漓尽致，敢道人所未道。他说"党见可以抹杀文艺作家的真正成就，我敢相信到百年以后，绝不会让党见的云雾永远蒙住真实的"。事实证明，曹先生的预断是正确的，历史正在走出迷雾，步步接近真实，或许不需百年，一部真正的"中国现代文学史"就可摆在国人案头。

这本集子，是不是"原汁原汤"我不敢说，但基本反映了曹在心态自由驱使下的健全思维。曹有一本《我与我的世界》，由邓珂云女士和曹先生女儿曹雷整理，囿于当时的政治气候与阅读习惯，居然慧剑"割爱"，删去了《初试云雨情》那一章，仿佛曹是个没有"七情六欲"的"圣人"。随着大陆思想解放，禁令放宽，曹雷又后悔不迭。曹雷尚且如此，更不用说其他编者了。近年，出版曹著日渐增多，我在出版界的朋友，也有问津《鲁迅评传》与《鲁迅年谱》的。站在读者的立场，笔者希望出版单位多点宽容，多存历史眼光，政治多极、文化多元、学术自由是世界的必然走向。所以，应该尽量保持曹著原貌以面对将来。对于曹的言行，两岸争议甚多，对于他是"爱国书生"这一点是没有什么异议的，绝不是一只报忧不报喜的"乌鸦"，更不是秦似定性的"反动文人"，我赞同他是"自由主义者"这种观点，就让他作为"自由主义"作家、学者存留在中国文化史上，不要乔装打扮，搞得面目全非。我信奉这样一段名言："禁毁不能使优者亡；褒奖不能使劣者存；谁说了都不算，只有历史说了算。"曹的著作也是这样，他的"述史治学"，他的"拨雾存真"，以及书中包含的大量文学史料、新闻史料、民俗史料、政治史料是否靠得住．也要读者总体说了算，历史最后说了算。

曹聚仁的长篇小说《酒店》

袁良骏

曹聚仁先生30年代就是著名的杂文家，50年代初由沪迁港后仍主要从事杂文写作和学术研究，本无意于小说创作。然而，事实上，他却接二连三地写出了《双城新记》《秦淮感旧录》《酒店》等三部长篇小说。何以有这些意外的创作收获呢？曹公自己是这样解释的：

> 挨骂以后，我就决心改行，想从写小说找出路，哪知第一部小说《双城新记》，就因为涉及当前政治斗争，挨了骂了。我就决然改图，改写男女私情小说，穿插一点变态心理的文字，却因为说时代糟蹋了我们，又挨骂了。……着笔写作以前，也曾到一些大小舞院兜过圈子，不料曹某跳舞，又成为挨骂的题材了。[①]

所谓"挨骂"，即是指写杂文而挨骂。挨谁的骂？骂什么？说来话长，简言之，即挨台港国民党人士的骂，骂他为中国共产党的走卒、应声虫是也。说来冤枉得很，曹在抗战期间入幕蒋经国"太子"门下，在江西为之办

---

① 《挨骂记》，收入《鱼龙集》，香港激流书店1954年出版。又收入《曹聚仁杂文集》，北京三联书店1994年10月出版。

《正气日报》，他与共产党何尝有任何干系？他的到香港本身也说明了他与共产党人的距离。他抵港后写的大量杂文、政论，诚然有指责国民党的，但指责共产党的又何尝少？比如对中共大张旗鼓镇压反革命，他就是断然反对的。然而，尽管曹公自以为超政治、超党派、不左不右、不偏不倚，但在当时激烈的政治斗争中，曹氏这一客观、自由立场，实无法为双方任何一方所接受。加之曹氏坚持认为国民党之败、共产党之胜绝非偶然，且多次往访北京，对他的攻击当然就主要来自国民党方面了。

　　不过，曹氏并不怕挨骂（可以说，杂文家没有怕挨骂的），说改写小说是因为怕挨骂，也只能姑妄听之，这个创作动因本来就不成立：写杂文挨骂，写小说就不挨骂吗？果然曹氏的第一部小说《双城新记》又挨骂了。《双城新记》挨骂是"因为涉及当前政治斗争"，那么，改写"男女私情"呢？照样还是挨骂。他的《秦淮感旧录》就曾被人骂为"色情文字"。所以，想通过写小说不挨骂是不可能的。事实上，曹氏在杂文之外想起写小说，显然另有原因。杂文，毕竟属于直接的说理议论文字，写得再生动，再形象，也无法像小说那样塑造人物，描写社会。抗战以后，特别是抵港之后，曹氏积累了大量的小说素材，杂文已无法包容，无法表现，这才是他改写小说的真正原因。况且，他的《双城新记》《秦淮感旧录》也算不得真正的小说，只有《酒店》算是严格意义上的小说，算是圆了这位老杂文家的小说梦。

　　《酒店》创作于1951年、1952年间，[①]当时，正是美国驻港新闻处与国民党支持的"绿背小说"（因美元背面为绿色）和共产党支持的"左派小说"激烈对峙之际。从描写的题材看，《酒店》与那些"绿背小说"极其相似，它也是写大陆逃港难民的辛酸血泪的，小说女主角黄明中由千金小姐蜕变为"阻街女郎"、舞女和别人的外室，其人生巨变并不亚于某些"绿背小说"中的人物。但《酒店》却绝不是（也不可能是）"绿背小说"。曹氏虽然也和那些"政治难民"同一时间到达香港，但如前所说，他对大陆巨变有

---

　　①　香港创垦出版社1952年出版。

自己独自的看法。曹氏认为政治斗争是不择手段的，因而必然有许多龌龊。但并非某一方使用手段、耍弄权术而别一方则不用手段，不要权谋，而是各耍各的手段，各用各的权谋。但是，鹿死谁手并非仅仅靠手段和权谋，还要靠机运、民心等多种因素。虽然曹氏既非议蒋氏父子，也尖锐批评中共政权的某些做法，但从根本上说，他却认为中共的胜利乃势所必然。因此，当"绿背文人"大肆攻击中共政权时，他却挺身而出，仗义执言，说了很多公道话。曹氏虽然自命为既不拥共也不反蒋，但事实上他当时的天平是向新中国倾斜了。因此，这就决定了《酒店》的政治方向不可能向"绿背小说"靠拢了。

其次，曹氏认真汲取了《双城新记》因描写政治斗争而不成功的教训，他要写"男女私情"。其实，也没有绝对的"男女私情"，《酒店》所写，主要的也不在男女私情。但它的确深入描写了社会生活的各个角落，细腻刻画了多个人物的心灵世界，成为一部名副其实的小说。由于它超脱了政治小说的局限，尽管在某些局部上并不如某些"绿背小说"内容丰富（如赵滋蕃的《半下流社会》），但在总体的艺术价值上，它却远远超过了《半下流社会》等"绿背小说"。

《半下流社会》写了一个女配角李曼，她在恋人、小说主人公王亮及其他"难民"朋友的全力支持下，成了诗人，走进了"半上流社会"。这位小姐经不起金钱和名声的诱惑，中了金行吴老板的圈套，成了他的玩物，怀孕后又被一脚踢开。她无颜见江东父老，自杀了。《酒店》的女主角黄明中，和她有许多相似之处。年轻、漂亮自不待言，由大陆来港的经历也差不多。但是，对这两个人物的塑造，却有着极大的不同。比较而言，黄明中性格的发展更多变、更复杂。

黄明中的父亲死于空难，她和母亲由南京仓促逃港，住进了九龙油麻地一带的"难民窟"。举目无亲，弹尽粮绝之后，母亲又患了要命的伤寒病。别说为母亲治病，连母女二人的一日三餐也难乎为继了。黄明中的唯一财产，就剩了她的青春和美貌。在皮条客、邻居张太太的诱惑下，她成了卖淫女。但是，有一天，正当她一觉醒来要拿自己的卖身钱去为母亲治病时，传来了油麻地"难民窟"大火、多人烧伤烧死的凶讯。她匆匆赶回油麻地火场时，她的母亲已经在大火中烧成了重伤。为了给母亲养伤，她只能在那条肮脏龌龊的道路上愈陷愈深。黄明中承受了她的年龄、教养所不应承受、无法承受的生活和精神的双重压力，她的灵魂深处不能不经受着巨大的痛苦与挣扎。一开始，她对张太太的勾引断然拒绝，而且认为受了莫大的侮辱。但是，在残酷的现实面前，她也只好就范了。虽然被迫就范，她的羞恶之心还是有的：

> 她一跨出自己的门口，好似每一只手都在指点她，每一双眼睛都在打量她，每一句话都在议论她；她低低地垂着头，几乎不敢向谁看一眼了。（第39页）

黄明中接待的第一位嫖客李老板，是一心要看到黄明中处女膜破裂流出的"红霞"的迷信客。当他像蒙古包中的喇嘛一样，收拾了黄明中的初夜权，看到那块自以为可以使他"转运"、发财的"红霞"之后，便撂下一百元港币，溜之乎也了。而失了身的黄明中，却看着那百元纸币号啕大哭起来。痛定思痛，她终于醒悟到：人与人之间，友谊，爱情都是幻影，只有红票子是最真实的真实。（第55页）

成了老牌妓女之后，黄明中自然脸皮愈来愈厚，恶习愈来愈多。然而，她也并不满足于肉欲和花天酒地的生活，她也还有自己合理的爱的欲求。这样，她就用尽心计将小白脸滕志杰养了起来。黄明中在勾引滕志杰的过程中，其在欢场中养成的一切恶习都得到了淋漓尽致的表演，她已经不再是一个单纯的受害者，尤其在半路里杀出个竞争者、舞女白璐珊竟挖了她的墙脚，把滕志杰抢走之后，她的妒忌、狠毒就开始了恶性膨胀，当明争暗斗尚不足以击败白璐珊时，她竟产生了可怕的害人之心，唆使落魄的山东大汉李仲达毁了白璐珊的面容。然后，她又设计逃到澳门，并和自己的老嫖客陈天声发生了令人惨不忍睹的斗殴。在精神的极度紧张中，她终于被关进了疯人院。

对黄明中的性格设计，作家参考了中国古代"红颜祸水"型的一系列"尤物"典型：她们美艳照人，但也冷艳可怕。这些"犯花癫的女人"，是男人的克星、"白虎星"，谁碰到她谁倒霉，轻则倾家荡产，重则一命呜呼。曹聚仁塑造的这一形象，从总体上极大程度地启发、影响了20世纪50年代末、60年代初崛起的台湾作家白先勇。白氏《谪仙记》中的李彤、《永远的尹雪艳》中的尹雪艳身上，都可以看到黄明中的影子，只不过刻画得更圆熟、更成功罢了。

从总体上说，黄明中的形象是丰富、复杂、成功的。曹氏这位杂文大家的小说梦所以得圆，主要靠这一形象的塑造。

当然，不仅黄明中的形象是成功的，其他几位欢场女子以及有关人物，如白璐珊、林弟、滕志杰、陈天声、邹志道以及天声妻子敏娟等，也都是各有其性格面目的。白璐珊的容貌、手段都是黄明中的敌手，所以才能把滕志杰从黄手中夺走。但她毕竟不如黄明中狠毒，她一心想在争风吃醋、明争暗斗中打败对手，但万万想不到黄明中会害她。林弟是一个无辜、懦弱、毫无自我保护意识的雏妓典型。她死心塌地跟定陈天声并为他生了孩子，而陈天声却早已有妻子儿女。当她看到陈天声在妻子儿女和她母子之间的尴尬处境时，她又断然出走了。即使不发生海难，她也不会有幸福的前景。作家塑造了林弟这样的人物，可谓大有深意。从心理素质上说，他讨厌黄明中、白璐珊型的妓女，因为她们的人性被污染得太深。而林弟则身陷污浊却人性纯真。如果遇到好人，她是可以得救、可以变好的。而黄明中、白璐珊只能在污泥浊水中愈陷愈深（白璐珊如不被毁容，她与黄明中无本质区别）。滕志杰被黄、白二位妓女争来抢去，他本人也几成"男妓"，此人的懦弱、窝囊也跃然纸上。在嫖客中，陈天声也是一位良心未泯的人物。他虽然沉湎于酒色之中，但更多的是找麻醉。对妓女他还不是一味糟蹋玩弄，也还有几分真情。林弟对他那样忠实也不无一定的道理。最为可议的是从大陆赶来的陈天声的妻子敏娟。这是一位现代贤妻良母，而她的"贤良"程度几乎让人诧异。她很快发现了丈夫的问题，但她不吵、不闹、佯装不知，表现了空前的大度宽容。一个现代女子（即使不摩登）这样不争风吃醋、这样委曲求全，让人感到她只剩了"妻"性、母性而无一丝一毫的"女性"了。这一人物实在太道学化了。

《酒店》对香港社会现实的表现也是十分逼真的，难怪同为上海旅港作家的刘以鬯充分肯定这一点：

> 当作家们的堕落倾向越来越明显的时候，同样在这个商业社会里卖文的曹聚仁能勇于写现实，通过小说人物的遭遇真实地反映了所处的时代背景，是值得称赞的。在五十年代初期，肯将香港的现实写在小说里面而不将小说当政治宣传工具的，为数不多。曹聚仁的《酒店》虽然写得很老实，甚至有点"俗"，却比徐迂的奇情小说更具说服力，应该给予较高评价。[①]

《酒店》所表现的香港社会现实，当然也有它特定的角度。"几个妓女一台戏，同是天涯沦落人"，基本上可以概括之。它是从欢场向外辐射来表现当时的香港社会的。而当时的欢场女子，又大都为大陆逃港者。《酒店》描绘的香港社会，在很大程度上也是这些逃港者的现实社会。小说写道：

> 落到了木屋区（按即"难民区"、贫民窟），过去的一切光荣，也就是这么一回事，让自己的记忆咬痛自己的灵魂，徒然多几分伤感而已。（第34页）
>
> 到了香港这个"笑穷不笑娼"的世界，"面子"究竟值得几文钱？"光荣"又值得几文钱？踹在泥浆里的鞋子，尽管面子擦得发亮，底里还是那么肮脏。（第39页）

这虽然是作者的叙述语言，但由于它和人物的命运十分吻合，倒也不失为画龙点睛，一语破的。正如黄明中的母亲说的那样："香港是个吃人的世

---

① 《五十年代初期的香港文学》，《香港文学》1985年6月第6期。

界。"《酒店》是一曲时代的悲歌，它真实反映了被逐出大陆的一群落魄者的悲哀、痛苦、沉沦和挣扎。

《酒店》不是"绿背小说"，但不等于说小说完全超脱了政治。小说有十分激烈的对政治、对战争的斥责。它甚至说："世界上的事就是给政治野心家搞坏的。"（第127页）好在作家只是从一般意义上涉及政治，写出自己对政治的一种理解。即使这种理解未必全对，也和那些"政治工具"不可同日而语了。

需要稍加分析的是《酒店》的"大团圆"结局。

小说结尾，黄明中入住疯人院，陈天声自缢遇救后坚强起来，白璐珊、滕志杰结婚，林弟出走虽生死未卜，但其子已由黄明中之母抱去抚养，白璐珊也认了黄明中之母为干妈。恩恩怨怨都已了结，新的生活已经开始，说它是"新式大团圆"一点也不过分。这样一个结尾，充分表现了作者化干戈为玉帛、"和为贵"的宽厚态度，以及深入骨髓的人道主义思想。在他看来，同是天涯沦落人，就不要再势不两立、你死我活了。这个结尾，也反映了曹氏对民族大义的态度。他主张国共两党赶快休战，重新联合，创造中华民族的光辉未来。今日看来，当时曹氏的这种认识，是很有先见之明的。

《酒店》的故事情节颇为生动，显然效法了张恨水的某些作品，这是无可厚非的。当然，如果跨进一步，有可能跌进胡编乱造的"港岛传奇"的陷阱，幸而作家适可而止了。

小说语言也颇有特色。首先，它并不像有的教授小说那样枯燥干瘪，还是生动活泼、来自生活的。作家的叙述语言虽然有些说理性成分，但基本上还没有离开生动、形象和"小说情节"，它和人物语言也还是和谐统一的。

《酒店》之旅

李　浩

　　酒店原指沽酒之处，后又指人们喝酒、吃饭的餐饮之所，到了现代它的内涵又扩展了，成了旅馆的另一种称呼，但它的内涵无论如何扩大，它总是旅人的一个过程、一个站点，它是供给旅人松弛疲劳躯体、补充生命燃料的场所。但读过曹聚仁的《酒店》之后，我们又对酒店又有了新的认识，它又是某些人旅行的终点，"许多故事，就从餐厅开了头，插入舞厅这一幕，到酒店去结局。"①在《酒店》里，曹聚仁向我们所展示的并不是那些通常意义上的旅人，而是那些经历着欲望之旅、与命运抗争的人们。

　　人类的欲望是推动历史前进的基本动力，如初民们在满足生存的最基本的需要后，想要住得舒适、安全，于是他们在这个星球上建造出无数形式各异的房屋，在这一过程中，装饰艺术、工程学、材料学，等等，都相继发展起来了；在能维持生命的饮食之上，他们又想吃得更可口、更富有营养，于是在这个星球上就出现了无数种植场、饲养场和食品加工厂，植物学、动物学以及厨艺，等等，便因此日见繁盛了。"食色，性也"，这是人类文明的起源，也是人类发展的根本，但它们却并不是人类所追求的终极目标。幸而

---

　　① 曹聚仁：《酒店》，三联书店（香港）有限公司，1999年。下同，不另注。

人类有着许多超越"食色"的欲望，否则的话，人类至今还是一群懵懵懂懂的动物了。但在人类社会的发展过程中，沿着环境或社会的因素，原始的欲望会时时泛起，一时成为人的必需，从而使历史的发展呈现出一种迂回往复的状态。曹聚仁在舞厅里所想到的也正是这迂回往复的一个方面："人类学家把一万年前的舞女图摆在我们面前，她们就跟眼前荷里活（好莱坞）活明星那么'摩登'。今日跳舞的风格，也正回向一万年前的样式去呢。艺术，就是这样顶'古老'也顶'摩登'的玩意儿。"在曹聚仁欣赏着"古老"的"摩登"艺术时，他所在的香港社会也正处在迂回往复的状态之中。

《酒店》的历史背景是50年代初的香港，其时中国大地上所进行的那场亘古未有的政权更替已近尾声，但当时并不是所有中国人都为这次政权更替的成功而高兴的。于是数以万计的人或是恐惧，或是憎恨，或是盲从，相继逃离大陆，涌向海外，其中一部分则涌进了香港这个弹丸之地。大量难民在这个狭小地域里，是无法择地而居的，他们只能拥挤在一处，过着仿佛初民的群居生活。流落到香港的小说主人公难民黄明中就与母亲住在难民聚居的太平山，他们所居的就是这样一个"二厅四房"院子："所谓两厅，就是两个比较敞大的前厢，四房，那是用板壁隔开的前后厢四小间；四围也是木板钉成的墙头，漆着柏油，避免虫蛀雨打。这院子，就住着六家人家，男女老少30多人。黄家母女这一户，要算最少的一户。这样的小院落，谁跨出门口一步，几乎和六家都会有点牵连。"他们生活得如此之近，但躯体的接近并不意味着心灵的靠近。当黄明中的母亲得了一场大病时，那些相距不过几尺的邻居，却没有人来显示出一丝关怀之色，因为"那几万户，背负着不堪回首的乱离人，都觉得自己的创痕，最值得用眼泪来宣泄：像黄太太这么生了一场伤寒病，那当然最不值得关怀的了"！在这回复"古老"社会生活的状态中，人与人之间的关系似乎比他们的先民更为冷漠。流落的痛苦，更加之而来的饥饿的日见扩张，无法避免地激发出他们的原始的欲望来，而同在香港的另一部分难民却正为满足他们的这种欲望创造了条件。

40年代末、50年代初的香港不仅迎来了数量巨大的难民而且也接纳了大量资金，但这些资金并不是冲着香港工商业的光明前景而来的，却是随着那些仓皇失措的富贵遽然地降落在这个孤岛上的。对于这些难民中的富贵来说，他们似乎在一夜之间被人从"天堂"抛进了"地狱"，世界也即将走到了尽头，活着等于是在痛苦地等待，为了免除这一煎熬，所要做的是尽情地享受人间的声色之乐。用他们的话来说也即"锋镝余生，今日不知明日事，不乐一点又算甚么？"一方面有着"色"的欲望；而另一方面有着"食"的欲望，于是处在现代社会的两部分难民就通过金钱的纽带，把他们间不同的欲望连接了起来了。原始的欲望的力量是如此之大，它可以让那些受着欲望折磨的人们抛弃一切，包括道德、伦理和亲情。在那个"高中刚毕业，没见过世面的女孩子"黄明中，迫于生存的压力，被邻居张太太引渡到"彼岸"那个欲望的世界后，邻居借着道德的名义对她们进行指责，张太太则回答说："少说废话，等你自己饿瘪肚皮再说，那时候，你会明白，是你饿死事大，还是你女儿失节事大？"这正揭示出这些邻居欲做而不能的心态；而另一方面与黄明中无亲无故的张太太之所以振振有词地为她辩护，是因为她可以从黄明中的交易中得到好处——也即可以得到养家糊口的金钱。金钱成了维系人与人之间关系的唯一媒介。《酒店》所演绎的这种迂回往复是否可以简单地归结为人性的沦落呢？事实上这种推论是十分危险的，它可能会忽视了人类社会的许多值得人们去探讨的现象。

人类历史的发展并不是漫无目的、不着边际的，它有着其自身的规律，不管研究者从哪个角度，或宏观或局部地描述他们所考察的人类历史发展规律是怎样的，但有一个基本的规律是谁也无法否认的，即人类社会必受限于"新生、发展和死亡"这一基本框架。虽然人们都知道有这一基本框架的存在，但人们总想在某一天能超越它。正是有着这种希望，我们的精神世界才日见丰富起来。此外，人们在努力超越这一基本的框架的同时，他们还在努力超越着历史或是自身所给予的特定的框架，通俗地说就是"命运"。这种超越在某种程度上是十分艰难的，他们或会深陷其中而走向毁灭，或在超越中失败。曹聚仁的《酒店》则为我们提供了一个范例。在小说中，我们可以发现女主人公黄明中同样有一个命运的框架，那便是"从餐厅开了头，插入舞厅这一幕，到酒店去结局"。从小说结构上我们明显地看到这一框架，小说除《幕前》和《尾声》外，共有十个章节，它们分成三个部分：第一章《春梦》到第四章《风雨》为"开头"，第六、七、八章是为"插入"，最后两章则为"结局"。在这个框架之下，又有许多具有同构性质的小框架，虽然其中有许多细节不尽相同。这些大小框架就构成了黄明中的欲望之旅。欲望之旅之中的黄明中，是否有可能选择另一种完全不同旅程，而如常人那样将酒店作为一个旅程的中继站？小说所提供的事实和逻辑似乎没有这种可能。黄明中的第一次欲望之旅是如此的实在，面对着空荡的家，更面对着病中的母亲"张得那么大"的嘴，无助的黄明中只能以她的童贞之身换得了一叠红票子。而正当在酒店她完成了交易时，她的家却被一场大火化为灰烬，家中的母亲被人送往医院，正是这叠红票子使她母女有了暂时的归宿，这便是黄明中所面对的事实和逻辑。因而当她在酒店的浴室里回想着两天的经历时，便自然而然地有了这样的决定了："过去，世界在戏弄她，一夜之间，魔鬼舞掌弄爪啃她的骨头。此刻，她横下心来，要戏弄世界，像浮士德那般，跟魔鬼打交道，就把身体灵魂出卖给它吧！"她为自己定下了将来，她丝毫没有感到什么不妥，而是对此充满了信心。这种选择正是作为受害者的她考察所面对的事实的必然逻辑结果，因而那一夜，黄明中"睡得很甜，连梦中也发出了笑声"。这欲望之旅是她所选择的，也是命运的安排。

　　黄明中在开始的旅程中确实很顺利。由于她，她母亲"回复到先前那么安泰的环境，打打小牌，睡睡午觉，听听说书，享着意外的清福"。而黄明中也将"戏弄世界"的"淫荡艺术"操纵得圆熟通融，她"把白天让给静女，使人可亲；把昏夜让给荡妇，使人可欲。她浑身都是解数，让每个男子忘不了她。"对于女儿的变化，作为母亲的黄太太并不是不闻不问的，她曾以道德的名义对女儿进行劝说。但当她面对女儿的辩词时也只能哑口无言"老眼花花"起来了。确实她们的逃难生活就如女儿说的"不变，大家都会饿死"。在女儿品行（进一步说是道德）与生存之间，她能作如何选择？对于她们、对于那些与生存搏斗的人来说"金钱"是唯一的"真神"："唯一的真神，高高站在我们的顶上，他毫无怜悯地把'鞭子'打在我们身上。"如果黄明中在这欲望之旅中，不再有新的希望，她或可行尸走肉般地度过她的"韶华"岁月，她母亲也可安享其"清福"，因为她们毕竟暂时请到了"真神"。但人的欲望是无穷无尽的，一旦满足了一层希望后，必然有更高一层的希望在向他们招手。黄明中终于在一天发现她这种迂回往复的欲望之旅有些单调了："心头的空虚，一天一天扩大起来；奉承她的男人越多，夹里的银纸越富裕，生活过得越舒适，这空虚越没法来填充起来；她总觉得生活太单调了，舞厅的空气太闷人了。"于是她对自己有了新的希望，想要"养个小娃娃玩玩"，这首先是要找一个男人："这男人，要是她所找寻的，而不是找寻她的人。"黄明中的新希望在常人看来虽仍不脱畸形，但这毕竟是她迷乱之后的一点人性的复苏，同时也是她要超越她的欲望之旅的框架的一种企图。然而她的这种努力失败了，她要的男人藤志杰最终还是离开了她，最终，她疯了："这时候，她是恩仇都了，志杰的往事不复浮上记忆，跟璐珊的妒情，也淡焉若忘；浑浑噩噩，肚子饿了吃，嘴巴干了喝，天晚了睡觉，就像一只肥猪般在各自的巢里度此残生……她是脱出了人世的是非场，她是幸福的了。"黄明中从人彻底回复到动物状态了，相对于她的可悲的命运来说或许是一种幸福，这种幸福对于人来说意味着什么呢？确实，人如不能脱去他的动物性，他必将如动物般死去，这是人的命运。但人之所以是人，是他有着超越于生存之上的目的。在生存与超越之间，人们犹如处在尼采所说的"峻坂"上："这是我的峻坂和颠危，我的眼光上极于崇高，而我的手又欲把持而且依倚——于深谷！"这句出自于《苏鲁支语录·人的聪明》中的话被作者引用在小说第十章的篇首，而这一大结局的章节也被命名为"峻坂"，正显示着作者对于生存与超越的深邃思考。身处酒店中的人们实际上并不仅仅是一群旨在打破道德、伦理、亲情乃至社会秩序的人，他们还在用最原始的生命动力在向命运抗争。他们的欲望之旅，同时也是他们的希望之旅。

　　曹聚仁在《酒店·前记》中说"真正的传奇，只有一种：命运的悲剧加上性格的悲剧"。《酒店》似乎也是按照这一模式来结局，或给神经脆弱的读者一个"答案"：淫荡不羁的黄明中疯了，她的同道许林弟因与嫖客陈天声生子有破坏陈的家庭的危险，于是她在陈天声与妻女团聚时及时而恰当地死在一场海难中；那个弃妻女而不顾，荒淫于声色场中的陈天声最终得到了妻子的谅解，再续融融之家庭生活，而滕志杰这个黄明中曾竭力想要得到的"念得一肚子洋文"的擦鞋匠，也与被黄明中设计毁容的舞女白璐珊喜结良缘。人人重归旧道，社会生活恢复了常态，那段不堪回首迁回往复也如在舞台上演出的一出戏一样地落下了帷幔。在这些结局中，"道德"是否有如作者在《前记》中所说的"这些场面之中，也让我了解了社会，以及解答这个社会问题的答案呢！"在这里，就连作者也是难以明确的。小说结尾写道："这时，天文台正在播送警讯：十级台风吹向香港，来往船只，各自当心。天声站向窗前，双眼看那遥远的天空。"一次短暂的台风毕竟无法与漫长的生活相比，"道德"虽暂时让他们相聚在一起，但它面对生存的压力究竟有着多少力量呢？如果黄明中的悲惨结局是一个"警讯"的话，那么在社会中为着生存而搏斗的人们也只能"各自当心"了。

作者曾在《戏是人生吗？》一文中说："一切戏剧和小说，我们得提空来看，看明白作者的'幻想'是什么才行。"[1]用这段话来比照《酒店》，我们就不能简单地就其结局便以为作者有着道德说教的意图。如果我们放开眼来看，看看作者所身处的中国社会，或许能帮助我们去了解他的"幻想"所在。作者生活的20世纪上半纪正是一个大变动的时期，对此作者自有他的看法，他在《我与我的世界·插说一段话》中写道："从康梁戊戌变法到新中国成立这六十年中，人世变迁，实在太迅速。孟子排斥杨墨，称之为洪水狂兽这一种口吻，在我幼年时，恰好落在康有为、梁启超身上。等我进了小学，康、梁已经成为保皇党，孙文、黄兴这些革命党，才成为'洪水狂兽'；梁启超便为改良派的代表人物。到了五四运动前后，新的'洪水狂兽'，落在陈独秀、胡适身上，康有为变成了顽固派。其后，共产党变成了洪水狂兽，国民党人走的脚步比梁启超更慢，胡适成为改良主义新代表人物。'洪水狂兽'和'改良主义'的标记，一直这么贴来贴去，我们如不对

---

① 曹聚仁：《曹聚仁杂文集》，生活·读书·新知三联书店，1994年。

时代变动有所认识，真不知该怎么说才是。"①这个时期的中国是在"革命
→被革命"的框架中不断迂回往复着的，而身处其间的仁人志士也在不断的
自我超越中为社会所抛弃。这是一种悲哀，还是一种幸运？曹聚仁在谈及叔
本华的哲学时曾说："'世界者，一无涯之苦海耳！所谓快乐，唯偶忘痛苦
之时为有之；快乐不可得，所可得者痛苦而已！'我们面着现实，不该做这
样的感想吗？我又联想起《灰色马》里的话来：'是红莓汁呢，还是血？是
傀儡陈列室呢，还是人生？我不知道，谁知道呢？'"②小说卷首所引的莎
士比亚戏剧《维洛那二绅士》中女主角朱丽亚的一句话，那是在她边捡边看
那封刚被她撕碎的求爱信时所说的，当朱丽亚看到一片纸上写着"为爱情而
负伤的普洛蒂阿斯"时说："可怜受了伤的名字。让我的胸膛作你的床，给
你安居调养。"作者将这句话放在小说卷首，恐怕不是献给那些"为爱情而
负伤"的人们的吧。在这里，在这部《酒店》中说话人朱丽亚已不是剧中的
一个普通的人物了，而分明演化为一个命运女神了，她是为那些在欲望之
旅、与命运抗争中失败的"可怜受了伤"的人们而让出她的胸膛，给他们
"安居调养"。

---

① 曹聚仁：《我与我的世界》，人民文学出版社，1983年。

② 曹聚仁：《曹聚仁杂文集·运命》，生活·读书·新知三联书店，
1994年。

欲望的酒店

艾晓明

香港和酒有关的小说，最有名的当属刘以鬯的《酒徒》，但不应被遗忘的另一部小说是曹聚仁的《酒店》。

曹聚仁一生以散文杂著和学术文字为主，但写过两部小说。据罗孚先生在《南斗文星高——香港作家剪影》一书介绍，曹聚仁的小说《秦淮感旧录》用的是章回体，出了两集，共四十回，是没有写完还是已告结束，不得而知。他的新体小说就是这一部《酒店》。另据黄继持、庐玮銮、郑树森编《香港文学大事年表（1948—1969）》，《酒店》1952年2月19日开始在《星岛日报》连载，至1952年8月26日完。1952年9月初版。《香港文学书目》中采用的该书封面照片是创垦出版社1954年第4版的封面。曹聚仁1950年从上海移居香港，这个出版社是曹聚仁和徐讦等人一起创办的。《酒店》两年间印了四版，可见还是相当吸引读者。

20世纪50年代香港有大量难民涌入，难民生活是这一时期不少作品表现的主题。在曹聚仁之前有侣伦的《穷巷》。描写战后都市的贫困和小人物的挣扎。小说中的难民为避祸、为寻求机遇而栖身此地的困境、还有城市的商业化程度造成的人情冷漠，这些在日后香港的写实小说中形成重复出现的景观。如小说标题所示，《穷巷》写的是寻常巷陌的穷人，他们是四个落难的男人和一个想要逃出卖身虎口的女子。他们患难相遇，住到一起，但交不出房租。"居不易"是难民在香港谋生面临的第一个问题，小说表现了他们与包租婆、与势利的小市民意识及社会邪恶力量的冲突，以杜全的绝望自杀和高怀、白玫等人的流落街头为结局。与此同时，作者也尽力描写了穷苦人之间的善良和情义，这是作者的希望所在。

侣伦早期的作品以异国情调、感伤色彩和爱情主题为特征，反映出二三十年代上海现代派作家的影响，如庐玮銮在《香港故事》一书讨论侣伦的文章中说道："港沪的洋场气氛，真是一拍即合，香港的新文艺爱好者，就依着这种节拍，走出一条属于香港城市的城市文艺道路来。"《穷巷》属于侣伦的后期作品，由于在报纸上连载，适应报章读者的阅读习惯，这个作品风格朴素，线索单一，每章字数大致在三—四千字，各自形成小故事，也留下悬念。这样形成一种最常见的连载小说的文体，即注重情节但排斥层次的复杂，人物性格鲜明但欠缺可以探讨的深度，对话富有市民生活的生动和通俗。这类作品面向现实、关注底层小人物命运、表现作家的人道情怀，采用接近章回体的结构手法，构成日后香港报章上社会写实小说最常见的形式。

和《穷巷》相比，《酒店》写的是另一批难民，他们是被乱世席卷到小岛上的舞女和嫖客。所谓酒店，是舞女和嫖客周旋和栖身的地方；故事就以某酒店为中心展开，在它周边的场所穿行。曹聚仁这么写道："许多故事，就从餐厅开了头，插入舞厅这一幕，到酒店去结局。"

从前记中可见，曹聚仁曾亲下舞场搜集资料。他买了本舞场入门之类的书，"到GT舞池呆坐了十八天。"静观默察外，还叫了舞小姐来谈心。他从舞场体会世态人心，发现："自从大陆旧政权崩溃，游资百川汇海，造成了香港的畸形繁荣；这期间，玩意儿很多，'舞'业也是独秀的一枝。""三四千舞女之中，总有三分之一以上，带着传奇性的人世悲酸的经历才闯到这个圈子里来的。不过真正的传奇，只有一种：命运的悲剧加上性格的悲剧。"

《酒店》的中心人物是舞女黄明中，她由卖身救母而初识风情，随后在欲海越陷越深，由当红的舞女变成地道的淫妇。在失去钱财和小白脸情人

后，她疯狂报复，最后狂赌烂醉成了疯子。

曹聚仁和侣伦的观察角度不同，对这种难民现象的分析也很独特。他写的舞场里，人们受欲望的支配，一个个都意乱性迷。而在他看来，这正是乱世的特征。战乱结束了一个"温情主义的时代"，导致那些和旧政权有关的人慌忙出逃；惊魂甫定，却找不到生路。更糟糕的是，风纪都乱了，礼法纲常扫地，剩下的是赤裸裸的交易和性欲发泄。书中描写的嫖客陈天声，本是个读书人，在法国拿了个博士，还当过教育局长，到了这种环境，也不计名节投入一场色情角逐。曹聚仁描写他的矛盾心理，"伴着性的饥渴，闹了许多糊涂和近于荒唐的场面"，搞得一个舞女为他养了孩子，另一个舞女打破了他的头，太太领了四个孩子从乡下逃出，几下里问他要吃要喝，最后是死的死、疯的疯，他自己傻乎乎的，连上吊也没死成。

曹聚仁虽不是写小说的老手，但用笔犀利。侣伦控诉社会的不公正，曹聚仁则痛陈人性的卑怯。他的风格是嘲讽，对舞女玩弄嫖客和男人追逐女人的微妙心理每有透辟的剖析。他写的黄明中是个"恶魔派诗人"，她看透了嫖客"衣冠禽兽"的本性，更放浪形骸，拿他们当一群争骨头的野狗戏弄。比较起来，陈天声坏不到底，好不到底，进退失据，里外不是人，串演了可笑的角色。

小说最后由老一辈人来收拾残局，在殴斗中被毁容的小舞女得到长辈的收容，天声回到宽待他的太太身边。飓风袭来，这群倒霉破财疯疯傻傻的人，怀着希望又哭又笑，如此，曹聚仁总算把一场悲喜剧引到大团圆的结局。这样展示传统道德的救赎作用，多少是在小说里给出点出路的意思吧。

《酒店》为动乱时代的社会心理留下生动的剪影，今天看来，它在50年代的难民小说中以对一个特殊人群的细致描摹、机警的社会分析和讽刺风格而独树一帜。在我看到的由内地出版社目前出版的《香港文学史》《香港当代小说概述》中或者没有提到它，或者语焉不详。主要原因是《酒店》一直没有再版，资料不易获得。现在香港艺术发展局资助早期香港文学资料的整理，50年代《香港短篇小说选》新的选本已由"天地"出版，不知是否有有心人做这一时期长篇小说资料的整理和出版计划。至少，《酒店》是值得再版的。比较起目前一些史书中被提及的小说，这本小说有更高的艺术价值。

附记：《酒店》我先在罗孚先生处看到，在我和李今编《当代中国文学名作鉴赏辞典》（辽宁人民出版社1992年8月第一版）时，邀罗孚先生撰写了曹聚仁的《酒店》这一辞条。何慧女士在近作《香港当代小说概述》中提到了这本书。我从何慧处复印了全书（香港创垦出版社，第四版），在此特向她致谢。

家人思忆

回忆曹聚仁

HUIYI CAOJUREN

聚仁和他的世界

——人文版《我与我的世界》后记

邓珂云

1972年7月，聚仁病逝于澳门镜湖医院。次年3月，《我与我的世界》才在香港出版。出版者（三育图书文具公司车载青先生）在书名下加了"未完成的自传"字样，因为这只是作者前半生生活的记录。

1967年，聚仁孤身在香港，大病一场，经历了艰苦的治疗过程，这或许是促使他积极写回忆录的因素之一吧。1970年，他在编著其他著作的同时，开始执笔，每日千多字，随写随在香港《晶报》上连载，一直到1972年5月重病不能提笔为止。原计划写3卷，100万字，但到他逝世时只写了一半多些，即写至40年代，而在港成书出版的，又只占写成稿的1/2。

未出版的那部分手稿，在他逝世后，随同他的其他遗稿，由我从澳门带回；在当时的政治情况下，被搁置了多年。1980年夏，北京《新文学史料》编辑组的同志来访，看到了这部分手稿，认为在新文学史料方面有一定的参考价值，这样，才促使我和女儿曹雷、小儿景行一起对稿子做起整理、校订工作（这项工作得到了《新文学史料》编辑组同志的支持和帮助），并与已在港出版的《我与我的世界》第一部分合并，先在《新文学史料》上陆续选载，现又编印成册。考虑到这是作为"新文学史料丛书"的一种，所以就把抗战之"前夜"作为它的末篇。

抗日战争爆发之后，聚仁参加了战场的实际工作。在他的遗稿中，尚有数十篇，记录了他在八年抗战中的亲历和见闻。虽与新文学的关系不大，但作为史料，想来以后还是有机会得以问世的吧！

今年正好是他逝世的十周年，仅将此书的出版，作为对他的纪念。

抗战八年，对我们这一代人的影响是大的，对聚仁尤其如此。他的前半生和后半生，正以抗战爆发为界。在他的后半生中，世事激烈动荡，他所看到的场面更伟大，所经历的社会更复杂，所接触的人物更广泛。他未及将这些史料有系统地写入他的回忆录，在他定觉得是终生的憾事；在后人，亦会惋惜不已。（他生前曾对别人未完成的自传，感到惋惜，现在是轮到别人来惋惜他了。）这是命运的安排吧！世事就是如此。

世上恐怕没有人能代他讲完他的一生和"他的世界"，我也不能。但他给我们留下了大量著作，其中曾记录下他的人生踪迹。八年抗战和旅居香港，他写了《采访外记》《采访二记》《采访三记》《采访新记》等；回国旅行，他写了《北行小语》《北行二语》《北行三语》等。这些著作里，有他的经历，他的思想，和他的世界。在这里，我引用他自己所写的一些材料，简单地代他叙述一下。

聚仁一生中，无时无刻不在剖析自己，他经常感到自己与时代之间的矛盾，不断从中探求人生的真谛，不断从自我怀疑中获得更生。他一直称自己为虚无主义者，是罗亭式的人物，但他又是以积极而乐观的态度来应付人生的挑战，使自己顺应时代的潮流，把自己的一生同国家和民族的未来联系在一起。他最大的特点是敢于坦率地讲出自己所认定的道理，坦率地讲出自己的思想和观点，也坦率地讲出自己的弱点。他说过："我承认自己可能看错说错，却不可以故意看错说错。"

他在《我与我的世界》续篇《军旅之事》一节中写道，抗战开始"我所选择的乃是和军事有直接关系的'战地记者'这一职业，冥冥之中仿佛命运之神替我安排着，我一跨出书斋，便走向战场去了。"他在"八一三"上海抗战的炮声中换上了戎装、住进了前线指挥所，此后的八年战争风云中，他

的战地通讯便在新闻战线上占了它的地位。

上海、南京相继失守，他和我随着战线的变动，也逐日往西往北退去，我们赶上了台儿庄战役和徐州会战。战时当个记者是艰苦的，他说："我个人的幸运乃是20多年从事教育工作的成果，当时，复旦、暨南、大夏各大学的友生遍布南北"（《军旅之事》），他们给他的新闻工作以很大的协助和方便。

1938年初夏，我们到洛阳，我在前线染上伤寒，几乎丧生，无法再随军行动，我只得到武汉经广州、香港，回上海租界养病，他则继续在鄂闽浙赣前线奔波。次年，我们在宁波会聚，又同去赣北战地采访。1940年初，我快生孩子了。我们打开全国地图，想就近找个地方安家。最后定下去赣南，这不仅因为那里离开东南前线不远，便于聚仁工作；也因为当时在我们心目中，赣南的政治空气或许要比大后方的重庆清新些。"但是朋友们并不知道我心目中所羡慕的是谁，只是珂云，她知道我一心一意要到西北极边去，如瑞典考古探险家斯文赫定那样做亚洲腹地的旅行。我们几乎达成了这一心愿。那时，已经到了洛阳，想出潼关到西安，再作第二步打算。"（《万里行记》前言）只是因为我的病和孩子的诞生，才使聚仁的梦想永无机会实现。

我们在赣南青山秀水之间安起了战时的家。聚仁仍是云游四方，无所定踪。但到了1941年后，情况有了变化：蒋经国在赣州办了个《正气日报》，一直搞得不景气。一天，他派了个人来找聚仁，要聚仁去帮忙整顿，聚仁因为战地记者专职在身，答应只去6个月。岂知期限未满，报馆遭日寇轰炸，只得再重新整顿。1943年春，蒋经国要聚仁一起去重庆；一个月后，聚仁回赣南便辞职不干了。其中原委我一直不甚了了，直到1955年，我看到他在香港出版的《采访外记》，才清楚底里：

　　一九四三年春天，我从赣州到了重庆，在重庆住了一个月。
　　去的时候我是赣州《正气日报》的负责人（主笔、总经理兼总编辑）；后来我回到了赣州，第一件事就辞去了《正气日报》一切职务。朋友们就一直不知道此中有什么道理，我也一直不曾有机会，把这段经过说出来。本来，蒋经国找我办《正气日报》，对于我的一生是件大事；因为，我这个自由主义者，一直不曾和政治发生组织上的关系；这一来，不管我个人如何自处，外间总以为我是太子系的人。泰和（注：战时江西省政府所在地）朋友们，私下总说曹某准备做陈布雷第二了。当彭建华兄代表经国征求我的同意时，让我考虑三天；可是，他又加强语气道："蒋先生已经要我来征求你的同意，就没有考虑的余地了！"这样，我就非接下来办不可了。接办以后，我才知道蒋的左右有着练兵处、留俄派、CC派这样三派的明争暗斗，《正气日报》便成为共同争取的目标之一，成为最粘手的东西。他们争夺不已，乃落在我这个在赣州作客的人的身上。但从CC系和练兵处的朋友看来，我是留俄派的代理人，显然是留俄派的胜利。那时，赣南的行政权和财政权，抓在CC系的手中，他们看明白办报是赔钱的行当，我如要专署的钱，就非听他们的话不可。哪知我接办《正气日报》的第三个月，销数就增到了一万份，不仅收支平衡，而且赚了钱；这一来，蒋的左右要争取这份报，便趋于表面化了。

或许我个人当时的想法是过于天真的，我曾经准备把《正气日报》移到桂林去（总社设桂林，赣州只留下分版，把重心放在桂林），和当时的《大公报》《扫荡报》《大刚报》去争一日之长。这一打算，很合留俄同学派的口味，也配上了经国的雄心；我呢，也可以脱离那个小圈子的斗争了。我们准备请萨空了兄主持社务，大大干一下。哪知，跳出那个小的是非圈，立即卷入更大的是非圈；在黄埔系CC系看来，徐庶走马荐诸葛，曹某已经变成民主人士的工具了。一位在桂林做特务的M某，向中枢主持文化工作的G某上了报告；我乃不得不随着经国到重庆去走一回了。G某的表示很简单，在萨空了到赣州去以前，必须先到重庆去见他一次，否则我的一切打算，都不便进行。这在我，情势显然不能再干下去了，而且，我个人并没有干下去的兴趣。然而，空了兄却以此受累了，M某继续破坏他们的文化工作，因而失去了一段长时期的自由。（《采访外记》）

到了重庆，聚仁"才触到政治斗争的核心"，这对他的感触很深。"我从重庆回到了桂林，见了萨空了兄，第一句话就说：'我先前还以为抗战的血流过了，不会再流内战的血了；此刻，我觉得内战的血，还是要流呢！'这便是我当时的观感。"（《采访外记》）

聚仁在这段时期的思想愿望，了解的人是不多的，一般人只看到他和蒋经国的关系，却不知道他思想的寄托在另一方面：他自幼打下了国学的底子，对史学又有兴趣，战地记者的工作给了他大好机会，使他可到处作实地考察，尤其是闽赣浙皖的山水，本来就是南宋以来中国东南新思潮的摇篮，他作为浙东学派的后继人，自然对那里有更深一层的兴趣。"我自己带到江西去的四个课题：一、弋阳腔之演变；二、太平军与湘军的盛衰；三、宋明理学之发展；四、红军在江西的起伏。经过这一回整理，闲静引我于深思，这才脉络分明，可以说头头是道了。"（《采访外记》）他晚年在香港写的《国学十二讲》和论及戏曲的各种文章，与这一时期的研究不无关系吧！

1944年冬，赣州沦陷前夕，我们举家仓皇避难，迁至赣东北小城乐平，其地和上饶相近，他与上饶《前线日报》日渐接近。这报是抗战期间第三战区的报纸，社长马树礼（新中国成立前夕去台湾），总编辑宦乡，他们原都是熟朋友。聚仁说：

我个人虽曾替蒋经国办过《正气日报》，我的工作岗位，依旧是中央社的战地记者；和《东南日报》《前线日报》同样是朋友。到了这一段时期，我接上了《前线周报》的编务，这才和《前线日报》发生了进一步的关系。我个人总觉得《东南日报》的CC气息太浓，不如马、宦诸兄的自由主义的倾向，容易合作些。这就注定了胜利后，我们到上海去打天下的命运了！（《采访外记》）

　　这份进步的《前线日报》，它的言论、新闻，时常被重庆《新华日报》所引用，这就不能让戴有色眼镜的人看作是自由主义者了。马树礼兄一团高兴从芷江飞南京，从南京到上海，打定了天下；哪知，祸不单行，他自己到了上海，积劳吐血，到南洋医院去医理；而政治性的攻击，密集到《前线日报》身上来，真所谓风雨飘摇，几乎支持不下去。顾将军（祝同）的意思是（他十分契重宦兄的），他要宦兄改变态度，他以为宦兄一定依从他的劝告的。哪知，宦兄于顾将军及进步的前途间作选择，他是选中了后者的。他断定了顾将军这一班军人已经没有前途，他就在顾将军家中吃了一顿午饭以后，便和顾将军分手了。这就是说，他要离开《前线日报》，和马兄也分手了。……马兄病了，宦兄走了，这只石臼就落在我这个半客卿头上，要我顶着做下去的。宦兄希望我不要去（一去就等于拆台）。这样，我也就在上海定居下来，变成《前线日报》的一员了。

　　我这个满怀壮志的战地记者，原想出关到大连去做博物馆的工作……也想以大连为中心对关外九省，作长期的旅行考察。初不料到了上海，就由于政治情势的恶化，把关外旅行之梦收起来了。（《采访二记》）

　　我对于局势的演变，比较看得明白，一待《前线日报》的基础稳定了，我就开始和报社的关系疏淡了。我把写通讯的工作移到香港一家日报去，把上海方面的新闻工作，移到上海法学院的报学系和社会教育学院的新闻系去；这一来，便适宜于我静观默察。有一天，蒋经国到南京《前线日报》分社来看我，我就旧话重提，说："今后六个月，乃是你的最后的考验机会；经不得考验的话，前途是难于预料的！"我认为蒋家政权是经不得考验的，我希望他自己能够离开南京到边疆去打开天下来。这话，当然等于白说，可是，我的南京通讯，居然可以刊在《前线日报》上；那通讯，居然可以让我说："国民党不亡，是无天理"的话，总算对于我是十分

宽容了！（《采访二记》）

这里，他说的香港一家日报，乃是《星岛日报》，那时他为该报担任驻京沪记者。至于社会教育学院则设在苏州。

到了新中国成立前夕，聚仁只是《前线日报》同人办的"前进中学"校长，而《前线日报》社的主笔、总编、社长早到台湾去了。他已失去了新闻工作的岗位。报社曾买好了去台湾的船票，要我们一家同去，我们拒绝了。聚仁处在"一个看革命的旁观者"地位，看着解放大军开进了大上海。

上海解放了，他是怎么想的呢？他感到："我几乎在20年前，预想到这样一场社会大变动的到来，等到这一大场面到来了，我又觉得十分陌生的了。"（见《采访三记》）"一九二七年以后，我就下了决心，不参加任何政党组织，也不卷入任何政治斗争的漩涡。胜利以后，我就不做任何属于资方地位的工作；出卖自己劳力以为活，这便是我能够在那个大动乱的场面，勉强可以旁观下去的本钱。"（同上）

但是，这样的"旁观者"他只当了一年多，1950年夏，他去香港了，这是他一生中又一重大转折。这一时期他的思想上充满了矛盾。1956年他在香港出版了《采访新记》，首篇题为《南来》，谈到他的真实思想（当时海外报刊的一些习惯提法和用词，这里保留原状，未予改动）。

一九五〇年，我忽然要想到香港来走一走。我先替我的"忽然"下个注解，那时整个大陆已经解放了，中共之成为大陆中国的统治者，已成为定局。这个统治的局面，三五十年是不成问题的，以国民党与蒋介石的力量，尚且建立了三十年政权，中共政权自会比国民政府更稳定更长久些；即说要有变化，也要看五十年以后的世界了。我相信再伟大的思想家，也只能看到三五十年的远景的，何况世变是这么剧烈呢？正如莫罗亚所说的：没有一个人类的头脑，能把种种问题的无穷的底蕴窥测得十分周到；更没有人能预料到答案与前途。一个麦考莱（Macaulay）所能预言者，只是此种平衡状态必能觅得而已。

解放的局面，已经在我们面前实现了，不管这个政权给我们怎样一种的印象，不管我们对这政权采取怎样的态度，我们必须面对着这一现实问题，那是无疑的。领导这一政权的中共六百万党员，在人口比例上，可说是占极少数的，但我们得承认这是中国有史以来未有的最强大的政治组织。他们正在发动一个富有潜力的民族，把这个刚从封建社会蜕变出来的国家，推进到现代化工业社会去。对于政权的演变，我有个和东汉仲长统约略相同的看法。一个政权初建立时，一定有许多不安定的因素存在着，慢慢地这些要想推翻这政权的力量都消失了，于是这一政权就有长期的国运了。从老百姓立场说，这些要推翻现政权的暴力行动，愈少愈好；民生，只有在安定状态中才能谈到康乐太平的。所以过去我们不想推翻国民政府的政权，到了蒋介石政权实在不中用了，我们应该承认人民政府政权的存在，让他们慢慢安定下来。人民只能在新的政权之下适应环境的，空谈革命，只有增加人民的苦痛。这是我们的基本看法。

那一时期，从上海到广州的直通车已经开行，也有许多经商的朋友，往来港沪之间。我曾经找过他们，谈谈关于港方舆论界的看法。他们举了一些十分生疏的报刊名称，和一些刺眼的大标题。我说："你们所说的，一定道听途说，胡说一阵的！"他们说确有其报，确有其语的，我心头依旧不能相信。我又疑心身在上海，或许坐井观天，并不曾看到整个世界的动态。我乃决意要到香港来看看：究竟怎么一回事？（那时，我们只能看见香港的《大公报》《文汇报》，给我们参考的新闻，也并不很多。）我自信我这个新闻记者，还不至于落伍到这个田地，连大局的演变都看不明白。

我个人和香港的一家报社，从创办那天起也有了十多年的历史，中间也经过了很多变动，除了太平洋事变以后那个沦陷时期，一直写着通讯的。为了重新提起采访的工作，颇想周游全国，再做一回旅行记者，只不知中共的尺度究竟放宽到什么程度。同时，也不知报社的态度究竟怎样。他们虽说汇了一笔稿费，却不知所写的通讯还能适用否？我更觉得有自己到香港来看看之必要。这样，我便于秋间到香港来了。

中共当局的心目中，对于像我这样的人，本来不是关什么轻重的；留了也作不得什么用，去了也不算少了什么宝。我当时写信给邵力子先生，说到我南来的动机。他除了告诉一些大纲要目，并不表示什么意见。我对于中共政权，一半是留恋，一半是旁观；因为我一向对政治没有兴趣，却又对政治内幕有相当了解，作为去国到海外去的"马尔塞尔"（《四骑士》中主角之一），心头别有滋味的。"南来"，对于我，也可以说是一种不可解消的矛盾！

从我决意要南来，其间就有几个月的踌躇。恰好韩战发生在这段时期当中，有些朋友，倒希望我这个新闻记者，能够到比较宽大的天地中去看看世界的动向。那是世界大战可能发生的谣传最盛时期，每一推断，都可以言之成理；但是谁的判断都渗着主观的成分。中共当局对于这类判断，非常谨慎，几乎不发什么议论；他们以戒惧惕厉的心怀，面对着这个大局面，脚步走得很稳重。"假使世界大战发生了，我们应该怎样呢？"这也是一个课题。我们知道有人为了牙痛，愿意把头割掉的，但从民族的永久命运说，这绝不是闹政党意气的时候了，我们似乎应该听一听世界人士对这一问题的议论了。我动身以前，有一位朋友，郑重其事托了另外一位朋友来劝我不要向南方去；但这位带信来的朋友，他自己却赞成我来看看世界的，这也可以看出朋友心理上的矛盾。

那年六月，艾思奇在北京大学讲演说："一块砖砌到墙头里去，那就推不动了，落在墙边，不砌进去的话，那就被一脚踢开了！"这是对于自由的知识分子的提示；在中共政权之下，不独中共政团是一个有组织的整体，每一党员只是一个齿轮。中共起了带头作用，把民主政团组成一个整体，每一民主人士，也是一个齿轮。于是，全国的学校、报馆、通讯社、书店，都组成了一个整体，每一单位都只是一个齿轮；像我这样离开了齿轮的地位，到自由主义的圈子中来，对于我以后的运命，关系是很大的。我也如屈原一样眷怀反顾，依依不忍去，然而我终于成行了，这也是我心理上的矛盾。……

我到了深圳，明知道过了罗湖那条桥，在生活上，可以说是完全两个世界了。我眼见了"解放"，也知道在解放区非得改变生活方式是不能生存下去的；一过了罗湖，便到了我先前所熟悉的世界。我虽是不曾到过香港，我却不必改变生活方式，可以生存下去了。许多人把这两个世界的相互隔膜，称之为"竹幕"，我看还是"意识形态"上的不同，形成了种种错觉。我自信我的观点是抛开了政治上的成见，来报道实际动态；我相信中共当局并不是从火星里来的人！

我到九龙的第二天，偶尔在一家小饭馆碰到了一位上海熟朋友；他第一句话就问我："你靠拢了没有？"我当时惘然不知以为答。到了后来，才知道这是港九人士对"知识分子"所要知道的一件大事。这便是意识上的隔膜。我们在上海，见过"知识分子"或"前进分子"这样的名称，大家有种种机会去参加学习，接受了社会主义的观点；有的从劳动改造过程中接受了新观点；这都是"意识形态"的转变，而不是"靠拢不靠拢"的问题。仅仅是靠拢，事实上是不够"积极"的条件的。在香港的文化人，大都是带点心病的，他们都有着不可告人的一篇交代不了的账目，眼见自己的政治生命已经完蛋了，下意识中也希望人人都和他们一样同归于尽。他们把一部分觉悟了的文化人称之为"靠拢分子"，这也是河水鬼的心理。

我在上海的一年半中，那是中共政权征服大陆的时期，我自己却在征服着内向的精神世界。那一时期，我所看的书最多；从唯物辩证法到周易，从毛泽东思想到康德、叔本华，从马克思到老庄。我有个大彻大悟的境界：人类史，就一直在社会主义与个人主义的钟摆中前进；西方的国家，永远为斯巴达与雅典精神的交替之迹。我们中国，则法家思想与道家思想，也一直在升沉起伏着。我们已经进入了新的法家天下，毛泽东也正在砌起了思想上的万里长城。从斯巴达精神说，毛泽东是成功的；不过，我们这一群知识分子，却恋恋于雅典精神而不忍舍。过了罗湖，我们所进的，乃是希腊精神的天地，从自由主义说，那当然愉快得多了。

我到香港的第四天，便开始着笔我的《南来篇》；当时，我想不到我的《南来篇》会有这么多的读者，而且反应得这么热烈。某报刊载这一串连载文字的第四天，台湾"中宣部"便下令在港的宣传机构，对我总攻击了。他们一连攻击了五个多月；有一正统的党报，写了三篇社论，有一准正统的党报，写了两篇社论，三篇专栏。我也曾把我那十多篇文字仔细看过，其间并没有什么宣传性的意味，也不曾歪曲过事实；我还是和以往的京沪通讯一般，只是忠实报道而已。直到后来，我才知道那一时期，正是一般"上海人"（香港对内地去的人的统称）苦闷彷徨的低潮时期；广州解放以后的大骚动情绪，已经平静下去；韩战带来的新希望也逐渐幻灭。他们所期待的大陆总崩溃的幻影，也已经无法欺骗着自己；他们以为我的报道，一定会满足他们的幻想，他们想不到我的报道，就是这么忠实，一点也没有夸大的成分。我的报道，足以证明他们笔下所虚构的大陆新闻，都是幼稚可笑的。一位《前线日报》的朋友说："你所说的都是对的，但这个时机是不适于说实话的。"

有许多朋友，早在那儿料想曹某在大陆一定倒尽了霉，吃尽了亏的；（后来，我在香港碰到了东京《每日新闻》和《朝日新闻》的记者，他们也说当时对于我的遭遇非常关怀。）因此，我突然来到了香港，反而使他们有些失望了。（人类本来有把自己的愉快，建筑在别人的痛苦上的变态心理，在香港的文化人，都期待着大陆文化人的恶运来满足自己的阿Q心理的。）动笔之前我曾征求某报当局的意向，他支持我的"忠于事实"的史家态度。同时，我觉得该对一般读者负责，我承认自己可能看错说错，却不可以故意看错说错。

引起当时普遍攻击的一句话，是说"我从光明中来"。我当时是这么说的：有一次，某君问我："你从哪儿来？"我说："我从光明中来！""既在光明中住，又为什么要到南方来呢？"这又使我惘然无以为答了。新中国成立以后，第一件大事就是想改造我自己；我要改变我自己的生活环境，从而改变我自己的意识形态。这到底是年轻人的世界了，一过了二十八岁，连进革命大学的机会都失去了。对我开着的大门是"政治研究班"，而我对于政治还是没有兴趣。我要成为一个技术工人，谁知学粗工，体力不行，学细工，眼力不行，我其为时代的渣滓乎？女娲氏补天，炼了三万六千零一块石头，那三万六千块石头，都已补上去了，只剩下这块没有用的顽石，"无才可去补苍天，枉入红尘数十年"，我其为孤鬼游魂乎？当时的朋友，都不曾注意我所说的"年龄问题"，一个大革命时代，对于老一辈的人总是有点痛苦的，这一方面，我最了解得。这颗丸药是苦的，但是我们必须吞下去！我们应记起屠格涅夫的话。（后来，一位《印度时报》的记者，也说了和我相同的话。）

也和看四脚蛇、三脚猫的微妙心理一样，朋友们不时要我分析当时国内的社会动态。某君讽刺似地说："照你这么一说，今日大陆已经是天堂了？"我说："他们正在铺平走向天堂的路，他们相信可以直通到天堂——人间乐园去。"关于天堂，人类史上本来有过三种不同的看法：每一宗教的信徒，都相信天堂存在于人间之外，离开人世间的新一步，魂体便升到天堂去，此其一。十八世纪后半世纪，资本主义的黄金时代，若干人士相信乐园已经来到人间；若干社会主义者也在构筑各种形式的乌托邦，此其二。科学的社会主义者，相信阶级斗争的最后阶段，推倒了资产阶级，实现了

"各尽所能、各取所需"的共产社会，那是人间最高形式的幸福社会，此其三。共产党的努力，自有其美丽的远景，他们目前一切的吃苦，都是为着这远景所付出的代价。（《采访新记》）

聚仁在香港的20年中，曾多次回北京，我也几次南去。尽管大部分时间我们不在一起生活，但我知道他的心始终不在香港，他萦萦系念的是祖国的繁荣和统一。

刚到港时，他应邀进了爱国报人林霭民先生为社长的《星岛日报》，《南来篇》也正是在这报上发表的。1954年，星系报纸向右转，聚仁与林先生先后脱离报社。此后，聚仁进了新加坡《南洋商报》，但由于当时的新加坡政府认为他是"左倾"的，宣布"不受欢迎"，他只能一直在港写通讯。

1956年，聚仁回到一别六年的祖国大陆，受到毛主席的接见。之后，他年年回来。1958年，毛主席又一次接见了他。每次回来，也都受到周总理、陈毅副总理等的接见，并作长谈。同时，他也遍访各方人士，参观大江南北，跑遍了半个中国。采访的报道，汇成《北行小语》《北行二语》《北行三语》《人事新语》等书在港出版。陈毅同志曾看过他的多种书文，并说："此公爱作怪论，但可喜。"这时，他的思想已与1950年时的"看革命"很不相同了。1956年，他在《北行小语》后记中，收入了给新闻界一位朋友的信：

    ××我兄：

    这封信付邮时，我已束装就道，到北京去了。我这回回祖国去，绝无政治上的作用；只是替新加坡《南洋商报》，到大陆去作广泛深入的采访工作；同时，新加坡工商考察团访问北京（由前马绍尔部长作顾问），社方派我兼任该团随团记者。这便是我访问祖国的重要任务，寄语香港的朋友们，不必作神经过敏的推测。

    几天前《天文台》二日刊所载关于我的北行消息，显然向壁虚构，可以说是属于"客里空"型的新闻，道听途说，以耳为目，捕风捉影，缺乏新闻的真实性，在新闻技术上，他越描写得若有其事，越显得他采访技术的贫乏。连我到北京去做什么都不知，还算得是新闻吗？

至于我兄笔下，每逢提及弟的行动，总说是"谜样的人物"。弟的居处，五年来不曾移动过；日常生活状况，我兄知之甚悉，终日埋头作稿，从手到口，日不暇给，还有什么神秘可言呢？弟所战战兢兢的，就是不想牵入政治漩涡中去，因为我所工作的新加坡《南洋商报》，乃是一家民营的不带政治色彩，也和任何政治集团绝缘的报纸；在工作上，我的态度必须与之完全一致。我这回访问北京，乃是站在人民立场、记者的客观地位的一本正经工作。我们的背后，有着千多万海外华侨，亟待知道大陆中国的社会动态，急欲明瞭大陆中国的政治进度，我们自该为他们作真实的报道，使他们有进一步的了解。我乃面对华侨担当起这一切要的工作，难道会是一个谜吗？

我所以要向你来做一番讨论者，我们的观点或有不同，但站在国家民族的立场来论，是非得失，那是一致的。记得在《真报》创刊初期，弟也曾做扫边工作二年多，其中接连不断，写了二年的《观变日记》。当时对于中国问题的前途，我曾指出几个要点：（1）中共政权，已经逐渐稳定，面对现实，不必作其他幻想；今后五十年中，大陆的局势已定，不会有多大的变动，要梦想改朝换代，已经不可能了。（2）台湾的反攻大陆的希望，韩战结束以后，越来越渺茫了。依我的说法，简直是绝望了。当时，还有人和我打赌，我抛出了十对一的比例，他们也输定了。（3）因此，我的看法，要解决中国问题，诉之于战争，不如诉之于和平。国共这一双政治冤家，既曾结婚同居，也曾婚变反目，但夫妻总是夫妻，床头打架，床尾和好，乃势所必至。为什么不可以重新回到圆桌边去谈谈呢？（不过我要申明：我只是主张国共重开和谈的人，而不是发动和谈的人，那些谣言专家用不着多费心力的。）我们在人民的立场，为什么不可以对于国是表示如此的意见呢？这都是三年前的看法；目前的事实，不是替我的看法作证明吗？月前，有一位华侨实业家，他诚挚地告诉我："国共之争不止，华侨间的矛盾所引起的苦痛不会消除的。"华侨既有此共同的期望，我们在舆论界，为什么不出来高声疾呼呢？

这一回，政府当局，允许我这样一个没有党派关系的新闻记者到大陆去采访，而且尺度这么宽大。这就表明人民政府的政权，已经十分稳固了；一个身体健康的人，自不怕风吹雨打的。我希望这次北行，能够真实的报道，这样才合乎侨胞的期待。政治是最现实的，我们应该认识这一现实。"客里空"的新闻，应该让它到字纸篓中去，尤其对于我这样一个二十年老老实实做新闻工作的人，加以种种推测，未免太对不起自己了。

我的站在新闻记者地位的态度，大体就是这样的。

1958年，他在《北行二语》引言中又引了他致友人的一封信：

××兄：

本来我们时常可以见面，用不着写信的，不过老兄总以为我们写的未必是"心头的话"，而"心头的话"你以为我绝不敢真实写出来；（我知道，我所写的一直不能合你的心意。）呜呼，相知实难，且借此机会来和老兄详细谈一谈。

两年前，我到北京去了好几次，我对新中国的了解，自信逐渐深入，因此和海外论客的想法距离，越来越大。至于新环境对我的影响，却以这一回为最大。过去那几回，我看了许多使人兴奋的建设大业，只是兴奋而已，并不曾改变我个人的观点，我还以为个人保留"自由主义"的立场是不错的。这回，我不仅是兴奋，而是变更了我的观点；我认为，我们在建设大业中，应放弃个人的自由主义观点。新中国的前途，光明远大，我们决不能做"马尔塞尔"（《四骑士》中主角之一）。

……

而今我决定收起了"自己主义"的旗帜，（并不是别人要我收起，而是我自觉的，中心明白自己的浅薄无知，觉得应该收起的。）对于邦国大计，还是听从先觉者的领导不错。政治上的事，就是要切切实实去做，而且按部就班做通了才对，弹高调也没有用的。鄙见如此，我兄以为何如？

1960年，他在《北行三语》的前言中又说：

过去十年中，大陆中国的社会政治，确实进步得太快了；"快"得使我们来不及追踪，我们报道的文字，有时转眼化为陈迹。幸而，我所报道的，尽可能写得十分真实，虽一时为海外某些读者所头痛，但事实发展的进程，替我们作了佐证，因此，我总有机会来编刊"三语"。

西方国家，一向对我们中国是十分轻视的。第二次世界大战中，我们中国付了那么大的代价，勉强争得"四强之一"的地位，在三强的心目中，中国并不是"强"，而是"弱"加"大"，凭着他们来宰割的。当他们宰割的蓝图已画好，并不让中国知道的。当时，宋子文在华盛顿得了这消息去访问李海上将（罗斯福的总统府参谋长），他既不否认，也不承认。宋子文表示气愤，说"中国人是要报复的"。李海却替中国那支破破烂烂的军队担忧，说："中国凭什么去报复？"可是瞧吧，这支破破烂烂的军队，毕竟把不可一世的美国兵，从鸭绿江打回三八线那边去，迫着美国人发料，说中国是侵略国了。（难道我们中国的命运，是该被侵略的吗？）

当国民党政权崩溃的日子，美国当局（那时还是杜鲁门任总统），认为中国这条烂绳子是扶不起来的，那份白皮书中所载的都是绝望的话。一九四九年十月一日，毛泽东氏在北京天安门之上宣告："中国人民将会看见，中国的命运一经操在人民自己的手里，中国就将如太阳升起在东方那样，将自己的辉煌的光焰普照大地，迅速地荡涤反动政府留下来的污泥浊水，治好战争的创伤，建设起一个崭新的强盛的名副其实的中华人民共和国。"经过了十年的艰苦奋斗，毛氏的话，字字都实现了。毛氏代表东方民族的坚强有志气的性格，我们能不说他是史无前例的伟大人物吗？

有人责难我："是不是北京当局所做都是对的，如你所赞扬的呢？"我们应该明白，社会政治的改革，如切实去做的话，可能会有错误，有偏差的；毛氏的最大成功，乃在他不停地在全国各地走动，抓实际问题来研究，因此，有了错误，也很快就纠正过来了。至于执行政策的干部，素质不同，成效也有差别。我且引用我十多年前所说的一段旧话：有一天晚上，天很黑，大家只能摸黑路，有人给那一群走夜路的人，一人一盒"火柴"。他告诉他们，你们看不见路时，就刮一枝火柴照照明。那一群人中，也有依着他的话，刮一枝照一段路的；也有一直摸夜，没刮过火柴的，也有刮了一枝火柴点了灯笼走的；也有用那盒火柴去放火，烧得一片野火的。所谓"政治干部"，其不同之点即是如此。这段话，当年颇为朋友们赞许，我想，在今天，还是用得着的。

希望我的"一得之见"会对朋友们有点贡献。

1957年，聚仁与林霭民等协力创办了《循环日报》《循环午报》《循环晚报》。后三报合并为《正午报》，在港畅销一时。但那段时间，国际局势大动荡，国内政治则一步步向"文化大革命"演变，使海外爱国人士遭遇到不少困难。

聚仁长期居住香港，"文化大革命"中，我们一家，受到种种冲击，处境困难；但我们对他"封锁"了消息，免得他产生焦急疑虑之情，而不利于他的工作。1967年，他劳累成疾，进医院动手术，切除胆囊。接着，更大的不幸降临到我家：大儿景仲（毕业于清华大学冶金系），1970年因战备工作，在张家口外高原小城沽源，以身殉职。我实在没有勇气把这噩耗告诉孤身在港的聚仁。三个月后，费彝民先生转告了他。聚仁"痛如断指"，写了《哭平儿》（景仲小名）一文，遥寄哀思。

1970年秋，我去港澳探视聚仁。我看到他病中写的一本书：《浮过了生命海》，在扉语中，他引了一个垂老将死的印第安人对自己部落中的人说的话："你们向前进，寻找食物；我的日子，一天一天地数完了，现在我已变成自己的儿女的负担了。我不能前进，就要死去了；你们的心，务须勇敢，不必想念着我了！"我忽然发现他是衰老了！他已听到了死神的脚步声。景仲的殉殁，对他更是个打击吧，他感到他应该着手写他的回忆录了。

聚仁很想回大陆度晚年，他想和家人团聚，更想有一个安定环境从事写作，把毕生致力的文史研究做一总结留给后人。他终究没有如愿。但他终于以能为祖国和平统一事业效力而感到自慰。他为此奔走呼号，竭尽全力，直至生命的最终。他常以波兰作家显克微支所写的那篇《灯台守》自喻。那个老人深切地眷恋着家乡的故土，却只能在远隔重洋的异国孤岛上独自守着一盏塔灯，终老残生。

1972年，聚仁再次病倒。在他生命的最后一个月中，我日夜守在他的身旁。7月23日，他在澳门的医院中与他的世界永别了。26日，港澳各界爱国人士以公祭的形式，开了追悼会。我将他的骨灰携带回国，葬在南京雨花台旁。"叶落归根"，也算了却了他的最后心愿。

他终身不愿受金钱的羁缠，唯以教授与写作为生，身后留给子女的只是数十板箱的书和手稿。不过，在我们的孩子们的心目中，也唯有这才是值得珍贵的。

聚仁的一生便是如此，他与他的世界便是如此。别人如何评论他，他是从来不大管的。他的回忆只是要把他与他的世界不加掩饰地揭示出来。他是个多侧面的人，在不同角度的人们的眼中，会出现各种不同的曹聚仁。他在给女儿的信中说过："假使我死了，一定有许多人在拍手称快，要运用他们的幻想来构成对我的诬蔑与嘲弄。你们应该知道，你们的父亲只是一个不好不坏，可好可坏，有时好有时坏的人。他所想的所说的大体都是对的，他所做的或许有点儿折扣。社会上所有批评他的话，几乎没有一句是中肯的。他一生是孤独的，但他站在热闹的斗争的边缘上；他最不爱写文章，但他却不能不靠卖文以为活；他从来与世无争，处处让人，不幸却落在最爱相轻相妒的文人圈子里。到了今日，世人怎么说，过眼烟云，我一概不管。"

"孩子们，我是不会拖着你们的脚跟，妨害你们的前进的；但是，我得把我一生所经历的曲折，所体味的辛酸，说给你们听。"（《采访二记》前记）

这也是他自己的坦率真诚的自白吧！

聚仁因晚年多病，记忆力有所衰退，手头资料亦十分缺乏，回忆中所引各文，且多是旧时版本，定有不准确之处，还望读者指正，以保证史料的真实。

最近，我粗粗整理出一份聚仁一生编著目录，脱漏错误之处，当有不少，亦望海内外读者、友人，给予增订补正。

（1982年6月）

终生之师

——记聚仁和邵力子先生的交往

邓珂云

1967年12月，邵力子先生在北京病逝。噩耗传到香港，曹聚仁在报上写了悼文《哭邵力子先生》，内有一段说："我这个从乡下到上海闯世界的土老儿，居然定居下来，全靠邵力子、陈望道二位先生的协助。望道先生是我的老师，力子先生则是指引我的人。邵老三益里客厅里挂着全国学生联合会所送的横额，写着'青年导师'四字。他是我的导师。"

1921年暑假，曹聚仁从杭州省立第一师范毕业出来，匆匆赶去南京投考东南高等师范；因他在杭州一师时，参加学生运动，英语数理等科受影响，落了第。乃溯江而上，到武汉去投考武昌高等师范，又因旅途生活辛苦，得了疟疾，只得半途停考。当他从武昌搭船到上海，踏上黄浦滩头时，茫茫人海，举目无亲，而身边只剩下一块多钱了；他只能找到当时的法租界三益里陈望道师家中去，住了下来。陈师是他杭州一师的国文老师。住在陈师楼下的，正是邵力子先生。这是他结识邵老之始。

一个出生于农村的穷学生，到了上海，生活无着；靠了邵先生的推介，聚仁才到浦东川沙县立小学去教书。半年后回到上海，邵先生又介绍他到一位陕西盐商家去做了三年家庭教师，给了他读书写稿的自学机会。从此他才在上海生了根。

邵力子先生是聚仁敬佩的长者，早在杭州一师搞学生运动时，邵老就写文章支援他们。那时邵老在上海《民国日报》主编副刊《觉悟》，在聚仁心目中，犹如指路的明灯。他到上海后，就投入了《觉悟》的园地。他的第一篇长篇记叙文《失望的旅行》，写他两次高考的失败，共4万多字，就在《觉悟》上连载了一个多月。从此他成了《觉悟》的撰稿人，第一年就发表了数十万字；其中包括笔录章太炎先生《国学概论》的讲演稿。这是聚仁一生从事写作和治学的真正起点。他曾经说过："邵先生是提携我的人，他把《觉悟》园地给我一个发表的机会，虽说没有稿费，在当时，正满足了我的发表欲。"

大革命时期，国共首次合作，上海的《民国日报》虽是国民党的机关报，但也是两方合作的一个重要的文化阵地。邵先生把聚仁带进了这个"火辣辣的圈子"中，使他结识了国共两党的许多重要人物。

《民国日报》的经济十分困难，邵力子先生等奋力支撑，他们写稿子都不取稿费；邵先生靠每天到复旦大学、民国女中、爱国女中等几所学校兼课教书，才勉强可以生活下去。他写稿、编稿、编副刊，身兼几职，通宵达旦，劳瘁已极。就这样，他养成了分段睡眠的习惯，一刻钟也睡，半小时一小时也睡；车中、办公室、休息室都可睡，经年累月如此。报社订不起路透社的电信稿，邵先生就到其他报社去闲谈，从中探听得几条新闻，回来刊用。有一年冬天，报社实在分文无着。某夜，各版新闻都已排好，但白报纸还无着落，邵先生和叶楚伧先生两人只得脱下身上的皮袍，送入当铺，押得钱买来了几十令白报纸，次日的报才得以出版。这种艰苦创业的精神，给聚仁以深刻的印象，成为他日后办报的表率。

随着时局的演变，国民党内部左右两派日趋对立。政治上的裂痕，反映到《民国日报》，报社中人也形成左右两派。叶楚伧的主张，和对容共表示异议的西山会议派相一致；而邵力子先生却是促进国共合作的主要人物。这样，《民国日报》新闻版一下子变成了西山会议派，而副刊《觉悟》，则属于改组后的国民党，依然坚持革命的方针。聚仁也始终跟随着邵先生走。

在邵先生三益里的寓所中，挂着一条横幅，上书"青年导师"四个大字，那是全国学生联合会主席狄侃赠送给他的。聚仁相信在领导青年思想这一课题上，邵氏和年轻人是相接近的。可是，到了这时，青年的阵营中也起了复杂的变化。某次，在河南路天后宫的群众集会上，聚仁的同学，极端反共的陈德徵竟动手打了邵先生，这使聚仁极为痛心和愤慨。面对这种极其复杂动荡的险恶局面，聚仁十分迷惘，常去三益里向邵先生求教，但邵先生也感到惶惑。

北伐开始后，邵氏名义上担任了国民革命军总司令部秘书长的职务，但他并没有参加进军，而是受政府委派，到苏联考察去了。1927年，他从苏联回来，国共合作已完全破裂，邵氏回到上海，精神上非常苦痛。他深居简出，很少和朋友们往来。聚仁几次去三益里访问，真是"门庭冷落车马稀"，书室里那条横幅也拿掉了。有一天，他告诉聚仁，蒋介石电邀他去溪口，他问聚仁有没有兴趣去玩玩？聚仁说："我见了鬼怕黑，我要到杭州图书馆（文澜阁）去做鸵鸟了。"这样，他们俩暂时分了手。

其后，邵先生出任陕西省主席，应付那一错综复杂的局面。西安事变，由于周恩来同志和邵老等的奔走，国共再度合作。邵老是替国共合作铺下了基石的一人。

1938年初秋，聚仁从徐州战线，经郑、洛回到了武汉，他们又见了面。一次，一同出席了一处追悼上海殉难烈士的大会，邵老以《慷慨赴死易，从容就义难》为题，发表了演说，对聚仁深有启悟，使他明白了"完成任务"比"慷慨赴死"更为重要。

不久，邵先生到苏联出任驻苏大使。1943年暮春，聚仁从赣州到了重庆，其时邵先生已从莫斯科回来，出任国民参政会秘书长。对着抗战后期国共间产生的种种矛盾迹象，以及将导致内战的前景，二人都为之忧心忡忡。

抗战胜利后，邵先生回到南京，仍任国民参政会秘书长。那时，一些参政员已经变了质，邵先生却在若干严重关头，在国共两方间做了调解的工作。时京沪青年学生对国是表示忧虑，举行反内战、反饥饿大游行，向国民参政会去请愿。南京显要大都趋避唯恐不及，也只有邵先生敢于首先迎接学生代表，作恳切的交谈。在那么乱糟糟的情势中，他对前途并不悲观。1947年新正，邵老用陆放翁诗写了一副春联："山重水复疑无路，柳暗花明又一村。"之后，他两度北上，参加和谈，最后毅然留在北京不归。他对共产党的企望，早就隐藏于怀了。

1950年夏，聚仁由沪去港，行前曾写信给邵先生求教。邵先生在回信中，指点了大纲要目，认为在海外也一样可为国家工作。这也正是聚仁去港的初意。1956年，邵先生通过我们家属，和聚仁数度书信往返。（信已不存）那年夏天，聚仁首次北归。在炎夏的夕阳下，邵先生亲临北京机场去迎接。聚仁六次回京，每次都和邵老相聚。邵老陪同他参加各种活动。1958年，他俩还参加了北京人民代表团，一同到安东（今丹东）去迎接志愿军从朝鲜回国。时"和平解放台湾委员会"已成立，张治中先生任主任委员，邵老任秘书长。一次，他们一起出席了周总理在颐和园宴请聚仁的晚宴。席间，周总理谈及"国共为什么不可以第三次合作"的话。聚仁也说了"国共合作，则和气致祥；国共分裂，则戾气致祸"的话。

聚仁和我在京的时日，邵老和他的夫人傅学文先生是我们住处的常客。我初见邵老时，他已年逾70，但腰背挺直，谈吐清健，而又平易近人。二老都喜看京戏，曾陪同我们去看了赵燕侠的《白毛女》，吴素秋的《杨乃武与小白菜》等。他们陪我和幼儿（景行）同游颐和园，二三小时而无倦意。陪我们吃饭，邵老还能享受法国菜中的全份鸡肉，其精力之健、胃口之佳，使我感叹不已。他和我们谈青年问题、人口问题，谈节制生育。（30年代，山额夫人来华讲演节制生育，就是邵老做的翻译。）当谈到当年提倡吃食堂大锅饭的问题，邵老不无遗憾地说："这样岂不是每地每家的独特风味都没有了？"

数年以后，我送女去北京成婚，那已是"文革"开始后的第二年夏天。我到他寓所去看望他。（傅先生适外出未遇。）邵老一反常态，沉默寡言，谈及时局，相对默然。我见到他身体安康，出外仍有汽车，心也较安了。我未久坐即告辞。邵老还是坚持他一生的老习惯，亲自送客到大门口。两天后，我接到他的一张便条，邀我去吃饭。我因离京在即，且不想增加他的麻烦，辞谢了。日后他写了一封简函给在港的聚仁（时聚仁正住院切除胆囊）：

聚仁兄：

得上月廿二日惠书，备悉种切。

手术既很顺利，恢复自无问题，时间较长，只有耐心等候。您平时较劳，此时却是安心休息的机会。休息得好，可比未病时更健，希望你有这信心。

珂云嫂来京办喜事，一切安吉。此时一切节约，我也不嫌失礼。祝早日恢复健康！

力子手启七月三日

想不到，数月以后，就在1967年的12月，他竟然与世长辞。五年后，聚仁在港也病逝了。50年代在北京，我曾为邵老和聚仁合拍过一张照。如今，已成为他俩一生交往的可珍贵的纪念了。

邵力子先生和聚仁曾为祖国和平统一事业，共同努力过，他们都未能看到这一天的到来而相继辞世了。谨写此文，作为对逝者的深切怀念。

注：1985年，北京文史资料出版社出版了《和平老人邵力子》一书。事先邵老家乡绍兴晨朵同志曾来信，要我写一点材料。我因病住院没能交卷。病后，整理成上文，已赶不上出书时间，一搁经年。现载文于此，以表心意。

1989年秋

我的丈夫与书本

邓珂云

　　我的丈夫是教书和写文章的。他生平有三样嗜好，既不是烟，也不是酒，他一口烟也抽不来；喝一杯酒，就会醉的。这三样嗜好是：绿茶、零食和书。每当他从外面回来时，手里袋里，包的卷的，尽是些吃的看的。吃的，他是和家人孩子们分享的；看的，他却要独吞了，我只能分享到他所剩余的，或要等他看过了，才肯给我看。

　　他写稿子时要喝很浓的、浓得发苦的绿茶，看书时也要喝这种茶，没有茶，就像失掉了什么似的，淡了也不行。一杯浓茶，一本书，他就"万事莫管"了。每买一本新书来，他就一口气要把它吞下去，于是吃饭也看书，上厕也看书，走路也看书，睡觉也看书。有一次，他买了一本刚出版的什么杂志，在南京路上，一边走，一边看，让一辆驶过的汽车里的司机大骂："猪猡，走路也看书，性命也不要吗？"抗战时，我们旅居在江西赣县，有一天，给他买到了一部密西尔（M. Michell）的《飘》（即电影《乱世佳人》），这奇迹给发现了，可不得了，他一连看了两个通宵，把它吞完，看得昏头昏脑，吃饭都不知吃的什么菜肴。又有一次，我忘了是什么书了，他也看得发狂了，我刚好有事要和他商量，一次两次，他都嗯嗯唔唔的，最后我急透了，把他手中的书夺来撕成两半本，他才恍然大悟，从梦境中回到现实来。

他有一个怪癖：不爱看借来的书，他说："借来的书，看起来不够味！"凡是坊间新出了一种书，只要他认为有价值而买得起的话，他一定要去买来。于是我们书橱里的书，就与日俱增。书橱放满了，在墙壁上装起书架来；书架上放不下了，又在房门上面钉起搁板来；陈列不下了，于是堆起来，床底下，门背后，厕所里，处处皆是书！我的丈夫是研究历史学和文学的，可是他的兴趣范围却很广泛，在我们的书堆里有哲理的、军事的、经济的、社会科学的、文学的、美术的、医学的（其中又有中医和西医的）、科学的、各种各类的书。有洋装的、有线装的、有原文、有译本、有木刻、有画本、有辞书、有字典等各式各样的书。（是百宝箱，也是垃圾堆。）杂志方面，近来的《世界知识》《文摘》《时与潮》《观察》等，不用说是他的老朋友；其他《大众科学》《新闻季刊》一类，也每期必买。哪一本杂志，星期几出版，他是记得清清楚楚的。最近我为他整理书籍，就有七八十斤的杂志清理出来。和书籍孪生的报纸，在我们家里也如洪水一样，源源地进来；以前每天有十几种报纸从天南地北，由报贩由邮差送来，不上一个星期，写字台下就会堆得伸不直脚。这些书报，每为过门的收旧货的所留恋，他们常用羡慕的口吻说："这么多旧书烂纸，堆着占地方，卖了吧！""书报愈放愈旧，为什么不卖了？"不开书店而满屋皆书，在他们想来，真是奇事。有的则自作聪明，判定我的丈夫是做医生的，不然的话，为什么会有这么多的《内科概要》《小儿护理学》《盘尼西林的故事》一类的书，竖在书架上呢？

他不但爱买自己看的书，还要"贻害"于人，大量购买孩子们的书。抗战时，内地交通不便，物资缺乏，他会从衡阳去买书回赣州来给三四岁的雷女看。等到胜利回沪，孩子们的书就有一大筐，他也不辞辛劳地将它和行李一起运回来。我的大女儿也是书呆子，一书在手，天塌下来也不管了，常常躲在屋角里看书而找不到她。二孩是个顽皮大王，但有书则天下太平。五岁的幼儿，看起书来，把所有的书，都从小书架里拉出来，堆在地上，自己坐在书堆里，可看上一两个钟头，待兴致过了，就拍拍屁股去玩了，于是我得为他整理起来，重新放好。所谓"贻害"者，此也。

真的，许多人都不相信，我丈夫这些书，是属于一个人所读的，但我可以作证，它们绝不是放着做装饰品的，他确是每本每种都看过的。有的书，如尼采的《苏鲁支语录》、小泉八云的《心》、莫罗亚各种传记、《红楼梦》等他所心爱的著作，每年都要温习一两遍的。自从去秋，他为了生活，到香港去了后，常常写信来说："最近我需要一些历史书"，或"为我检一批新闻学的书来"……我就要遍历他的书架，找出来这一批批书，称好重量，包装好，寄去。最近为了寄书，还遇到了一件小小的趣事：我送了六包书到邮局去，验阅处的检查员多方的留难我，说只好寄三包，另三包要我带回去。他还冷言冷语地说："这些绝不是参考书，什么《医学与人类》也有，《谁能在俄罗斯快乐而自由》也有，夹七夹八，什么都有，假如是一个人所用的参考书，那人可真了不得呢！"原来这位先生断定我，是收买了这些旧书，寄到香港去开旧书店或摆旧书摊的，我真又好气又好笑。后来他忽然瞥见了包扎纸上收书人的姓名，和每一本书的扉页上我丈夫的图章，他马上转了弯，客客气气地让我把六包书一起寄了。这个突变，不用说他了，连我也觉得不好意思呢！

说起购书藏书的历史，我的丈夫就会伤心的。他最初的一批藏书，据说有两屋子之多，屋在真如暨南大学附近，在"一·二八"之役，为日军全部焚毁。以后每年添购，到抗战前夕，又有不少了。"八一三"战事起来，为了怕再遭殃，他就挑选了些精华，装了20多麻袋，交运输公司搬运到家乡浦江（现属浙江兰溪——编者注）乡下去；他的老母亲把这些儿子心爱的书籍安藏在地窖里；谁知那年敌人攻陷浙东，家乡沦陷，敌人放火烧屋，全部书籍与屋俱毁。一部分留在上海来不及运走的，是我替他安排的，共分四处寄放：一处是《社会日报》陈灵犀处，一处是我的亲戚家，那时他们从虹口逃难到租界里，住在某银行大厦的五层楼上，那些书，费了九牛二虎之力，搬到上面去的。这两处的书，虽不免零星失散了些，但总算保存了一点。另一处是我的妈妈家，日军占领租界那一夜，我的弟弟和妹妹（他们都是激烈的抗日青年）连夜检点书籍，把"左倾"的激烈的，一包包偷偷地在黑夜里丢到荒地和垃圾箱里去。书以外，还包括鲁迅、茅盾、徐懋庸和周作人等人宝贵的书信，一部分则塞在抽水马桶里。另一批书是寄在某书店里的，书店受敌人压迫，老板生活困难，我们的书，给他摆地摊卖掉了。战争中，我们在东战场各城市旅行，书籍愈带愈多，因旅行不便，随处丢了。后来旅居赣县五年，又积了一大堆书。1944年冬，敌陷赣县，我们人和行李尚未逃避，书籍却先装了七八大篓，托人东运到上饶。胜利以后，又辗转水运抵沪，又不免散失了些。这些就是现在书架上那批又黑又粗的土纸印的书籍。新中国成立前的几年，物价日日飞涨，生活艰苦，但书是第二生命，它像粥饭一样是必需的粮食，我们仍陆陆续续地添购着，又不觉是满架满阁了。

我的丈夫虽爱书，但有时也不免为书所苦。譬如战争一起，自己还不知应如何安排呢，却先要安排这些又重又笨的旧书。生活困难的时候，它又变不了钱；太平时，卖给旧书店里，一斤斤当纸称出去，看他们一本本转卖出去赚钱；乱世时，连旧书店都不收，那只好卖给大饼店里去包大饼了。（天呀，不管是罗素的《自由与组织》也好，哈代的《苔丝》也好，他们都要一张张拆下来，去包大饼的！这样的话，我们是宁可挨饿的！）

在我们的箱子里，没有一件值钱的衣服；在银行里，我们没有一个钱存款；我们每月的收入，要支出百分之三十去购买书籍。书籍就是我们的财产，我们的财产，就是人家所称的"废纸"。

时代变了，购置藏书，本是属于资产阶级的一种精神享受，我的丈夫，今后也会改变他的这种嗜好了吧！我愿望他！

我的丈夫，也许有些读者对他很熟悉吧：他的笔名陈思，原名曹聚仁。

（写于1951年　上海虹口）

父亲的文稿与书

曹 雷

一、一捆捆的手稿，一叠叠的报……

灯下，我一字一句地看着一份校样，仿佛又听到父亲娓娓地在讲述诗人杜甫晚境的凄凉；仿佛又看到母亲孜孜伏案在查阅杜甫的诗篇。这是上海教育出版社即将出版的我父亲的新书《论杜诗及其他》的校样。其中大部分文字是我父亲晚年所作；我母亲在病中，将这些文稿一篇篇辑起来，一字字校订了，交给了出版社。不想，当校样送来时，她竟匆匆谢世而去。书中那篇后记，是她在医院里口述与我的，该算是我母亲最后的文字吧。

近20年前，我父亲曹聚仁客逝澳门。我母亲和我在料理遗物时，发现父亲并无留下分文钱财；而一捆捆的手稿，一叠叠的报，就是他最大的遗产。我们将这些手稿剪报尽可能一张不丢运了回来，这份遗产比什么都宝贵。那还是在"浩劫"年代，这些文字是不敢公开给别人看见的，我母亲和我们姐弟悄悄地将它们分别装在塑料袋和大信封里。再堆在几个木箱中，隔些时间扔些樟脑丸进去，却再也不敢打开。

过了四五年，终于到了这些文字可以见天日的时代，我们才把它们搬出来，点点滴滴地开始了整理工作。这些手稿，远不是我父亲著作的全部。他在香港生活的20多年间，每天写稿不断，写下了上千万字的文章，大多发表在海外报刊上。但香港弹丸之地，房租昂贵，许多书稿无处存放；又因几经搬迁，不少文章底稿都散失或丢弃了。父亲生前最后几年，住在一幢四层楼房房顶上搭出的两小间屋子里，台风季节，屋常漏积水，很多稿纸都被水浸毁了。我们所能带回的，也仅是几分之一了。

父亲生前写稿，从不爱用方格稿纸，到香港后，也不改旧习。他写熟了，心中有数，写专栏稿，总是一张纸写到头，一千字打住。香港纸张也昂贵，他用的是人家公司已废弃的办公用表格纸，论斤称来，反个面写稿。这些纸张质地挺括，但年久易脆，待我们整理时，已有一些碎落裂损了。多数稿件，都曾送报社发表，留下的手稿不少是复写的第二份。这也是我父亲的习惯，一稿两份（有时三份）。所以为了便于复写他很少用钢笔。记得小时候，我看他写稿，总是用硬笔芯的铅笔；后来，改用刻蜡纸的铁笔。40年代圆珠笔刚问世时，他喜出望外，经常在衬衫口袋里插上一支，无奈那时笔常会漏油，他的口袋下半截就总是带着一滩蓝色的油渍。但那以后，圆珠笔一直是他最常用的笔。由于写稿匆忙（据妈妈说，常是报社来人在桌旁立等他当天的稿件），尤其到了晚年，父亲眼力、体力都不支，字迹相当潦草；年长日久，这些稿纸上笔油和复写的痕印，也变得模糊了。只有经常从来信中看惯了他字体的母亲和我，才能较多地辨认稿纸上的字。这样，艰巨的整理工作，也只能由我和母亲来任主力了。

父亲在海外出版了数十部著作，还先后在报刊上辟有多个专栏，这些书和文章，国内读者很难看到。这些文字，记载了他的经历、见闻，阐述了他对历史、国学、文学艺术的独到的见解，对后人研究他，研究他的时代，研究他同时代人，都是可贵的资料。父亲的文章，曾汇印成书的，印数甚少，现在再要搜集，已是难事；不及成书的，若就这么散失掉，更是十分可惜。

书稿的整理出版中，我们也遇到了一些难题。比如当初整理《我与我的世界》时，国内还没有现在这么开放，在观念上，与我父亲写作时面对的海外读者有很大差别。原稿中有的章节（如第四节《初试云雨情》），谈到了他的爱情生活，涉及了至今还健在的友人，父亲写得很真实坦率，但我们顾虑这会给那些朋友带来可能有的不快，斟酌再三，还是把它们删去了。今天

看来，这样的删节也许是很不必要的，将来有机会再增补吧。

母亲去世以后，我望着书橱里一包包有待继续整理的文稿，不由意识到了这工作的分量。我是个从事表演艺术的人，干的是"开口"活，不善于笔头工作。但无论多么吃力，我仍得把这份工作做好，这是我的责任，我当努力。

二、高山流水　以待知音

在我面前放着父亲留下的一本巨大的书，封面上印着《现代中国剧曲影艺集成——浙东曹聚仁辑》，这是我父亲的手笔。说它"巨大"，并不过分，8开本，是普通杂志的两倍大小，800多页，彩色厚铜版纸精印，皮制的烫金字封面，厚8厘米，重达14斤！打开这本大书，两千多幅照片、图画，20多万字的评论记述，汇总了新中国成立以来文艺舞台上、银幕上百花齐放的面貌，介绍了中国艺术大师们的成就，从内容上来说，也称得上是一本"巨书"。

这是1971年父亲拖着他年迈多病的身体，付出了很大的劳动，在香港编辑出版的。不久，他就与世长辞了。病危时，他还曾要求母亲将这本刚出版的书抱到医院，放在他的床前，一页页地翻给他看，他感叹地说：总算了了这件心事。

书的开头，影印了父亲用苍劲的毛笔字写下的"总序"。他写道："这是一部伟大时代的剧曲艺术图片实录，我先后花了20多年心力积存起来的……影印出来公之全世界学术文化界……高山流水，以待知音。"

"高山流水，以待知音。"父亲在70年代初这样一个特定的时期写下这八个字，是赋有深深的含意的。

我父亲不是一个专业戏剧工人者，但他酷爱祖国的戏剧艺术。抗日战争时期，他身为战地记者，每到一处，除报道战场新闻外，只要有条件，总要去看当地的地方戏曲演出。他在战地采访的同时为自己拟定的四个要从事研究的专题中，就有一个是中国戏剧的渊源和发展。多年来，他搜集了不少这方面的资料，也写了不少论述戏剧的文章。新中国成立后，他旅居香港，依旧不断地关心新中国戏剧电影事业的发展。国内的影片在海外上映，国内的文艺团体去港演出，他总是认真地观看，在海外报刊上发表评介。他大量地订阅、剪存国内的戏剧电影刊物，20年间从不间断。他曾多次回国，受到毛主席、周总理和中央领导同志的亲切接见。他访问了祖国各地，于采访工农业成就的同时，还争取一切机会，看了几十种剧目的舞台演出。看到祖国文艺戏剧的繁荣进步，他难以抑制心中的喜悦和兴奋。他写道："20年之中，百花齐放，鲜美新奇到这样境界，汤若士复生于今日，亦必啧啧称奇。"每次回到海外，他总热情地介绍所看到的一切，称颂新中国的百花园。他曾写了《地方剧的新生》《新与旧》《推陈出新》《抚今追昔》等文章，评论过京剧《穆桂英挂帅》《杨门女将》、昆曲《游园惊梦》、汉剧《二度梅》、湘剧《拜月亭》、川剧《白蛇传》、梆子戏《孙安动本》、秦腔《游西湖》、陇东剧《枫洛池》、粤剧《关汉卿》，以及越剧、桂戏、郿鄠、花鼓、二人转、梆子等剧种的戏，介绍了新编历史剧《赤壁之战》《孙刘联盟》《藐江南》《借东风》《蔡文姬》《文成公主》……，也赞扬了新戏《小二黑结婚》《红霞》《红大院》《茶馆》……还为新中国舞台银幕上出现的一代新人向海外做宣传介绍。他将自己有关这方面的几十篇文章汇编成书，收在他的《人事新语》《北行小语》《北行二语》《北行三语》等等集子中，在海外起了相当的影响。

不料，事隔没几年，"十年浩劫"开始了。"四人帮"挥舞大棒，"横扫一切"，文艺百花园遭受狂风暴雨的摧残，父亲所称颂的伟大时代，竟被说成是"黑线专政"的时代；他视若珍宝的名剧名曲，被批判践踏，成了"黑戏""坏戏"。他曾自豪地宣传过的全国2700多个剧团，17.7万多位从事戏剧的文艺工作者，许多都横遭迫害，他曾推崇备至的那么多老艺术家，几乎无一幸免地被批斗关押……得知这样的悲惨情景，对他这样一个身在海外、心向祖国的游子来说，他的痛心是可以想象的。他不能理解鲜花一夜间竟会变成毒草，也不相信祖国戏剧艺术的成就可以就此一笔抹杀。

　　但是，这时他已近晚年，体力、精力都有限，抚摸着花了20多年心血集下的宝贵资料，实在不舍得让它们散失，于是就有了出版这本大书的计划。这样做，无疑是冒着很大风险的，但他下决心要保护新中国成立以来的文艺成果。鉴于当时国内的政治情况，他很难得到什么支持，相反，还会遭到种种谴责。他身孤力单，只能各方奔走，联系出版。撰写序言，整理篇目，搞图片编排，写说明，一切都自己动手干。最后大书终于在1971年7月得以出版；他却累垮了，病倒了。尽管这样，他仍认为："把过去20年间的剧曲影艺的史迹编刊出来该是多么有意义的工作。我个人能在这儿胘炙献曝，尽一点微力，实在愉快得很。"

　　这部书共有52部分，分成甲编和乙编。甲编是图片部分，又分成上、中、下三卷。上卷谈剧曲，内容包括京剧、昆曲、各种地方戏曲、中国歌舞及京剧各名家、各流派的艺术；中卷是介绍话剧，内容有历史剧、现代剧、外来剧和话剧历史；下卷介绍电影，内容有故事片、美术片、纪录片、儿童片、体育杂技片。最后还介绍了舞台美术，脸谱化妆、戏曲服装图案等。乙编是文字部分，在《艺文一角》的标题下分《现代戏曲杂话》《京剧与昆曲》《地方戏剧》《新声初试》《歌舞剧》《话剧》《电影》《余话》《记梅兰芳》《纪念欧阳予倩》《听涛室剧话》《新一代的红花绿叶》等各小部分，集了父亲所写的106篇评论及欧阳予倩、周贻白、李元龙等名家谈艺的14篇文章。正像父亲在总序中所说："我的见闻还不够广博，这都得让图片来告诉大家，'百花'的'百'乃是实词，并非虚语。"

　　大书出版以后，受到很多国家文化界的重视。不少国家的图书馆向书商订购。对各国人民了解新中国的文艺起了一定的作用。

　　1972年7月，父亲在澳门镜湖医院去世了。他生前清苦度日，身后一贫如洗，留给我们子女的只有他那成千万字的文章著作和我面前这部大书。从他那些文章著作中，我们看到了他——一个知识分子一生所走的艰难的道路，也看到了他对祖国的一片赤诚。这些年，他只身在海外，为祖国做了许多宣传工作，也为他梦寐以求的祖国统一奔走努力。"高山流水，以待知音"，他相信祖国人民会了解他，也盼望自己所做的努力会在海内外引起积极的反响。

1972年，我们得到这本大书后，只能把它悄悄地藏在箱底，只能在深夜偷偷地翻阅，一面为父亲晚年所付出的心血而叹息；一面又为这本书可能引来的灾祸而担惊受怕。直到"四人帮"被粉碎以后，我们才有可能带着孩子高高兴兴地围看这本大书，也才有可能向文艺界的同志们汇报在那样一个时期，曾有那么一个海外赤子，默默地干了这么一件事。

父亲没能活到今天，没能看到祖国大地的复苏，没能见到他这本大书里赞颂的影片、戏剧又在银幕、舞台上重现，想起来，这是永远的遗憾。愿百花开得更茂盛，父亲在九泉之下若是有灵的话，这将使他感到欣慰。

三、《曹聚仁书话》选编后记

父亲离家远行时，我还不到10岁。当时，我并不明白这一去他将踏上一条怎样艰难的人生路程，只晓得爸爸走了，天井里搭起的小书房中那么多的书，可以让我随便去翻阅，我爱看哪本就可以拿哪本了。

父亲留下的财产，主要就是书，当年离开家门时是这样，后来他离开人世时，依然是这样。他是那样爱买书，爱看书，但是，他并不是藏书家，因为他没有条件藏书。他曾在文章中写到一生数次失书，其中一次是"一·二八"，一次是"八一三"，那都是在战乱中。其实，"文革"时期，上海家中的书也遭浩劫，只是我们怕他痛心，没告诉他就是了。晚年，他生活在香港，在那寸土寸金之地，实在没有多少空间容纳他的书籍，他不得不几次将部分书籍送人或卖掉，用他自己的话说，真像"卖儿卖女"一样割舍不掉。

1972年，父亲客逝澳门。母亲和我们姐弟去料理后事时，将他尚存留的手稿和书籍都带了回来。起先运到北京，一年后，我又从北京有关部门取回。当时还在"文革"，其间，为了不引起麻烦，港台版的书都没敢拿；带回的那几木箱书籍，也一直封在箱中，直至70年代末期，才陆续让这些书见了天日。从父亲的遗稿中，我得知他留下的书大多是为了要编《现代中国通鉴》而用的资料，他原计划编写五卷，但只完成了一卷就撒手西去了。没有了主人，这些书的意义，也就没有人真正知道了。

我不知父亲曾有过多少书，更不知他看过多少书。到我开始整理随书一起带回的父亲的遗稿时才发现，他一生竟看过那么多书，古今中外、天文地理，无所不有，确如他自己所说是"杂览"。他这一生几乎是在书海里游着过来的。在他留下的几百万字的手稿中，有相当一部分是"书话"，其中有他的读书劄记，书评，有因书而引发的感想或由书忆人、由人及书。这些文章都曾发表在50年代至70年代初的香港报刊上，散见于他的《近思录》《如寄录》《书林漫步》《黎明试笔》《海天谈薮》《新文心》《书林新话》《檐下絮语》等各种专栏中。

1954年，父亲曾由香港远东图书公司出版了他的《书林新话》。（1987年，北京三联书店将此书重新整理出版。）在书的后记中，他曾写道："……到了近年，所谓做学问，一部分只是为我自己；我也明白，为'己'部分弄清楚了，倒真的为'人'，这是我经过了一番经历以后的觉悟。"（此文原题为《我的一种梦想》。）这次蒙姜德明先生提议，要再编一本父亲的书话，列入北京出版社的"现代书话丛书"中。既然有这样的机会，我就想尽量将作者未曾成书的文章收入其中。这些文字虽曾登载于海外报刊，但内地读者难以见到，可以说仍是"新"的。而他30年代初写的两篇"书话"一向不为人知，从未收在他各种文集中，这次也应主编的建议收进来了。这些都是作者为"己"做的学问，却仍可起到为"人"的作用吧。

不过，正因为文稿始终未曾编过书，我在编辑中也遇到不少困难：譬如作者所有留存的手稿，都没有注明写于何时，发表于何处，甚至连年代都难以查核，很难了解它的时代背景；再就是有的文章手稿已散失，编自作者存留的剪报。这些文章，估计大多数是写于60年代到70代初。而那个时期的香港报纸，排版、校对都十分粗糙，错字、漏字比比皆是。我个人能力、精力都有限，有不少手稿需要我一篇篇重新誊写，也颇费时日。由于没有原稿，无从核对；有些引文要查对原书，我也没有这个力量完全做到。还有，由于作者所处的特殊环境和写作习惯，他的许多引文有时是按大意回忆写出或连缀而成的；现在，一般也不太可能将作者的这些东西重做一遍工夫。北京出版社的有关编辑收到这部书稿以后，在编与校的过程中，不仅在纠补字句上的错漏方面下了很大的力量，而且在对相当数量引文的查核方面也付出了艰苦的劳动。我谨在此表示由衷的谢忱！然而，由于进度要求造成时间上的紧迫，即使是已做了不少的工作，我们仍共同认为目前这部书中肯定还存在一些疏漏。读者诸君若欲移用引文中的话，请以引文原出处为准；若发现有待补正的地方，则请不吝指出为感。

本书所收远不是作者所留的有关"书话"文稿的全部，我只能将整理好的这一部分先付出版，以飨读者。我将继续把这工作做下去，相信以后将有机会让作者更多的文字与读者见面。通过他的文字，读者对他，也将有更深入、全面的了解。

附录母亲邓珂云的《曹聚仁与书》，以及我的《父亲的文稿》两篇文章，或对读者有些参考价值。我还要特别提到姜德明先生和香港中文大学的黄耀堃教授，他们把收藏多年的我父亲文章的剪报赠予我，这本书因此而丰富了不少内容。我真是非常之感动，并向他们表示衷心的感谢。

四、《听涛室人物谭》前言

最近，北京的知识出版社将父亲曹聚仁著作中"怀人"的篇目集中起来，作为20世纪中国作家"怀人散文集"里的一种出版了。这时，我正在整理父亲留下的一些未曾结集的文章手稿，发现其中还有大量的谈及"人"的文字，有关老师、故友，有关同学、同事，有关他曾采访或接触过的文坛、政界人士，也有历史人物的一些典故。当年，这些文字是发表在香港报刊上的专栏文章。在作者，是一些回忆、一些感想；留下来，却是很宝贵的史料。于是，我把这一部分文字集中起来，由上海人民出版社继《上海春秋》

后再出一本《人物谭》，并沿用父亲的斋名"听涛室"，将书名定为《听涛室人物谭》。

整理这些文字是很费时日的事。父亲留下的手稿，习惯性地不标明年月日，不知著于何时，也不知发表在哪份报刊上。据有的文稿上标的专栏题，如"文坛谈往""檐下絮语""旅途杂笔""今世说""如寄录""黎明试笔""人物新语""支离杂话""识小录""海环""幽默絮语"等，可以推断大部分是《热风》半月刊、《文艺世纪》《循环日报》《正午报》和《晶报》上的文章，时间在50年代末至70年代初，所署的笔名有橄生、沁园、赵天一、姬旦、陈思等。为此，我曾专程去香港，希望在那里的图书馆里能查到这些报纸，把发表的文章和手稿作个核对。出乎意料的是，香港的几个大学图书馆里，除《大公报》《星岛日报》等大报外，这一时期的其他港报港刊保留得很少（也许因为香港的报刊实在太多太杂，难以收藏之故）。香港政府办的大会堂图书馆里，英文报刊很齐全，中文报纸除了《星岛日报》，几乎没有别的。这使我很失望。倒是有些当年喜爱我父亲文字的读者，保留了一些旧的剪报，知道我去寻觅，很热情地复印了送给我，虽不齐全，却也不无帮助。在此，我要向给我帮助，援我以手的香港中文大学黄耀堃教授、卢玮銮（小思）教授和香港大学的梁秉钧（也斯）教授表示衷心的感谢。

父亲的作品中，颇多引经据典，文中不可能一一注明出典；有些引文，囿于当年香港条件所限，他也只能凭自己的记忆，难以找资料核对，故疏漏错误难免。整理时，我与出版社的崔美明女士尽力查考，但还有不少引文找不到出处或原文，无从校对，只能存疑。此外，由于这些文字均发表于香港报刊上，有些提法与大陆的出版物不符，虽经修改，仍难免有遗漏之处，希望结集出版后，得到读者和有关专家们的帮助、指点。

五、《书林又话》后记

在曹聚仁留下的未成集散稿中，最多的恐怕就是谈文话书的了。他生前在香港曾自编一本《书林新话》（80年代由北京三联书记在大陆再版），后来，又在报刊上写了大量书话类专栏文章，这些专栏题目有《书房一角》《书林漫步》《书林又话》等等。所以，当我把他留下的散稿整理编辑起来时，很自然地想以《书林又话》为名，再出一本他的"书话"，也可以与《书林新话》和北京出版社1997年出版的《曹聚仁书话》区别一下，因为内容、篇目本来就不怎么重复的。

作者看的书很杂，加上当年香港那种"卖文为生"的境遇，不可能很系统地作一些书评或研究；大多是随看一本书，或想起点什么，就写下来，相当的随意。但这随意中，又处处流露出作者对书、对文、对人及对生活的态度和见解，也看得出作者深厚的学术根底。今天的读者，即使没看过他谈到的那些书，看了他写的书话，相信也会有一定的收益，也会长一些见识。我在整理这些书稿时，就深有这样的体会；几位帮助我誊写书稿的年轻朋友，也有同感。

书中有一部分，是作者生前以《新文心》为专栏题，发表在香港的杂志上的，其中谈了对散文、诗、小说、戏剧的创作的意见。虽不是很完整，但很能代表作者对文学创作的观点。严格说来，属文学理论的探讨，却与"书"不无关系，也就一并收入。其中有《人物与故事》《写实与理想》《〈少年歌德之创造〉及其他》《读红小记——大观园的轮廓》《读红小记——大观园中的人物》《史事与历史小说》《传记文学》《演史的一例——西太后的故事》《曼侬帕》诸篇，已被作者自己收入《书林新话》，在这个集子里就不重复辑入了。

至于最后一部分《阿涛叔父——一个教书匠的童年故事》，实际上是作者最早写的自传，讲述他自己童年的故事。50年代在香港的文艺刊物上连载。这个故事的末尾，就该接上他的自传《我与我的世界》了。现把它收在这本书里，也可以使读者从一个侧面对作者有进一步的了解。

出版过程中，幸得上海辞书出版社杨柏伟先生的帮助，在编排、校订上多方出力。还要感谢赵荔红、解永健、曹勇庆、郑利平、宋岚等先生，将作者篇篇手稿抄写誊清校对一遍。这是十分辛苦的工作，有时，比自己写文章还要吃力，却又十分重要。如果没有他们的鼎力相助，这本书的出版是不会这么顺利的。

父亲的梦

曹　雷

　　如果我对人说，我的父亲——当过国文教师、做过战地记者和报纸编辑，研究国学和历史相当有成就，在文坛上活跃了50年的曹聚仁，曾经憧憬过成为一名演员，一定不会有人相信。在我这个从艺30年的人的眼光来看，我父亲也确不是块演员的料：五短身材，操着一口浙江官话，嗓音也没什么特点，唱什么歌都像吟古诗那样哼哼，右脸颊上还因儿时患牙龈炎留下了一条深深的疤槽（我小时候很喜欢看他有疤痕的这边脸，这给他带来一种特殊的气质。我想象不出没有这道疤槽的爸爸会是什么样）。我父亲一点也不具备演戏方面的先天条件。可要是你当面对他这么说，他就会不服气地叫你去翻翻30年代的《大公报》，上面记载过他如何导演熊佛西编剧的《一片爱国心》，由暨南大学教职员在安亭演出，演得如何成功；他会如数家珍地告诉你，他还排演过抗战剧本《牯岭鬼屋》写过一首由萧友梅谱曲的抗日歌："枪，在我们的肩……"。真的，尽管我父亲当不了演员，但他真是醉心于戏剧艺术，这份痴迷，有时比我这个当演员的更甚。

　　我5岁的时候，已经是小学一年级的学生了，被班级推选出来参加全校演讲比赛，讲稿是我父亲为我捉刀的，题目就叫《我要当个演员》。稿子里有两句话，至今我还记得："我要当一个演员，我要我哭，人也哭；我笑，人也笑……"我的演讲获了奖，一面三角形的奖旗就挂在黑板正上方，挂了

一学期。

我不知道父亲当时是不是拿准了我将来会成为一个演员，但我回想起来，这篇讲稿倒是流露出他的一份遗憾——没能成为一个演员的遗憾。他希望女儿能弥补这份遗憾。

父亲对我说起过爷爷，那是个思想开明，却又治家极严的农村学者，从来把看戏跟赌博相提并论，不许家人沾一点边。偏偏我父亲儿时"人小鬼大"，越是大人禁止的事，越是对他有种神秘的吸引力。虽然一生未曾挨过赌桌的边，却在第一次偷偷看了戏后就迷上了戏剧。还一直崇拜那个《桃花扇》里写过的明末泰州有名的说书人柳敬亭。

抗日战争的烽火年代，我父亲穿上戎装，出入战场，做了战地记者。在写了大量战地通讯的同时，还写下了他的第一部长篇小说《灯》，反映了一群青年人在抗战中的不同命运。40年代初，他在江西，就曾想做一回柳敬亭，用说书形式，讲他的小说《灯》。他计划得很好，每天先评说40分钟的抗战形势，下半场再说40分钟的小说，场子联系好了，海报都贴出去了，不料日本飞机一阵轰炸，把当地的发电厂炸毁了，他说书的计划也一齐给炸掉了。

父亲倒并未气馁。战地采访，使他有机会去到东南沿海和内地的小城、农村，还到了与弋阳毗邻的上饶，到了南曲大剧作家汤若士的家乡江西临川，又在另一南曲剧作家蒋士铨家乡铅山住了些时日，去了徽剧和青阳腔的发源地皖南……所到之处，他必设法看戏：地方剧、采茶戏、木偶戏、草台班，什么都看。并非为了娱乐，而是悉心研究。

也许是受到了父亲潜移默化的影响，尽管在我10岁那年，父亲就离家去了香港，但"要当一个演员"的愿望，却在我心里扎得很深。终于在1957年考入上海戏剧学院。

1962年，我在戏剧学院的毕业剧目《桃花扇》中饰演李香君。当在台上与剧中人柳敬亭对戏时，不由自主地总要想起父亲来。我写信告诉父亲，他激动不已，给我寄来《板桥杂记》及孔尚任曲本，还写了几段《读曲微言》。他对我说："《桃花扇》乃是我40年前第一回所读之曲本，恰在武昌碰上兵变，仿佛柳敬亭之投辕；十多年前，我又在秦淮河畔，经历了南朝新事。一天下午，G氏（按指蒋经国）访我于旅次，我反复陈词，说到福王的覆辙，殷鉴不远，谓内战不可不早日停止，终无以改变当局的意向。……"父亲是把戏剧和历史联系在一起来看的，自有比我多一层的感慨。

当我在舞台上，怀抱琵琶，唱起"夹道朱楼一径斜"的时候，远在香港的父亲却不能坐在剧场，看当年的演讲变为现实，感受"座上有人泪如潮"的气氛。父亲的老友，原上海《新民晚报》的老报人唐大郎先生看了我的戏，写诗寄港，题曰《寄聚翁》，谓"老怀愉悦"，并描述了演出详情。父亲百感交集，赋诗答云：

> 兹亲健胜难称老，多谢故人《寄聚翁》；
> 共写河清海宴句，新声处处祝东风。
> 童年小梦真如幻，今日登台幻似真；
> 玉树芝兰喜有托，量材栽植出新人。
> 试睁冷眼欲旁观，换稿舆图着笔难；
> 水榭花开复花落，青溪白鸟逐飞澜。
> "桃花扇底说南朝"，社党重钩霸业凋；
> 春灯已错何从认，玉殿枭啼自寂寥。
> 风标莫学世时妆，裙布钗荆也不妨；
> 一字奸贤须记取，香君姓氏自芬芳。

那时我祖母尚健在，故说"难称老"；"幻似真"则指当年演讲事。父亲常把自己比作屠格涅夫笔下的罗亭，他在解释这首诗时说："侯方域倒像罗亭，多幻想而少实践；李香君则是崇拜罗亭的那位意志坚决、不屈不挠的少女。若干方面，侯方域正是一般知识分子的形象（我当然在内）。寄扇以后的李香君和娜泰雅（按《罗亭》中的女主人公）一样地幻灭了。"在这里，父亲又把戏剧和人生联系在一起，把对《桃花扇》的解释引申到自我的

剖析，这更是对我深一层的启示了。

我虽不喜上银幕（至今仍如此），但命中似乎注定要与银幕结缘。刚毕业，就被导演找去拍片；第二年，又在电影《年青的一代》中扮演了一个很有个性的女孩林岚（这角色，我先在话剧舞台上演了百来场）。影片拍成，在香港公映，父亲终于看到了我的戏。在给我的诗中，父亲有"默然相对影中人，娇唤爹娘恍若真"句。从中可以体会出他恨不能走上银幕应一声的心情。自他离开上海，至看到我拍的电影，已过去整整16年。16年中星移斗转、风云变幻，我们只有几次短暂的相聚。虽不断有书信往来，可是亲耳听见女儿叫"爸爸"的声音，真是会让他心震神颤的。尽管声音是银幕里传出，尽管唤的是戏中人，在父亲听来，确是"恍若真"呢。

父亲为我真成为一名演员而高兴。他又何尝不想我能跟他生活在一起，成名香港，走红海外！可那是在60年代。正是我拍完《年青的一代》前后，有位在港台红了半边天的电影明星林黛，自杀身亡了。林黛的父亲程思远先生也是我父亲的好友。过去两位老友见面，常谈起各自当演员的女儿。林黛的不幸，使思远先生受到极大打击，我父亲也极为痛惜。在观看《年青的一代》后不日，他又看了一部林黛主演的影片，并在文章中写道："想到这大眼睛的野姑娘已经埋骨两年，叫我怎忍心看下去呢！"在这样的矛盾心情下，他再也没有提过要我去香港的愿望。

我父亲自己对戏剧艺术的研究，始终未曾间断。50年代后期，他有机会多次回到大陆，走访各地。就像抗战时期一样，无论到何处，他都不放过看戏的机会。他说："在别人的百忙当中，我却有从容欣赏的机会，诚如刘姥姥进了大观园，把从古以来没去过、没听见过的都见识到了。"他看了赣剧、川剧、秦腔、评剧、黄梅戏、吕剧、江淮戏、越剧、粤剧……看了旧形式新题材，也看了新形式旧题材。他写下了各种剧评、观感、介绍，汇集在他1960年出版的《人事新语》一书中。

60年代末期，父亲经历一场恶疾，总算浮过了生命海。他拖着衰弱的身体，面对病魔的威胁以及严峻的政治空气的压迫，多方求助，终于把几十年来对中国戏剧研究的点点滴滴汇总起来，写下了20多万字的评述；并把20

多年来收集的剧照、相片、资料、图片共2000多幅，集成一本大书出版，书名《现代中国剧曲影艺集成》。这是他咬着牙，拼着最后一口气在临终前完成了的大事。他在信中对我说："雷雷，这是我为你做的一件大事。40岁以后，你再看这本书，会明白我的用心。"

40岁以后的我，由于种种原因，不能适应拍摄电影的生活，转到幕后，干起了为外国电影译制配音这一行。但我仍是一个演员，仍是一个"我哭人也哭；我笑人也笑"的演员，哭笑的背后，学问深远，够我一辈子奋力而行。我明白父亲的用心。

我的父亲

——《香港文丛·曹聚仁卷》前记

曹景行

我依稀还记得4岁那年夏天的事情：爸爸急急赶到上海的北火车站，匆匆穿过检票的门口，消失在月台的人群中。南下的列车把他带到罗湖桥头，再过去就到了香港。爸爸后来在文章中不止一次说到，那时（1950年）他到香港，原打算暂住一年半载，等大陆的情况明朗一点就回去。岂料，这一住就是20多年，直到1972年病重转赴澳门就医，不久即去世，也是在夏天。我从皖南山区的农场赶出来，和姐姐一起用了三天多时间到达拱北关口，来接我们的亲友臂上已戴了黑纱。

每当朋友说我今在香港打新闻界工是"继承父业"时，我难名肚中一番苦笑。来香港后，曾看到好几篇文章，作者都讲到早年如何受益于我爸爸之教；对于我来说，这却是一种奢望，难以企盼。

自那年爸爸来到香港，50年代后期他曾多次回大陆，但和我们孩子共聚的日子，加起来最多也只有一个月吧，实在记不起听过他什么"教诲"。我开始懂得世事，又逢"文化大革命"的"难忘岁月"，我在下乡的地方收到过一两封爸爸来信，颇赞同我到山区务农，他担心世局太乱，万一有战事倒可一避。

爸爸并不清楚那几年我们在大陆的遭遇，更不知道"上山下乡"究竟是怎么一回事。我们在信中很少讲会令他不安的坏消息。实际上，有一个在香港的爸爸，一直是罩在我们头上的政治阴云；同样，我们也很难体会爸爸在香港谋生的艰难。五年前我移居香港后，听亲友讲了不少爸爸的事情。特别是1968年他第一次大病，几乎是爬着回到大坑道天台上的寓所，最后由朋友送进广华医院开刀。我曾去大坑道看过，那幢被人称为"危楼"的四层高旧房子早就拆掉了，建起了几十层的豪华新宅；而现在，我每次经过广华医院门口，心中就会有一种冲动：去看看爸爸睡过的病房，探访他在《浮过了生命海》一书中讲到的医生和护士小姐，尽管那已是二十七八年前的事了。

爸爸在香港生活了22年，除了文字，几乎什么都没有留下，连他的藏书也在晚年病重时卖给了一个书商。他的文字，也不只是留给我们子女的，过去10年中，差不多每年都有爸爸的一两本旧著在大陆出版，可见还是有人要看他的文章。

爸爸一生发表了4000万字的文章，粗略划分一下，大约一半是在大陆时写的，另一半则是到港后写的。每天3000字，每月近10万字，一直写到去世前几天实在提不起笔来为止。他留存于世的最后一张照片，就是躺在澳门镜湖医院的病床上，仰面朝天，左手举着垫板和稿纸，右手悬笔而书……这样的写稿生活对任何人来说都是一种残酷，但不写就难以维持他和全家的生活，早年在上海，爸爸还能到大学兼课，来香港后再无这样的机会，完全靠一支笔，真的是"手停口停"了。

写文章也许已成为爸爸生活中最重要的一部分；他所经历的动荡、变迁的时代、环境，他自幼积累的国学、古文功底，他那行万里路、读万卷书的生活，也确使他的文章具有独特的个性。每次有一批文稿结集成书出版，他就会一本又一本地寄给各地的朋友。结果，大陆"文化大革命"到来后，送给朋友的许多书被抄走、销毁或扔掉。前几年有人在北京的旧书店里，就买到爸爸当年送朋友的书，里面还有"某兄指正"之类的字句。

在大陆，曹聚仁这三个字要到80年代中期才不成为禁忌。虽然他的《鲁迅评传》《采访外记》等代表性著作，至今还没有大陆的出版社再版，但研究曹聚仁毕竟不会在政治上犯天条。也有多位青年学者找上门来，希望我们对他的研究提供帮助，而我们也不忘给他们泼点冷水。

爸爸的一生被时代分成前后两个部分，50岁以前他在大陆生活，所写的文字除了已收入《笔端》《文思》等书中的那些，还有许许多多散见数十种报刊上。大陆的学者或者有可能在图书馆的藏书楼中见到，海外人士就绝难有这样的机会；反之，大陆有心研究曹聚仁的人，又看不到他来香港后写的文字。所以，对任何向我们表示有意研究曹聚仁的人，我们首先希望他们从收集资料着手，想办法看到前后两个时期的有代表性的作品。

这十几年中，我和母亲邓珂云、姐姐曹雷所做的事情，也就是收集、整理、出版爸爸的文字。在这件事完成之前，真正的研究是无法展开的。至于大陆有人以研究曹聚仁的专家自居，把道听途说、捕风捉影的事也作为"研究"写进书里，以讹传讹，起码是过于着急了一点。总有一天，等把很多事弄得更清楚了，资料更齐全了，我们会写一点东西代爸爸来回答。

在香港，不同的人眼中的曹聚仁也是很不一样的。除了当年的政治分歧，也许还有各种私人恩怨纠缠其中，我不甚了解。但今后不管谁想骂他或赞他，希望都能看过他的文字再落笔或出声。因此，很高兴香港三联书店能出版这本书。其中的文字全部是爸爸来港后写的。但文中所谈的却是他一生中各个阶段的事，有谈他自己的内心和思想的，有谈他朋友、熟人的，有对生活的杂感，还有他谈书和读书。其中有一个部分谈他50年代的北行情况。这些文字辑自他曾出版的《我与我的世界》（1973年港版及1983年北京版）、《新事十论》（香港创垦版）、《鱼龙集》（1954年港版）、《乱世哲学》（1955年港版）、《采访外记》（1955年港版）、《采访二记》（1955年港版）、《采访三记》（1955年港版）、《山水·思想·人物》（1956年港版）、《万里行记》（1966年港版及1983年福建版）、《浮过了生命海》（1967年港版）、《书林新话》（1954年港版及1987年北京版）、《听涛室剧话》（1985年北京版）、《北行小语》（1957年港版）、《北行二语》（1960年港版）、《鲁迅评传》（1956年港版）、《鲁迅年谱》

（1967年港版）、《知堂回想录》《蒋百里评传》等书。在今天的香港，出版曹聚仁的集子不是一件赚钱的事，所以更感激香港三联书店。

　　唯一的遗憾，是我母亲已看不到这本书出版问世了。和其他近十种新版的曹聚仁著作一样，这本书主要也是由她选编的，到6月，母亲去世已经整整五年了。

（1996年7月）

难忘的日子

——追忆与伯父的相处

曹景滇

伯父回来了

1956年7月的一个傍晚，一辆浅绿色的小轿车在我家院子门口停住，车门一开，下来一个长得挺文气的胖伯伯，夹着个大大的皮包，急不可待地跨上台阶，大步流星地进来了。只见客人急忙上前，一把扶住我奶奶喊："妈妈！"奶奶愣住了，张开没牙的嘴站在那儿，眯着老眼涌出了泪花，隔了一会儿，才颤着声应着："挺岫！（我伯父的小名）归来了？"客人点点头，眼圈也红了……我这才明白，原来他——就是我没有见过面的伯父曹聚仁。

那是他第一次回大陆。听说，在海外新闻从业人员中，他是第一个回到新中国采访的记者。

我们成了他的左丞右相

很小的时候，就听爸爸说过，伯父是大学教授和新闻记者，还是个作家。作家——在我幼小的心灵中是这样的人：他们爱钻书本儿，咬文嚼字的，整天伏案写作、奋笔疾书，说起话来定是引经据典、口若悬河、滔滔不绝的。总而言之，他们是可敬而不可亲的人。小孩子在他们面前，必定要规规矩矩，可不能有一丁点儿差错，一不小心他们就会拿你当坏孩子的典型写到书里，那你可就倒霉透啦！瞧，那时候，我那个小小的脑袋瓜儿，还挺"复杂"的呢，我还是存着很大的"戒心"来和伯父接触。

俗话说："百闻不如一见。"我们和伯父很快熟悉起来，几天工夫，我那心上的"防线"就不攻自破了。我发觉，伯父是个很普通的人，聪敏而又冷静、温和而随便，尤其是对小孩子，他从不约束我们，但也不溺爱我们，对我们的争吵，他既不横加干涉、也不指责。只是静静地观察、津津有味地旁听。甚至对我们的淘气和恶作剧，他也从不见怪，往往是很理解地付之一笑。在北京的侄子、侄女、侄孙少说也有十几个，他都一视同仁，而我们几乎个个都喜欢和他在一起。真的，和他在一起无拘无束，比和爸妈在一起还自在！他带着我们去游玩、访友、看戏、吃小菜馆，像对平辈一样和我们谈话，当我们玩得兴高采烈、大叫大嚷时，他却能坐在一边，旁若无人地写文章。很奇怪，他好像随时都可以写，在北海的五龙亭上、在颐和园的昆明湖畔、在香山的"鬼见愁"上、在友人的家中、在冷饮店里、在"仿膳"的饭桌上、在火车和汽车里……我常常看见，他，就那么咬一会笔杆、写一阵子，喝一口浓茶、又写一阵子。

有一次，我和五姐景漪跟伯父到北海公园"仿膳"吃饭，伯父点好了饭菜，就打开皮包拿出纸笔写了起来。那天等了好久饭菜都没上来，我和姐姐肚子饿得咕咕叫，但伯父仍在忘乎所以地写作，我们的叫饿声和埋怨声他一概听不见。于是姐姐把店里的意见本摘下来递给我，叫我提意见。这时，店里的一个老服务员看见，走过来站在我身后说："小朋友！你要提意见啊，给你笔。"我见他站在身后，到底人小胆怯，迟迟不好意思下笔。恰巧这时伯父写完了文章，一看这情形，便笑着接过意见本写上几句："我要为一个小姑娘叫屈，她玩得太累，肚子饿得咕咕叫了，可是等了一个半钟头，香香的饭菜还没来，他的伯父又忙着做自己的事，把她给忘记了，这样一来岂不叫她太受委屈了。"写完了后，对服务员幽默地说："这是批评，又是自我批评。"那老服务员也呵呵地笑了，连忙表示歉意，等饭菜端上来后，伯父一个劲儿往我碗里夹菜……44年过去了，这段插曲至今牢记在我的脑中。现在我不仅有了儿女，还有了侄孙，我常常埋怨孩子们太麻烦，吵得我什么事也做不成。但想想伯父当年却能在最吵闹的环境里写作！伯父的《北行小语》《北行二语》《北行三语》等在海外颇有影响的几本书，其中的许多篇章，不就是在我们的喧哗声中写成的吗？

我们和伯父相处得很亲密、融洽。他，不仅是我们可敬可亲的长辈，而且是能与我们"和平共处"的大朋友。我们给伯父周围增添了生趣和热闹，伯父也让我们开了眼界、长了见识。我们互不妨碍、各得其乐！每次回到北京，他都在新侨饭店定了两套房间，接我们这些侄子侄女去同住，我们就像左丞右相一样，到哪儿去都簇拥着他。

当时，他曾不止一次地对爸爸说："香港世界太狭窄，人与人就像带刺的猬，彼此容易相碰，生活压迫下的不愉快心理，真所谓'一触即发'。我在那住了六年，心头有说不出的'闷''逼窄'。回到祖国，就觉得旷达、开展，这儿是生存圈很大的世界，真所谓鸟飞鱼跃，各自舒展各自的才能，不会彼此碰伤，用不着把朋友踹在自己脚下。"还说："这儿的朋友多，亲人也多，孩子们也特别可爱。"这番话的深意，年幼的我是无法理解的，我也无法想象，伯父在香港，每天要写三篇文章，"在夹缝中讨生活"的艰难状况。更不知道，他这么爱山水的人，为了"爬格子的生涯"的紧张，竟"不曾度过一个周末"！我只隐隐约约地感觉到，他是个孤单的人，像孩子一样需要亲人，需要温暖。在他那颗成人的心灵深处，似乎藏着一种淡淡的哀愁。

我的悲伤和喜悦

我记得伯父每次回国来，周总理总是要接见他的，有时候，也到新侨饭店来看伯父，但都是在我们上学了的时候。待我们回来，知道这一消息，总是懊恼得大叫："早知道这样今天逃学了！"

暑假的一天下午，我和弟弟在伯父那儿睡午觉，一觉睡到5点钟才起来。服务员阿姨对我说："你伯伯已经为你们定下了晚饭，他有事刚走。"往常伯父不管到哪儿都要带我们同去，今天为什么不带我们呢？想到这儿，我拉起弟弟，飞快地奔下楼去，一眼看见伯父的车子刚刚发动，我和弟弟大叫："伯伯，带我们去！"伯父从车窗探出头来，向我们摇了摇手又挥了挥手，示意我们快回去。车子很快开走了。

我和弟弟无可奈何地走回去。那一晚，面对着一桌子丰盛的菜肴，我们两个孩子，第一次尝到了"食不甘味"的滋味，没精打采地吃过晚饭回房去，任凭服务员阿姨怎么劝说，我和弟弟都不肯睡觉，定要等伯父回来"兴师问罪"。"伯父肯定去见周总理了！"我对弟弟说。弟弟泪汪汪地看着我说："我也想看周总理啊！"天黑了，我和弟弟和衣躺在床上，心里觉得又委屈又可怜，大颗大颗的眼泪涌了出来。人们常说，童年的眼泪是易流也易干的。但我们伤心的泪花，却不断地溅到枕巾上，我们的抽泣声，一直延续到梦中。午夜，伯父回来了，我立即惊醒，一骨碌坐了起来……

据说那一天，伯父不仅和总理共进了晚餐，而且在融融的月色中，与总理一起泛舟在昆明湖上3个多小时。也许，当我和弟弟哭得最伤心的时候，也正是伯父在湖上谈兴正浓时……伯父回来后简直不知道怎么安慰我们才好，他手足无措地坐在我们身边，又笑又叹气。当过多年国文教授的伯父，此时此刻，他在两个幼稚而固执的孩子面前却没有了词汇。

过了不久，一天，我正在伯父房里做功课。一个叔叔走进来，在伯父的耳边低声说了些什么。伯父站起来，对我说："滇，到对面房里去做吧！"
我明白是有客人来了，很知趣地收拾起书包。跨出门时看见门边站着两个高
大的叔叔。我正猜度着，只见一个气度不凡而又似曾相识的伯伯潇洒地走
来。他看见了我，两道剑眉一抬，炯炯发光的眼睛里显出了亲切的笑意。他
和善地点了点头，就推门进去了。我站在那儿，就像触电一样浑身一震！这
不是周总理吗？我那颗小小的心因幸福而大大地膨胀起来了！这一瞬间就永
远留在我的心中，印入了我的脑海。我记住了这一天，8月17日，当我11岁
的时候。

四川伯伯

平日来看伯父的人很多，但我印象最深刻的要算四川伯伯——陈毅元
帅。当时，陈毅同志任上海市市长兼国务院副总理，常常来北京，因而也常
到新侨饭店来与伯父叙谈。伯父说，早在抗战初期，皖南事变之后，他就曾
访问过陈毅同志，并向海外披露过皖南事变的真相。陈毅元帅性格豪爽，我
伯父说话坦率，两人谈起来就特别热烈。他们之间并不总是互相赞同，常常
会辩论起来，但每次都高高兴兴地结束。我们几个孩子，在他们身边无拘无
束地玩着，做着我们自己的事，不太留心大人们的高谈阔论。我只记得这位
四川伯伯说过伯父是"爱作怪异之论"的人，还补充说："但不'非常'，
也还'可喜'。"而我最喜欢这位四川伯伯，他说起话来风趣而又痛快，那
口四川话音很好听，脸上的表情又生动。他还没一点架子。有一次他问我：
"你长大了想做什么？"我略想了一下就说："当地质家。"伯父插嘴说：
"女孩子当不了地质家的，太苦了。""苦就苦呗，找到宝就乐了！"
我快嘴快舌地回答。四川伯伯笑了，对我伯父说："其志不在小啊！要
得！"我虽没完全听懂他的话，但我明白，这是夸我呢！周围的人都嫌我
太淘气，难得有人夸奖我的，更何况是这么一位"将军"伯伯呢，所以我
感到特别高兴。

伯父常说四川伯伯是个了不起的人物，上马能武，下马能文，既是将军，又是诗人，还编过报，当过记者。他是有名的军事家，顾祝同、汤恩伯、杜聿明、王耀武、黄维、胡琏都是他的手下败将，并说他做了上海市市长这才使流氓敛迹，洋人低头。他自有外交家的才能（当时陈毅同志还没有担任外交部长）。

伯父得到毛主席的召见

伯父常说，他一生中曾与许多著名人物交臂而过，尤其是当年的战地记者生活，使他走遍大江南北，见识到许多人和事，收集到很多珍贵史料。他曾开玩笑似地说过："国、共两党，只要榜上有名的人，几乎都认识。"但是，他也有一件憾事，那就是：尽管在他的著作中曾不止一次地向读者介绍过毛主席，而他尚未有机缘亲眼目睹这位当代伟人的风采。他自己也想不到，一个普通的作家，依他自己的说法是个"不带政治色彩的自由主义者"，回国来竟会受到毛主席的亲切接见。

有一天，我和爸爸到新侨饭店去，伯父喜形于色，眉飞色舞地像个小孩子，兴奋地对爸爸说："昨天，毛主席接见了我。"那天，伯父说得最多，我也听得最注意。记忆像桥梁，沟通了岁月。一闭上眼睛，仿佛伯父还坐在面前，近在咫尺，侃侃而谈。他说："主席问我这次回来，有什么感想？看我们这儿，还存在什么问题，不要有顾虑，给指出来。还建议我到处走走，多看看。还问我海外华侨心里想什么？我很直率地把我的感觉，我所知道的全都讲了。"伯父又说："想不到，我的著作主席差不多都知道，我说我是自由主义者，我的文章也是'有话便说，百无禁忌'的。主席他认为我有些叙述比较真实，而且态度也公正，又叫我不妨再自由些，还要我回去后寄几本《蒋经国论》来给他看看。"伯父说到这里非常感叹："我写文章常常赶着发表，连自己都来不及细看一遍。没想到，主席会看得这么认真仔细。"

那天伯父和爸爸谈得很晚，两个人又拿出泡着鲜红杨梅的白酒（浙江人

最爱吃的一种酒）痛饮起来。

在这儿，我还要写一件事，"十一"国庆节到了，白天，伯父参加了国庆观礼，晚上，又应邀去天安门城楼观看焰火。临行前，他曾考虑了再三，很想带我们同去。但又怕不允许带孩子，就一个人去了。事后，他后悔不及，顿足叹息！那天晚上，毛主席和中央领导同志都上了天安门，而且很多外宾都带了孩子，他一再说："我错过了多好的机会！孩子们会怪我一辈子的。"

伯父的朋友们

伯父的朋友可真多，而且各界人士俱全，不论新闻、文艺、军政、科技、商界都有，甚至还有清朝时的郡主、饭店的厨师和外国朋友。他们是30年代、40年代的师友、学生、读者、曾采访过的对象，还有近年来在海外因各种原因结识的新友。知道他回来了，纷纷而至，或登门互访，或路遇相认。我记得伯父有个二三十年代在上海的老友程克猷（据伯父说他和他哥哥曾为哈同塑像），多年来与伯父各居一地，天各一方久不通音信了。谁知正巧程伯伯的女儿程八俊与我是同窗好友，我经常到她家去玩。一次程伯伯偶然问起我的家庭情况，得知我是曹艺之女，喜出望外地说："我和你爸爸、伯父都是好朋友，怪不得你和八俊这么要好，我们原是'世交'啊！"由于我这"桥梁"作用，他们终于又见面了。

那时候，来往的人很多。我记得有田汉、夏衍、老舍、欧阳予倩、梅兰芳、齐白石等文艺界著名人士，还有马寅初、柳亚子、沈从文、梁漱溟、齐士剑、顾颉刚、冯友兰、周作人、黄绍雄、邵力子、张治中、卫立煌等名人。我们小，一见客人来了就知趣地走开，孩子的眼睛是稚气而丝毫不势利的，从来没有因为是名人而多打量几眼，也从来没留心去听名人们的言谈。但孩子们的心中自有一杆衡量大人的称。哪个伯伯、婶婶可亲，一下子就会缠在膝上，留恋不去。孩子的记忆往往是无心而又长久的，像墨空中的闪电般清晰。我记得他们在一起缅怀同行的朋友们，谈起×××在美国，×××在台湾……不知何时能再相聚、坐下来共讨学问。伯父说："大陆和台湾目前这种状况，增加了海外华侨精神上的负累，海外华侨都希望祖国能早日统一。国共曾两次携手合作，若再能第三次合作当是国人之福。"并说："目前工商业能公私合营，大陆和台湾也可来个公私合营嘛！"对周总理当时在人大会议上发表的"和平解放台湾"的演说，伯父大加赞赏，说："要解决中国问题，诉之于战争，不如诉之于和平。"并说："我问过总理'和平解放台湾'这个提法票里票面的实际价值。总理说实际价值和票面完全符合。我们对台湾不是招降，而是要彼此谈判。"又说："几十年来，我看共产党做事一向说话算话，不玩阴谋的。"伯父很早就关心和致力于祖国的统一，也是他最早通过新闻媒体向海外宣传党中央关于"和平解放台湾"的重要决策的。他虽生活在海外，时刻思虑着中华民族的整体利益，一心期盼着祖国繁荣昌盛。

我还记得邵力子爷爷和傅学文奶奶是伯父最亲近的朋友之一。伯父说邵爷爷当年任《民国日报》主编时，伯父常常为副刊写文章。伯父20年代初到上海时，多亏邵爷爷的帮助，对邵爷爷的为人，伯父一向尊重，称他为"和平老人"。邵爷爷和傅奶奶长得胖胖的，和和气气的，他们和我们这些孩子相处得极好，他们很爱孩子，和我们亲亲热热。但邵爷爷人很直爽也很讲原则，当时邵爷爷是旗帜鲜明地赞同马寅初的"人口论"的，主张节制生育，并曾当面指责我爸爸，为什么生这么多子女？还笑着威胁我爸爸说："11个子女，给国家增加了多少负担？像你这样应给国家上税！"他还热心介绍吃活蝌蚪的偏方给妈妈，说能绝育，妈妈胆小，始终没敢去尝试吃蝌蚪。

伯父说过："朋友尽可见解相反，但我看不妨碍友情。"所以他的朋友能这样多。

关于提意见的故事

伯伯回国来，看什么都新奇，尤其是互相之间可以提意见。他深有感触，觉得人与人之间的关系变纯洁了，社会道德风气变高尚了。

他第一次带我和姐姐到东安市场内的西餐馆去吃点心，要了很多果子面包，我和姐姐怎么也吃不掉，姐姐掏出手绢，准备包起来带回家去，谁知伯父说："不要收拾，他们自会来人收拾的。"服务员过来收拾桌子时，看看桌上还剩这么多点心皱了皱眉头，刚想说话，看见伯父的样子像从海外回来的，因而忍住了。我们姐妹俩，很心痛那些面包，回家去对爸爸说："伯父真会浪费！"伯父知道后问我们："为什么你们不直接跟我说呢？"我们说："你是从海外回来的客人，我们不好向你提意见。"伯父笑了，他说："你们这么小的孩子，还'内外有别'对我'特别照顾'啊！"爸爸说："哥哥你应注意，不能再犯这种错误，否则家里人对你'手下留情'，外人可不会总对你'特殊照顾'的"。伯父当时听了，并不很在意，当成笑话付之一笑。

过了几天，伯父带我们到颐和园去玩，中午吃饭时要了六盘蛋炒饭，我们小孩子一人吃不了一盘，结果剩了两大盘在那儿，这时，旁边桌上两个清华大学的大学生过来对伯父说："同志！你也太不像话了，剩下这么多饭，造成多大浪费啊！"伯父窘得面红耳赤，连忙解释："孩子们饭量小剩下的。""孩子们不懂事，你做大人的应该有数，不会少叫一点，让两个小孩吃一盘吗？"两个大学生到底是初生之犊，一点也不让步。又说："你这个同志一点不虚心，光强调客观。"眼看伯父下不了台，我忙跳起来说："我伯父是才从海外回来的，他不懂得这是浪费。"两个大学生上下打量了伯父一番，恍然大悟地说："啊！对不起，同志！我们太不客气了。"伯父红着脸站起来连连说："你们提得很对！'谁知盘中餐，粒粒皆辛苦'嘛！连我的小侄女都笑话我不懂了。"这件事，给他的印象很深，回来时坐在汽车里，感叹道："人人都可以互相提意见，真是了不起的民主气氛啊！这样一来，社会怎么会不进步啊！"

慢慢地，他也学会了提意见。因为我们几个孩子很好奇，总认为他是从"另一个世界"来的人，常常追问他的信仰、他的政治观点是进步还是不进步？他给我们弄得很烦，反问我们："你们小孩子管这么多干什么？"姐姐哥哥们说："你是我们的伯父，我们将来入团入党填表都要填你的。"他说："你们把你们的爸爸了解了解就算不错的了，我和你们除了血缘关系以外，可以说比路人还淡一些，世上亲父子的思想常常会相反呢！何况叔侄。"他把这件事告诉了周总理，并对周总理提出：目前在国内，封建社会的意识形态尚未连根拔去。中国封建社会的法律一向重宗法关系，一个人犯了罪，就要株连到血缘相近的那几重关系，入团、入党要调查那么多关系，岂不是宗法观念在作祟吗？据伯父说周总理对他的意见是重视的，认为言之有理。伯父又说："革命成功了，问题还是存在的，要群众从此再无辛酸泪，那还得再努力向前的。"我们却以为伯父不懂阶级斗争，很不以为然。

事隔十年，"文化大革命"开始了。"四人帮"披着马列主义的外衣，极力鼓吹反动的"血统论"，一人批斗，株连九族以外。几乎伤尽了国家元气。我才明白：伯父当年提出的意见，不仅很有些道理，甚至有几分远见。

不卑不亢对"洋人"

50年代，北京的"洋人"很多，特别是东欧和苏联专家多，在新桥饭店内也随处遇见。伯父是个很注重礼节的人，在上下电梯时曾多次阻止我与外宾抢道，他特为指着电梯内挂着的守则，将其中一条"要尊敬外宾，让外宾先行"念给我听，我认为自己是孩子，大人让孩子是天经地义的。伯父说："人家到中国来就是我们的客人，你虽然是小孩子也是小主人，应该懂礼貌对客人客气些。"我想想是这个理，于是也学会彬彬有礼地对待外宾了。

在餐厅就餐时，常遇到想领略中国饮食文化但又不会点中国菜的外宾，伯父会热心给予必要的帮助。记得有一位法国女教师平时一直在楼上西餐厅就餐，临回国前想品尝一下中国菜，特意到楼下中餐厅来开"洋荤"。她坐在我们隔壁桌，对着菜单一筹莫展约莫半个小时，后来在服务员的指点下总算点好了菜，可一看表离到机场的时间快到了，非常遗憾地耸耸肩，对服务表示只好将饭菜退了。伯父看她无可奈何的样子，就派我去邀她到我们桌来，那天我们正好点的是饺子，有好几种馅的。法国女教师很快学会了用筷子夹饺子，热气腾腾的饺子吃得津津有味，并且不停地用英语和法语赞不绝口……

伯父对外国人是有理的，但也是有节的。记得伯母带着我堂弟景行从上海赶来与伯父相聚，他们夫妻俩六年未见面，久别重逢刚说了一会话，转眼工夫景行已在大厅里和一个外国小男孩打成一团，两人撕打着从厅的这头滚到那头，伯母和我们连忙上去拉架，好不容易才把他们分开，伯母数落儿子不知天高地厚，竟和小外宾打起架来！景行气得脸通红，委屈地说："什么小外宾！他用脏话骂我是黄狗，还先动手打我，我为什么就不能还手？"伯父听了后鼓励儿子说："打得对，打得好！对这种侮辱人格的行为就应该不屈不挠！"那个外国小孩的家长也觉得自己的孩子理屈，最后带着孩子来道歉。

还有一次，苏联狄那摩田径运动队在北京与中国田径队比赛，当时我们国家的田径运动水平还很低，他们大获全胜，兴奋得失去自控，深夜了还在新侨饭店里大声喧哗和唱歌，弄得楼上下的客人都不能安寝。服务员多次有礼貌地劝说，他们都无动于衷，仍然旁若无人地喧闹。那个年代正是"苏联老大哥"的时代，服务员们对苏联人特别敬重，因此对这种特殊情况的处理感到有点深不得浅不得。伯父觉得这批苏联朋友把中国人的尊敬和客气当成了福气，太无所顾忌了。于是，亲自出面到领队的房间去交涉，苏联运动员们立即安静下来，领队还一再表示歉意。服务员问伯父用的是什么妙法能如此立竿见影？伯父笑着说："我只是以客人的身份提醒他们注意风度，不要把自己的快乐建筑在影响大家休息的基础上。"接着又拍拍那个年轻的服务员的肩膀说："小伙子！'老大哥'在'小老弟'的国家，还要看看'小老弟'的脸色啊！"

伯父对我们说，清朝时由于我们的兵坚利器不如洋人的洋枪洋炮，处处吃亏。于是我们的自卑心理，使我们把洋人看成"洋大人"，20世纪以后，洋大人的西洋镜也慢慢拆穿，特别是洋人的侵略行为，于是反变成了"帝国主义者"。到了而今，民族自尊心恢复了，祖国也强大了，在我们眼前的"洋人"，既不是"洋鬼子"，也不是"洋大人"，也不是"帝国主义者"；在今日的北京，通用了一个很恰当的新名词，叫作"外宾"。我们对待外宾和先前的买办、仆欧把洋人看作洋大人的心理是不相同的。首先是"平等"，然后是"礼貌"。

谦谦有容的梅兰芳

伯父对中国的戏剧情有独钟，不仅爱看京戏，也爱看地方戏，当年正是"百花齐放、百家争鸣"双百方针提倡之时，北京的文艺界呈现一派欣欣向荣的气象，外地进京会演的剧目也很多，总理办公室的小徐（好像叫徐淡庐）常派人给伯父送戏票来。伯父白天忙于工作和写作、采访，晚上则带我们乐此不疲地看戏，也经常抽空拜访戏剧界的新老朋友们。我记得他与京剧界的四大名旦和四小名旦均有交往。

伯父与梅兰芳神交多年。伯父说他们在30年代，因与萧伯纳谈中国戏剧中的锣鼓，开始通信。但真正见面深谈，还是50年代在北京护国寺一号梅兰芳的家中。

那次到梅兰芳家，有伯父、伯母和我。我记得那天在场谈的还有许伯遒、许姬传。

一上来，伯父拿我开玩笑，因我是北京少年宫戏剧组的第一代小组员。伯父说，梅先生，我今天特带来一个小戏迷，也是您的小同行，并笑着让我拜梅兰芳为师。谁知我人虽小，脾气倒挺犟。我说我喜欢话剧，对京戏一窍不通，也不太喜欢。伯母说梅先生是一代艺术大师，人家想拜师还拜不到呢！言下之意是责怪我不识抬举。但梅先生一点不见气，婉言劝伯母别勉强孩子，要听其自然发展，并说："您的侄女很有个性，是个有主见的好孩子。"一句话如春风送暖，既解了我的围又使我心悦诚服，不觉感激地抬眼仔细打量着梅兰芳先生，65岁的梅兰芳先生满头黑发梳理得整整齐齐，脸色红润，目光顾盼生辉显得很年轻。最使人难忘的是那神情，显得那么温温和和，谦谦有礼，丝毫没有名角的派头和傲气。

梅先生谈到1949年新中国成立以来，经常到各省市作巡回演出，工作繁忙，没有时间排演新戏，伯父带我们看他演出的《穆桂英挂帅》，乃是他排演的第一曲新戏，还是看了豫剧马金凤扮演的穆桂英，引起了他的兴趣，才移植过去的。梅先生感叹地方戏的进步与发展速度较快。

伯父说，在戏曲的演唱方面，我是门外汉，但在近代中国戏曲源流的探求上，我也称得筚路蓝缕做开山工作的人，我曾经到过弋阳、到过临川（南曲摇篮地、南曲大师汤显祖的故家，玉茗堂旧地），看过清源师庙碑（碑在江西宜黄，明抗倭名将谭纶的家乡，他是把海盐子弟带到家乡，使昆弋两派结合的第一人）。听过饶河流域的乐平腔。伯父还说，我读了梅先生的《舞台生活四十年》，觉得梅先生对于弋阳腔的流迁，还不十分清楚。伯父认为：新中国成立前梅兰芳只在京、津、沪、杭、汉口、南通和香港这些大城市演出，守着昆腔的大营，对于地方剧种不甚了了，他建议梅兰芳演出之余，应到南曲发芽开花的城市走走，京剧这个大戏，也应不断汲收原就有血缘关系的地方戏的精华，才能更丰满成熟和立体化。

伯父的侃侃而谈，梅兰芳听得很在意，既认真又仔细，一副虚心求教的样子。伯母在一旁却急得频频暗示，大概是怪伯父"班门弄斧"，而伯父似乎浑然不觉，仍然津津乐道。

那天的谈话，气氛很融洽。伯父还答应许姬传，为梅兰芳《舞台生活四十年》有关海外演出的种种，搜集和提供资料。最后，伯父给梅兰芳拍了照，伯母也邀请梅先生合了影。

我们告辞后，在回来的路上，伯母埋怨伯父："为什么说得那么多？好像你比梅兰芳还懂戏似的，真不自量力！"连我也认为伯父说话太不客气，而伯父却不以为然。他说，我和梅兰芳是直谅的朋友。梅兰芳的成就，一分是天才，一分是学养，还有一分则是师友的协助。梅兰芳的学无常师，谦谦有容，诚如谚语所谓"东海不让细流，故能成其大"的。他给我们讲了梅兰芳和齐如山的故事：

清末民初，大名士齐如山先生，从巴黎回到北京，朋友们拉他去看京剧《汾河湾》，梅兰芳饰柳迎春，扮相很美，身段也很好，只是在薛仁贵在窑外唱一大段时，柳迎春坐在窑内，脸朝里休息。薛仁贵唱了老半天，她一概不理会，等到薛唱完了，才回过脸来答话。那时唱青衣的旦角，通通是如此，齐如山先生认为梅兰芳在这一点上要注意，他写了一封长信给他说：

"……国剧的规矩，是永不许有人在台上歇着，该人若无所事事，便可以不用上去，龙套虽为助威的人员，也有一定的表演，何况柳迎春是一个主角呢？不但主角，而且这一段是全戏中的主要一节，此外旦角必须有极恰当的表情方算合格……"

齐如山说了一番道理之后，又逐句逐段写出应该如何表情来。到了第二次，梅兰芳再扮演《汾河湾》时，果然如他批评的改正过来了，演得非常成功。齐如山当然非常高兴，其后，他看一回戏，就写一封长信给梅兰芳，这样他们就成为朋友，齐如山后来成了替梅兰芳编戏，切磋商量的朋友。梅兰芳待人厚道，十分念旧，常常在伯父面前说希望齐如山能回到北京来。

伯父对梅兰芳提出的建议，梅兰芳也欣然接受，果然在当年9月间，借在江苏、浙江、江西、湖北、湖南各省的主要城市作旅行演出时，观摩了地方戏曲，参加了各种座谈会，细心揣摩了各剧种的特性和短长，研究了戏曲各流派之渊源，进一步加深了自己的艺术修养，对中国戏曲的传统，所见既广，所了解也更深。后来伯父读了他的《赣湘鄂旅行演出手记》，觉得：

"……梅先生在南昌谈到弋阳腔的流迁，从高腔剧目找到历史传统，这就是行家谈戏，比我们从书本上找史料的高明一着了。"

伯父活在我们身边

随着岁月的流逝，我们在不知不觉地长大。飞快地跨过青年、中年，现在我已经是跨进老年的"门槛"的人了。对事物，对生活的看法，也逐渐成熟了。近几年来，很想系统地阅读伯父的著作，可惜经过那场大浩劫，伯父的书刊文稿，我能见到的百不得一，从零星的几本书和片断文稿中，读着读着，伯父的音容笑貌，便浮现在我的眼前……

那时我太小，与伯父相处的时间又太短！（1958年父亲工作调到南京，我们全家离开北京）对伯父的"智韬文胆铸金瓯、风雨纵横舐犊情"有感受有体会但了解不深。我时常想：假如这时我与伯父再相逢，我们之间的谈话会广泛和丰富一些，我们之间的了解也将会深刻得多。但时间不可能倒转，岁月不会重返，伯父他已在28年前与世长辞了。我惋惜他去得太早了，倘若他活着，看见国内形势的巨变；得知"四人帮"的粉碎；中美关系的改善、海峡两岸的解冻；祖国改革开放的成果，统一大业中迈出的重要步伐：香港、澳门的回归；台湾海峡两岸中国人对统一祖国的热切要求，将会写出多少精彩的文字，做出多少兴奋的评论来！倘若他活着，知道李登辉之流无视历史、无视中华民族的利益，抛出分裂的"两国论"，他第一个要拍案而起，以笔做刀枪怒斥李登辉！

他走得的确太早了！但是我又欣慰地想到，在他缠绵病榻、被疾病折磨得痛苦不堪之时，能得到他所崇敬的毛主席、周总理的亲切关怀和极力医治抢救，最后为他盖棺论定称他为"爱国人士"，安排有关部门和家属将其骨灰携回大陆安葬，让他叶落归根，这还是幸福的。他走时唯一的遗憾是在生前未能完成"这件不小不大"的事（指和平统一台湾）。他已经尽到了自己的最大的努力了，最后仍坚信"一切当然会有别人来挑肩仔"（见1972年1月12日给《大公报》社长费彝民的信）。

他的灵魂，他的心随着他的骨灰在周总理的直接关心下回到了他"梦境中永远萦怀的祖国"，安葬在南京雨花台。25年之后，在党和政府的关怀下，于前年迁葬入上海青浦福寿园内并为他树立了纪念碑。

伯父和我们相处得真是这么近，他确实是活在我们的身边。

（2000年2月）

曹聚仁致子女家书三封

回忆**曹聚仁**

HUIYI CAOJUREN

曹聚仁致子女家书三封

【编者按】：这里收入的曹聚仁先生致子女家书三封，第一封曾公开发表，收入《采访二记》一书中。第三封信曾在《文汇报》登载过，另一封信是根据手迹抄录、首次公开发表。这些信是言之谆谆的家书，更是自述平生的自剖文字。具有很高的史料价值。

与长女曹雷书

昨天，接到你的来信，知道你已经初中毕业了。我本来打算等到你高中毕业了，便开始和你做朋友，推心置腹，敞开来什么事都有个商量。现在，我把这个打算提早了，你已经初中毕业，便准备和你做朋友了。父母子女兄弟姊妹，那些伦常关系，都是自然所决定的，没有选择的机会；朋友，才是我们经过了考虑所决定的。可以志同道合，十分知心。你是我们最疼爱的孩子，有了你，我们才有了希望；你的妈妈，就是为了你，才放下她的笔，她的工作，她的战地工作的；为了你们，我们才觉得活下去是有意义的！这可算是第一封信。

开宗明义，我应该和你先谈些什么呢？从前有一位赵母，她的女儿出嫁了，临行时，这位母亲告诉她："千万莫做好的事！"她问道："妈，不要做好的事，难道叫我做坏事吗？"赵母慨然道："好的事尚且做不得，何况做坏事呢？"先前随随便便看了这段故事，也不觉得怎么样，今天，想把这个告诉你，才体味得赵母心间的酸苦，了解她所说这句话的沉痛。

我的一生，平凡极了！差不多过了三十年的教书匠生活；本本分分，既没有胆量做坏事，又没有能力做好事，一种庸庸碌碌的人。不幸有一段时期，欢喜弄弄笔杆，变成了"冒牌"的文人，戴上了这么一顶纸糊帽子。近十多年中，又做了新闻记者，"浪得虚名"；虚名者实祸之根有了名，就像有了影子，逃也逃不掉了！语云："一成文人，便不足观！"从前也不懂得这句话的深切，现在才知道世界上最不成器的，便是文人。"文人"也可说是文弱的人，手不能提，肩不能挑，脚不能走路；自我陶醉，说是"万般皆下品，唯有读书高"；其实，脱离了生产，缺乏生活上的技能，变成了依附统治阶级为生的废物——帮闲的清客。这样，鼻子穿在主人的手里，仰人鼻息，一生以贴标语喊口号过日子。这条求生的路子是很狭窄的，因此，投机取巧，造谣撞骗，诬陷中伤，下井投石，一切出卖灵魂的勾当，无所不至。他们的长衫是不容易脱下来的，所以主义、学说、道德仁义，都变成了他们"求生"的工具。我上回和你说起的《儒林外史》中人物，那个匡超人，的确不是坏人；他从农村中出来，一心一意向上，窗下勤修，孝父敬兄，是一有志的青年。刚入泮那年，做人也还做得不错；一中了举人或进士，进入仕宦之途，他的意识形态便完全改变了。帮过他的忙的人，都受了他的陷害；连第一个扶助他器重他的马二先生，也给他踹了一脚。这么一个本性纯厚的人，就给"文人"这一圈子害掉了。将来，你们长大了，记住我的话："脱下长衫，莫做文人"——抱关击柝，什么事都可以做，什么行当都可以自食其力，千万莫要做文人。

我曾叫你抄下了《儒林外史》最后的四个人，我最爱的是荆元。他有着做裁缝一套本领，不必依人为生，做那些达官贵人的清客；他吟诗做诗，只是写出自己的心怀，并不是附庸风雅；他也写文章，并不替什么圣人立言。这样，一个独立自尊，有完全人格的人，才算得真正的"人"，堂堂的一个人。

你的弟弟们，年纪还很小；等他们长大了，你可把我的话说给他们听。

＊　　＊　　＊　　＊

我知道你一直憧憬着我们自己故乡的山水胜景的，人事牵系，我总没有机会带你到家乡去住一些日子。现在，祖母住到上海来了，她自从嫁到曹家来，到去年恰好六十年；陈年故事，她会说给你们听的；将来，你把她所说的曹家故事写起来，就以《蒋畈六十年》为题吧，这六十年的兴废，包含着多少可悲喜的节目。

你总还记得那幅务本楼画册上的连环画；书中叙述太平军战后，我们曹家的故事。我们曹家，明正德年间，从金华迁居到浦江南乡来，便在刘源溪的下流蒋畈住下来了。三百年间，人丁衰索；初来时是一夫一妻，带着一个男孩子；到太平军乱后，一母，一子，一媳，还是一家三口；蒋畈是三家村，大树荫下，几间瓦屋，如斯而已。我们的祖先都是种田的，直到你们祖父梦岐先生，才有了第一个读书人。蒋畈地处浦江兰溪边区，烟赌之风很盛，游手好闲的人也很多；六十年前，那儿的社会环境很坏，坏得使每一个农家子弟不能站稳脚跟，来成家立业了。

祖母刘氏，她初来时，我们曹家，只有三间百年老屋；这三间老屋，还是我们高祖母钟氏用她的眼泪保留下来的。太平军战后，曾祖父永道公还只有十六岁，这个刀下留生的怯弱的小孩子，天天拾稗实以为食。母子两人，耕着一亩六分田以为生。后来，曾祖母唐氏来归了，婆媳两人帮着人家纺棉花；这样，一点一滴的汗血积累起来，六十年前，才从贫农爬到了小农的地位。那个环境中的小农，是不容易生存的，我们的高祖母，吃过了豪绅的竹板子，对胥吏下过跪。永道公一生也就忍气吞声，在呼喝叱斥声中唾面自干，这样挣扎着活下来的人。

梦岐先生，他是第一个挺起腰来和恶劣环境斗争起来的人。他首先争取了读书的机会；他读了书，就因为我们曹家三百多年并没有读过书的人，在浦江不是原籍，不许他去应试，到了考场便被浦江的秀才轰了出来。他是掮了宗谱到金华原籍考取了秀才回来的。从那以后，在浦江人眼中，我们是"金华佬"；这个封建观念，一直到了五四运动以后，才慢慢淡下去。你们的祖父他下杭州应乡试，那时候，便受了新民丛报的影响，回家以后，便绝意科举；清光绪廿八年，在那样乡僻地区办起小学了；他要用教育文化的力量，来改造恶劣的社会环境。他教弟子躬行实践，一个读书人，必须躬亲稼穑的工作。他提倡畜牧、纺织、森林，成就虽不十分大，他所着手的乃是生产教育。他自己的生活很严肃，管教我们很严格，我没见过和他这样言行一致的人。六十年前，刘源溪下流，原是烟赌地痞的世界；到了我们有了知识，已经成为文化水准最高的乡村了；我们那三家村的小村，也为乡人所共知了。

我们这一代，一般的意识形态，也还不十分走样；可也如匡超人那般，农民的意识淡了下去，小资产知识分子的意识浓起来了。在我的灵魂中，有着曾祖父那样吞声忍气的怯弱的成分，也有着祖父那样坚强不屈的反抗精神；"怯弱"与"反抗"交织的精神，贯彻到我的个人言动之中，乃形成了我今日的彷徨与苦闷。我们曹家的传统中，好似波浪在起伏；高祖母钟氏，她是很强韧的，她以刚胜柔，打开了那么艰苦的生活环境；曾父母那一代，走向相反的一面，非常懦柔；到了祖父，又是以刚强胜，他以刚胜柔，改造了那么黑暗的社会环境；到了我这一代，又变成退萎了，几乎时时想逃避现实呢！你们那一代，照说是该很坚强的了，你们不要以我为法，你们要记忆你们的祖父梦岐先生的伟大精神来！

★　　★　　★　　★

从前，颜之推（南北朝人）写了一部家训，说的都是平淡无奇的家常闲话；我现在也是"卑之，无甚高论"。（"卑之"断句，意谓浅近些说来；"无甚高论"，意谓"不必说太高深的理论"。）

现代大史家房龙（H.Van Loon），他曾说过一段最有意义的话："人的生命中，很少东西是完全好的，或完全坏的。很少东西是纯粹白的，或纯粹黑的。"他曾引他自己的事和例子：他是生长在一个新教国里，一个信仰新教最深的中心。他在十二岁前，从未见过任何天主教徒。他初次遇见他们，心里很觉不舒服；他有点怕他们。他知道阿尔巴公爵为惩治荷兰人对于路德与喀尔文的异教的信仰，在西班牙的教皇法庭上烧死、吊死并宰割了无数人的故事。很久以后，他在一个信奉天主教的国内住了许多年，他才发觉他们比新教国的人和善容让得多；他们的聪明，同他本国人的聪明，丝毫没有两样。使他大吃一惊的，他渐发觉宗教改革有旧教方面的，正如新教方面的看法一样。他说："十六、十七两世纪的好百姓，实际生活于宗教改革的时代，当然不能不如此看法。他们自己永远是对的，他们的敌人永远是错的。问题只是吊死别人，或是被别人吊死，任何方面都愿意吊死别人。"他的话就像我说的一般，所不同者，他说的是宗教斗争的情形，我要说的则是政治斗争中的情形。在"斗争"的圈子，是非、好坏、黑白，就是那么一回事；好的未必好，坏的未必坏；昨天捧之上天，今天摔之入地，黑白每每是倒置了的。所以，许多大道理，大问题，说了也等于不说，我并不想叫你坠入这样的云雾中去的。

假如我死了，一定有许多人在拍手称快，要运用他们的幻想来构成对我的诬蔑与嘲弄。你们应该知道你们的父亲，只是一个不好不坏，可好可坏，有时好有时坏的人。他所想的所说的大体都是对的，他所做的或许有点儿折扣，社会上所有批评他的话，几乎没有一句是中肯的。他一生是孤独的，但他站在热闹的斗争的边缘上；他最不爱写文章，但他却不能不靠卖文以为活；他从来与世无争，处处让人，不幸却落在最爱相轻相妒的文人圈里。到了今日，世人怎么样说，过眼烟云，我一概不管；我有了一个生平的知己，你们的妈妈，她是真正了解我，她会无视那些世俗的议论，把你们父亲的灵魂说给你们听的。

孩子们，我是不会拖着你们的脚跟，妨碍你们的前进的；但是，我得把我一生所经历的曲折，所体味的辛酸说给你们听。你们要相信你们妈妈的话，她会成为你们最好的手杖，当你们爬山感到了困难的时候。

（《采访二记》前记（1954年））

寄雷女，平、闲二儿

（第一信）①

雷女，平、闲二儿：（这封信不一定要送给你们妈妈看的。）

我要写这封信，差不多一年多了；因为身体一直不好，就拖着，拖着，拖过春、夏、秋、冬，又是春天了。身体呢？去年不及前年，今年又不及去年，要想一气写成，怕的不可能了。我就这么一段一段地写，仿佛宋明理学家的语录一样，想到什么就写什么。你们要问我什么也可以插进来写。

"人之相知，贵相知心"。"知心"实难，所谓："万两黄金容易得，知心一个也难求"是也。贾宝玉所痴恋的那［么］多人，演戏者把化［他］演成爱情专一，那就错了；不过，林黛玉乃是他的知心人，所以两人会时常吵嘴的。你们是否了解我呢？眼前怕的未必，也许你们到中年以后，才会记起你们父亲是怎么一种人。正如我对你们祖父，直到他临死那一年，他卧病在床，才了解他是多么温情的人。所以朱自清先生的《背影》，会那么感动人；在我看来，你们的妈妈，在南京的叔叔，和曹礼吾兄，才是我的知己。（夫妻不一定是知己，兄弟也不一定互相了解，即如你们的堂兄弟，大伯那些孩子们，对于大伯的性格也不了解；这些话，等你们长大了，结了婚，有了孩子，才会明白的。）

古人说：到了五十岁，才了解四十九年来的失着，所谓"悔不当初"是也。但人生只是一趟过，逝者如斯夫，倒掉了牛奶哭不回来的。我并没说我做错了什么，也没说没做错了什么；许多事，都是"形势比人强"，

---

① 原信手迹上有"（第一信）"字样。另，信中凡"［ ］"处为纠补原文中的错字或漏字，以及注解。——曹雷

在那情势之中，不得不如此的。我是研究历史的，而且很早就研究唯物辩证法，知道"存在决定意识形态"的道理，许多事在我都是存疑的。即如我和你妈妈的恋爱，别人怎么想法我不知道，但别人有批评的可能，你们就没有批评的权利，因为，先有我和你妈妈的恋爱，才会有你们的存在，是不是？而且，我替你们找了这么一位合理想的妈妈，你们对我还能有什么批评？在我反省中，也觉得痴恋你妈妈在我一生，并不是失着；至于你们妈妈，一半为着我，一半为着你们，牺牲了她自己，在我真是一生负疚的。（雷女该记得有一天在乐平，我们说到吴淞海滨喝茶看海的事，你闹了，怪我们不带你去，我们都笑了，那时还没有你，怎么能带你去呢？你是吴淞游后第三天［年］，才进入我们圈子来的。）但，我是不相信灵魂的存在的，来世报恩的话，徒虚语耳。

不久以来［前］在巴黎逝世的英国老作家毛姆，他死时已经九十一岁，他的小说、戏剧反映他的人生哲学的很多，最有名的一本叫《人生枷锁》，他总觉得人之一生，每每"机遇"弄人。这话，等到你们中年以后就会明白，这是用不着辩解，自然而然会启悟的。即如我和你妈相爱，起码条件是要彼此相识；而我的到务本女中教书，以及你妈留在务本一年，都是十分偶然的，所以，佛家归之于缘。缘至则聚，缘尽则散，这也是不解释的解释。又如一九三九年，我在福州、温州沿海地区迎接你妈，不知碰了多少意外，几乎绝望了；在宁波的意外相遇，真是天外大喜事。战时自会有这么的巧事。雷女闯入我们生活圈中来，对于我们生活史是重大的转折点。战时内地城市实在无法定居下来，只有赣州是合上条件的，这是留在赣南的主因。我们原想雷女一出世，就带着向西南那一带去；我在长沙还租下了一所房子呢！哪知，你妈的奶头破碎，不便喂奶，只好找奶妈来喂。我们总不能带奶妈在战场上转来转去，只好在赣州生根了。

就因为在赣州生过根，所以，我到海外来找生活的路子；也就因为我在赣州生过根，北京方面把国家重任放在我的肩膀上。归根推原，还是和雷女进入我们圈子有关。其间，还有点插曲：在《前线日报》圈子中，我和宦乡兄都算是想问题、看远景的记者，我们相约到延安去，看看解放区的实际情况再作打算。哪知就在那段时期，霆女在乐平病逝了，你妈是受了极大的精神打击，我也万念俱灰。而宦兄受了打击，非离开《前线》不可；马兄［指马树礼先生］第二期肺病，吐了血，进了医院；邢兄［指邢颂文先生］在上饶，结束社务。在最吃重时期，我只能留在《前线》。这便是情势迫得我非到海外来不可的主因之一。

在这大变动时期你们不知道求解决生活的困难，我原想到香港教书，可是，香港教师，大多数非说广东话、英文不行，而且要香港政府注册。待遇呢，除非官立学校，能有每月千元以上薪金，私立学校只有三四百元一月，能养活你们这一群人吗？于是，我非进报馆写稿不可。香港写稿，我们最高只有十元一千字，我替《星岛》写稿，每月一千一百元，每天要写三四千字。比之三十年前上海的稿费，只能算是二角钱一千字。（先前，我替《申报·自由谈》写稿，五元一千字。）我既不会写小说，又不会编剧本，只靠写散文、随笔拿稿费，那真苦极了。开头那几年，我汇寄的钱那么少，上海生活还能好好过着，那全靠你妈的"巧妇"持家了。我如今只有一句话可以对得起你们，我没空闲过一天，天天写稿，把你们养大了，一半也是你妈妈的能干。

下回再写。

［没留年月日，约在1966年下半年］

寄雷女

雷女：

好久想写这封信给你们，一直拖着没写；三年前，曾动手写过一封，却又没精力再写下去。不过，时间是许多事最好的见证，到今天许多话，我不说，比说了更好。

　　十多年前，那时，徐懋庸兄在武汉大学任总务主任职，有一回，四弟经过武汉，他向他提起了我；他表示了很关心我。四弟写信给我，叫我去找徐兄。他说："今日之事，绝没有刘备三顾茅庐的事了。"我想这话也有道理，但我并没去找徐兄。有一回，你妈特地向我提到沈端先兄，那更说得对了；海外文化工作，多少和他有关系的。我曾去了信，他也回了信，这便是接上头了。但我后来到北京去，和沈兄并没关系的。后来，沈兄在北京也招待了我和你妈，四年前沈兄和茅盾兄从埃及回来，过了香港，也特地找了我和灵凤兄（指叶灵凤先生）畅叙了。如今想来，当年，认为找徐兄找沈兄是找对了路，十五年后，也许又会是一种负累呢！所以，天下事，不可想得太天真的。雷女，你的毛病，就是太天真，天真是可爱的，但处世并不只是谈恋爱呢！范长江兄告诉我一段人生经验："做人不能不摆好防守的棋势，害人之心不可有，防人之心不可无。"你结了婚，该明白这一种做人的道理了吧？

　　十九年前，我应不应该到海外来闯天下呢？在当时，你妈真有千个万个不情愿，但这一家的担子谁来挑呢？我不能说一句空口漂亮话，说大家一齐挨苦就是了。我咬下牙关，决定到海外来做事找钱养家，闷声不响，自己多吃点苦。那时你们年轻，是不懂这番道理的。别人以为，我到了海外，一定会远走高飞了。我一心向往北京，而且慢慢走上为祖国效力的路子，和别人的想法绝不相同。我的文章，在海外造成了权威地位，这便是我生存下来的基本条件。社会革命，乃是我们年轻〔时〕的理想，我为祖国效命，也就是实现自己的理想。我虽违背了对你妈的"永不离别"的诺言，但处在这么伟大的时代，我能天真地开自己的玩笑？到了今天，你们也该明白我十九年前的决志南来，并不是走错了棋了吧？

　　当然，我在壮年时期，虽说是研究历史，从事新闻工作，也决〔想〕不〔到〕把你妈拖到这么艰苦的旅途中来了。当然，没有那一段恋爱，你妈的肩上，担子不会这么重的。但，没有这段恋爱，也就不会有了你们，所以从你们说，我这个爸爸总算替你们找了一个最贤能的妈妈了！我欠你妈的债很重很重，此生还不了，但对你们，却算对得起了。十九年来，我的孤独寂寞生活，只有窗外月知道。我要是不会写文章的话，我早变成疯子了。

　　今天，我就说到这儿为止。祝

外婆、妈妈和你们好！

父字　十二月四日［1969年］

曹聚仁年谱

回忆曹聚仁

HUIYI CAOJUREN

曹聚仁年谱

曹雷　曹臻　编订

1900—1910年

1900年6月26日出生于浙江省浦江、兰溪、义乌三县交界处的南乡蒋畈村。该地原属浦江县，60年代后划归兰溪。

父亲曹梦岐。

母亲刘香梅。

因出生那年，父亲曹梦岐所办育才学堂新盖一厅堂，故乳名为"厅寿"。后笔名"挺岫"由此谐音而来。

其他笔名有：陈思、韩泽、丁舟、丁秀、土老儿、天龙、云亭山人、沁园、阿挺、尾生、赵天一、袁大郎、姬旦、彭观清、涛声等。

幼年早慧，4岁念完《四书》，12岁能写千字祭文。自幼受父亲及朱芷春老师影响较深。

1905年，正式入读父亲办的育才两等学堂。

1911—1915年

1912年，毕业于私立育才两等学堂。

1913年春，就读于金华浙江省立第七中学。

1915年秋，考入浙江省立第一师范学校预科。

1916—1920年

1916年，升入本科。

教师有夏丏尊、陈望道、刘大白、李叔同、单不庵等，后有朱自清、俞平伯等。

师承单不庵。校长经子渊。

1919年，受五四运动影响，参加学潮。

"非孝"事件——一师同学施存统在革命思想影响下，组织"新生"学会，出版《浙江新潮》周刊，并发表反对片面伦理的文章《非孝》。激进的观点引起校内外乃至全国的辩论。同学凌独见办了《独见周刊》，大骂施存统，引起公愤。学生自治会组织法庭"公审"凌氏，曹也是审判员之一。对凌的批判受到陈独秀的支持。后，曹等13人办起《钱江评论》，做拥护新文化的工作。

1919年秋，担任一师学生自治会主席。

先后接待约翰·杜威（John Dewey）、伯特兰·罗素（Bertrand Russell）到杭州讲演。

"留经运动"——"非孝"事件在一师爆出，浙江省当局要追究责任，便据此撤了经子渊校长的职，附带要解除刘大白、陈望道、夏丏尊、李次94位教师（都是新文化运动主将）的职务，受到了学生和进步教师的反对。这一新旧势力的较量，引起了一师学潮，并受到社会广泛关注。当时曹作为学生自治会主席，是学潮的组织宣传者之一。

1921年

夏，毕业于浙江省立第一师范学校。

去武汉报考武昌高师，因患疟疾误期。

回经上海。9月，经陈望道师介绍，认识邵力子先生；并由邵力子推荐，在川沙县立小学做高小一年级级任老师。

同年12月，在邵力子主编的《民国日报》副刊《觉悟》上发表第一篇文章：《失望的旅行》，刊登于16日、18日、19日、20日、22日、23日各期上。

1922年

从川沙回上海，经邵力子介绍，在新闸路陕西盐商吴怀琛家做家庭教师。（前后三年）

4月至6月，章太炎先生在上海作国学研究的公开讲学，共十讲。曹去听讲并记录，后将记录整理出版，书名为《国学概论》，由上海泰东图书局初版。至今由多家出版社共出34版（不包括近年大陆出的版本）。其中，日文两版。自此被章太炎收为入门弟子。

1923—1924年

5月，和陈望道、柳亚子等八人发起组织"新南社"。

被上海艺术专科学院聘为国文教授，教授国文及社会教育学。（前后一年）

兼民国女中教课。

于上海大学附中部教国文。

于上海艺术大学教国文。校长陈望道，董事长吴稚晖。（前后一年）

由叶楚伧介绍到路矿学院教书。（前后一年多）

1923年秋，在新闸路主持沧笙公学。

1925年

秋，任国立暨南大学国文教师。

10月，任暨南大学商学院国文教授。校长姜琦。

出版《国故学大纲》，上海梁溪图书馆出版。

编辑出版《处女集》（集7位女青年的处女作），上海梁溪图书馆出版。

出版《一般社会学》，上海民智书局出版。

编辑出版《卷耳讨论集》，上海梁溪图书馆出版。

编辑出版《古史讨论集》，上海梁溪图书馆出版。（1937年上海时代书局重版，1947年再版）

1926年

出版《中国平民文学概况》，上海梁溪图书馆出版。

1927年

任暨南大学教授兼中学部主任。（姜琦辞职，郑洪年继任校长）住真如杨家桥。

北伐军到南昌，震动东南。五省联军统帅孙传芳下令暨大停课，并驱赶学生。只得移住新闸路金家巷。上海大罢市前夕，又搬回真如。

夏，见大革命失败，极度失望之余，去杭州浙江图书馆，在"文澜阁"整理《四库全书》，以图远离政治，前后约半年。终觉故书堆不是年轻人久待之地，于年底返沪。

12月21日，鲁迅至暨南大学讲演，题为《文艺与政治的歧途》，曹做记录，发表于26日《新闻报》副刊《学海》（后收入鲁迅《集外集》）。此乃曹与鲁迅交往的开始。

1928—1929年

1928年春，回暨南大学。教书以外，兼任秘书处主任秘书。

1930年

出版《中国史学ABC》，上海世界书局出版。

编辑出版《书信甲选》，上海群众图书公司出版。

编辑出版《小品文甲选》，上海群众图书公司出版。

1931年

"九一八"事变前后，办起《涛声》周刊杂志。以"乌鸦"为标记，标榜"虚无主义"，对时局作"赤膊打仗，拼死拼活"的呐喊。8月15日创刊号出版。

为陈灵犀主编的《社会日报》撰写社论，每日一篇。因激主抗日，常被当局检查机关"开天窗"（被删节或删除）。

编辑出版《散文甲选》，上海群众图书公司出版。（1932年重版）

编辑出版《小说甲选》，上海群众图书公司出版。

出版《老子集注》（范应元集注直解、曹聚仁增订），上海群学社出版。（1937年三版）

1932年

"一·二八"沪战发生。1月30日《涛声》中停。

夏，随暨大中学部避难苏州（时任暨大中学部主任），移居苏州网师园。

秋，回沪。

10月15日，《涛声》复刊。曾收到署名"罗抚"的文章：《论赴难和逃难》。这是鲁迅为《涛声》写稿的开始，也是二人友谊的开始。

力主抗日，被当局忌恨，遭暨南大学无理解聘。

冬，离暨大，任教复旦大学，兼教大夏、中公、持志等大学。

1933年

5月，为出版《守常全集》，请鲁迅写了《守常全集题记》，开始和鲁迅通信来往。

10月14日，在上海福州路小花园都益处菜馆开"新南社"成立大会。

《涛声》两周年，鲁迅写了《祝涛声》。

11月25日，《涛声》被当局封禁。

1934年

5月5日，"新南社"第二次聚会。地址同上。

6月，和陈望道、叶圣陶、陈子展、徐懋庸、乐嗣炳、夏丏尊等一共7人座谈，提倡"大众语"。后陆续在《申报·自由谈》发表文章，讨论此问题。应曹请求，鲁迅在"自由谈"发表《门外文谈》，支持讨论。

10月10日，"新南社"第三次聚会，地点在新世界西餐部。

到务本女中教国文。

陈望道主编的《太白》半月刊问世，曹为编委之一。

前后登载杂文的报纸有：《申报·自由谈》《社会日报》《辛报》《立报》《大美晚报》等。

参与编辑的刊物有：《涛声周刊》《芒种半月刊》《太白》《论语》等。

1935年

3月，与徐懋庸合创《芒种》半月刊。与林语堂展开论战。

编辑出版《懋庸小品文选》，上海天马书店出版。

出版《笔端》，上海天马书店出版。（1988年上海书店影印）

为《社会日报》写社论，抨击当局的不抵抗主义，仍常被当局"开天窗"。

开始为海外"星系"报纸写专栏。

1936年

1月28日，淞沪抗战四周年纪念日，成立上海各界救国联合会，在上海湖社公开选举，曹以120票，被推举为11理事之一。

2月7日（元宵），在福州路同兴楼举行南社纪念会。

至鲁迅逝世止，共收到鲁来信44封。

出版《国故零简》，上海龙虎书店出版。

出版《文笔散策》，上海商务印书馆出版。

出版《元人论曲》，上海商务印书馆出版。

1937年

出版《文思》，上海北新书店出版。（1956年新加坡创垦出版社重版。1987年上海书店影印）

编辑《鲁迅手册》，未及成书，"八一三"战事起，匆匆上了战场，由妻邓珂云编校完成，交上海群众图书公司出版。（1946年上海博览书店重版）

8月下旬，住进八十八师司令部。"八一三"上海战争爆发，决心放下教鞭，走上战场。后随八十八师进入四行仓库，成为战地记者，不断向外发战讯，为各报及外电所引用。

10月，我军撤出四行仓库，曹暂回租界。

11月底，取道宁波，寻找部队。

12月，杭州失守，随部队撤退。

1938年

春，到武汉找到八十八师。

为中央通讯社发战地消息；为海内外各报写战地通讯。

3月下旬与妻到徐州前线。采访了台儿庄大战，并首先发布了台儿庄之战告捷的消息。

西行至河南开封、郑州、洛阳一带。7月经郑州抵武汉、长沙，由长沙往南昌。

武汉失守后，即奔波于大江沿线。

秋，在皖南。从皖南到上饶，在鹅湖信江师范讲演，重温"鹅湖之会"的历史。

冬，到鹰潭。

1939年

春，到金华。在金华中国旅行社采访军事委员会政治部副部长周恩来。（当时周为消弭国共间的矛盾，受党委托，专程到新四军驻地及东南

各地巡视）

春夏，在沿海福建、温州一带巡行。后转至余姚、上虞、白官一带采访。

夏秋之交，经丽水、永康到浙南龙泉（中秋之日）。南行入闽，至闽北浦城小住一月，整理文稿。

至南平、光泽，西行入赣。经黎川至南城、临川，奔走于抚河沿线。

因妻怀孕，两次从马背摔落，不堪旅途颠簸，遂于39年冬由临川经吉安、泰和，在春节前到达江西赣州，决定暂住产儿。

1940年

出版《大江南线》，上饶战地图书出版社出版。（1945年上海复兴出版社重版）

继续江西一带采访。

1941年

往来赣闽桂粤之间。

1942年

春节期间，蒋经国来访。自此，与蒋经国有了交往。

7月21日，应蒋经国之邀，出面主持《正气日报》。

1943年

曾准备出玉门关去担任《新疆日报》社务，后因新疆人事变动，未成。

初，随蒋经国到大后方重庆，并到桂林等地。本想扩展《正气日报》桂林版，并请萨空了先生主持，不料发现《正气日报》已卷入国民党内党派之争，并为CC派所觊觎，萨亦受牵累。考虑到自己是个无党派人士，对此等事甚为厌恶，遂决心离开《正气日报》。

7月下旬，回赣州后辞去《正气日报》所有职务。

1944年

由宦乡推荐入上饶《前线日报》工作，任《前线周刊》总主笔。

日军逼近赣州，举家借道宁都、南城、鹰潭，逃难至江西乐平。

1945年

8月，抗战胜利。经上饶至杭州，采访受降典礼。

出版战时小丛刊《轰炸下的南中国》（曹聚仁等合著），上海复兴出版社出版。

出版战时小丛刊《东线血战记》（曹聚仁等合著），上海复兴出版社出版。

1946年

春节前，举家由水路返沪。

仍在已迁至上海的《前线日报》工作。

应俞颂华之邀到苏州社教学院任教。

出版《论议文》，上海博览书店出版。

撰写《中国抗战画史》。

1947年

夏，出版《中国抗战画史》（曹聚仁文、舒宗侨图片），上海《联合画报》社出版。（1988年北京中国书店影印）

编辑出版《现代名家书信》，上海群众图书公司出版。

兼法学院教职。

秋，又去苏州国立社教学院兼职，接替俞颂华先生遗留的教务。

1948年

出版《蒋经国论》，上海联合画报社出版。（50年代在香港改写重版。1997年台湾一桥出版社将上海、香港两版合一，在台湾出版）

到南京采访"国大"。曾向蒋经国进言。

任前进中学校长。

国共内战时期，为香港《星岛日报》、福州《星闽日报》以特派记者名义写过不少政论文章。文中坚持不用侮辱性的"匪"字，而用"共方"或"共军"。

1949年

新中国成立前夕，《前线日报》社迁往台湾，曹拒绝同往。

1950年

夏，赴香港谋生。

9月，在香港《星岛日报》上发表抵港后的第一篇文章：《我从光明中来》。

在《星岛日报》连续发表专栏文章，引起右派的攻击和左派的批评。当时的专栏有：《新事十论》《门外谈兵》等。

1952年

出版《到新文艺之路》，香港创垦出版社出版。

出版《中国剪影一集》，新加坡创垦出版社出版。

出版《中国剪影二集》，新加坡创垦出版社出版。

出版《现代文艺手册》，香港现代书店出版。

出版《新事十论》，香港创垦出版社出版。

1953年

出版《火网尘痕录》，马来亚周刊出版。（1954年改名《文坛三忆》，香港创垦出版社重版。本书略加修改后收入作者回忆录《我与我的世界》）

出版《中国近百年史话》，香港创垦出版社出版。

因《星岛日报》右转，林蔼民、潘石澄先后离开，遂亦离开。转至新加

坡《南洋商报》，任驻港记者。

1954年

创作出版小说《酒店》，香港创垦出版社出版。

出版《鱼龙集》，香港激流书店出版。

出版《书林新话》，香港远东图书公司出版。（1987年北京三联书店重版）

出版《文坛五十年》，香港新文化出版社出版。（1973年重版）

1955年

出版《国文略读指导》（朱自清原著、曹聚仁增订），香港创垦出版社出版。

出版《乱世哲学》，香港创垦出版社出版。

出版《新红学发微》，香港创垦出版社出版。

出版《观变手记》，香港创垦出版社出版。

出版《文坛五十年 续集》，香港世界出版社出版。（1973年香港新文化出版社重版。1997年，正、续两集合一，由上海东方出版中心出版。）

出版《采访外记》，香港创垦出版社出版。

出版《采访二记》，香港创垦出版社出版。（1962年重版）

出版《采访三记》，香港创垦出版社出版。（1957年重版）

1956年

出版《采访新记》，香港创垦出版社出版。

出版《山水·思想·人物》，香港开源书店出版。

出版《中国文学概要》，香港世界出版社出版。

出版《鲁迅评传》，香港世界出版社出版。（1987年香港东西文化事业公司重版。1999年上海东方出版中心重版）

春，写一信，由妻邓珂云转寄北京邵力子，提出为国家统一，愿做桥梁，前去北京。

不久，收到由妻转来邵力子简函，表示欢迎。

7月1日，抵广州，4日飞北京。身份为新加坡《南洋商报》特派员，也是新加坡工商代表团的随团记者。

7月16日，周恩来在颐和园接见曹。在场有陈毅、邵力子、张治中、屈武等人。详情见曹文《颐和园一夕谈》。

7月下旬，自北京到上海。

8月初，返港。

8月底，到京。

9月1日下午，参加齐白石老人和平奖金授奖典礼。周总理亦出席。

10月1日，应邀与妻参加国庆观礼。

10月3日，毛泽东在中南海居仁堂接见曹。（毛未出席同时举行的欢迎印尼总统苏加诺的大会）

10月7日，周恩来宴请并同曹谈话。陪同有张治中、邵力子、徐冰、屈武、童小鹏、罗青长等人。

10月12日，匆匆返港。

在上海出席鲁迅迁墓仪式。

1957年

4月，抵京，并出席欢迎苏联部长会议主席伏罗希洛夫的国宴，与毛泽东同席。

采访原国民党五将领。

5月5日，再次到京。周总理接见后，即离京去庐山、溪口访问。路经武汉（6月13日左右）、九江（在庐山一周）、上海、绍兴、宁波、杭州等地。

在绍兴参观了鲁迅纪念馆，并在留言簿上题诗一首。

7月14日，由上海返港。

出版《采访本记》，香港创垦出版社出版。

出版《蒋畈六十年》，香港创垦出版社出版。

出版《北行小语》，香港三育图书文具公司出版。（1962年重版。1973年再版。）

年底，到北京。在京过1958年元旦。

1958年

冬初（郑振铎飞机失事而亡后数日），飞回上海，不久即飞广州，返港。

2月12日，又一次到京。

2月24日，与陈毅相见。

3月中旬，与陈叔通、邵力子一行到安东（今丹东）迎接志愿军回国。

8月，台湾海峡局势紧张。再次抵京。

8月18日，毛泽东在中南海住处接见。

9月8日，周恩来接见。

9月10日，周恩来接见。后匆匆返港。

10月初，又到北京。

10月13日，周恩来陪同毛泽东一起接见曹聚仁。

10月15日，周恩来接见。

10月17日，周恩来接见。

1959年

8月，到京。正值庐山会议期间。被安排与妻同游东北三省。回京后参加国庆十周年庆典。

10月24日，周恩来接见。

11月，经上海返港。

（据曹在文章中说50年代曾回大陆11次。）

10月16日，与林蔼民创办《循环日报》《循环午报》《循环晚报》（据曹说是受周恩来所托）。曹任日报主笔。后三报合为《正午报》。

1960年

出版《北行二语》，香港三育图书文具公司出版。（1965年、1970年、1973年重印）

出版《北行三语》，香港三育图书文具公司出版。（1970年、1973年重印）

1963年

编辑出版《现代中国报告文学选》（甲编），香港三育图书文具公司出版。（1972年、1974年重印）

出版《人事新语》，香港益群出版社出版。

出版《蒋百里评传》，香港三育图书文具公司出版。（1998年台湾一桥出版社重版）

1964年

出版《小说新语》，香港南苑书店出版。

编辑出版《现代中国报告文学选》（乙编），香港三育图书文具公司出版。（1972年、1974年重印）

1966年

春，校对《知堂回想录》，付排，中停。

出版《万里行记》，香港三育图书文具公司出版。（1983年福建人民出版社重编出版）

1967年

出版《鲁迅年谱》，香港三育图书文具公司出版。

出版《现代中国通鉴》（甲编），香港三育图书文具公司出版。（1973年重印）

《现代中国通鉴》原计划写五编，收集资料多年。甲编出版后，作者感到第三编资料较齐，准备着手编写，后因病逝，未完成。）

夏，患胆囊炎，住香港广华医院手术。卧床2月。

出版《浮过了生命海》，香港三育图书文具公司出版。（1974年重印）

1968年

秋，商之新加坡李引桐，《知堂回想录》于9月23日开始在《南洋商报》连载，共十个月。

1970年

5月，《知堂回想录》由香港三育图书文具公司出版。

写《听涛室随笔》，在《晶报》连载。

1971年

出版时事小说《秦淮感旧录》，香港三育图书文具公司出版。（1974年重印）

编辑出版《今日北京》，香港南天书业公司出版。

编辑出版《旧日京华》，香港南天书业公司出版。

编著《现代中国剧曲影艺集成》，香港南天书业公司出版。

写自传《我与我的世界》，在《晶报》连载。

1972年

病重。5月移居澳门，于镜湖医院治疗。

病榻上仍写稿。《我与我的世界》未能完成。

7月23日，病逝澳门。

7月26日，在镜湖殡仪馆举行公祭仪式，由治丧委员会主任费彝民先生主持，港澳各界及生前好友数百人参加。

出版《我与我的世界》第一部分，香港三育图书文具公司出版。

附：逝世后著作整理出版情况

1973年

出版《听涛室随笔》，书名改为《国学十二讲》，香港三育图书文具公司出版。

1982年

《我与我的世界》在北京《新文学史料》杂志连载。

1983年

《我与我的世界》第一部分，由北京人民文学出版社出版，这是50年代以后大陆首次出版曹的著作。

1985年

出版《听涛室剧话》，由长女曹雷根据作者生前有关戏剧的文字整理，中国戏剧出版社出版。

1986年

出版《中国学术思想史随笔》，根据港版《国学十二讲》整理重版，北京三联书店出版。后再版多次。

1987年

出版《书林新话》，北京三联书店出版。

1991年

出版《曹聚仁散文选集》，百花文艺出版社出版。

1993年

出版《论杜诗及其它》，由邓珂云、曹雷根据作者生前留下手稿整理，上海教育出版社出版。

1994年

出版《曹聚仁杂文集》，北京三联书店出版。

1995年

出版《曹聚仁文选》（上、下），中国广播电视出版社出版。

1996年

出版《上海春秋》，由邓珂云、曹雷根据作者生前留下手稿整理，上海人民出版社出版。

1997年

出版《二十世纪中国作家怀人散文·曹聚仁集》，知识出版社出版。

出版《文坛五十年》，上海东方出版中心出版。

1998年

出版《曹聚仁书话》，由曹雷根据作者生前留下手稿整理，北京出版社出版。

出版《听涛室人物谭》，由曹雷根据作者生前留下手稿整理，上海人民出版社出版。

出版《香港文丛·曹聚仁卷》，由邓珂云、曹雷根据作者生前留下手稿整理，香港三联书店出版。

1999年

出版《鲁迅评传》，上海东方出版中心出版。

出版《书林又话》，上海书店出版社出版。

2000年

出版《万里行记》，北京三联书店出版。

出版《天一阁人物谭》，由曹雷根据作者生前为香港报纸撰写的专栏文章整理，上海人民出版社出版。

2001年

出版《我与我的世界：曹聚仁回忆录》（上、下），增补了第二部分，北岳文艺出版社出版。

2002年

出版《北行小语》，北京三联书店出版。

出版《浮过了生命海》，上海辞书出版社出版。

2003年

出版《中国近百年史话》，香港三联书店出版。

出版《文坛三忆》，北京三联书店出版。

出版《中国学术思想史随笔》（修订版），北京三联书店出版。

2004年

出版《曹聚仁散文选集》（第二版），百花文艺出版社出版。

2005年

出版《万里行二记》，北京三联书店出版。

出版《上海春秋》，北京三联书店出版。

2006年

出版《鲁迅评传》，上海复旦大学出版社出版。

2007年

出版《人事新语》，北京三联书店出版。

出版《山水·思想·人物》，北京三联书店出版。

出版《采访外记　采访二记》，北京三联书店出版。

出版《采访三记　采访新记》，北京三联书店出版。

出版《听涛室人物谭》，北京三联书店出版。

出版《天一阁人物谭》，北京三联书店出版。

出版《文笔散策 文思》，北京三联书店出版。

2008年

出版《采访本记》，北京三联书店出版。

出版《中国近百年史话》，北京三联书店出版。

2009年

出版《蒋经国论》，人民出版社出版。

2010年

出版《蒋百里评传》，东方出版社出版。

出版《书林新话（修订版）》，北京三联书店出版。

出版《书林又话（修订版）》，北京三联书店出版。

出版《书林三话》，北京三联书店出版。

出版《笔端》，北京三联书店出版。

出版《文坛五十年（正编、续编）》，北京三联书店出版。

出版《中国近百年史话　蒋畈六十年》，北京三联书店出版。

2011年

出版《中国抗战画史》（上、下）(平装版)，中国文史出版社出版。（2013年出版精装版）

出版《鲁迅年谱》，北京三联书店出版。

出版《鲁迅评传》，北京三联书店出版。

出版《我与我的世界：曹聚仁回忆录（修订版）　浮过了生命海》（上、下），北京三联书店出版。

2015年

出版《一个战地记者的抗战史》（上、下），东方出版社出版。

出版《香港当代作家作品选集·曹聚仁卷》，由孙女曹臻编辑，香港天地图书出版。

荣获中共中央国务院、中央军委颁发"中国人民抗日战争胜利70周年纪念章"。

2016年

出版《将将之将：蒋百里评传》，新星出版社出版。

编后记

曹聚仁先生（1900年6月—1972年7月）是我国著名的爱国人士、新闻记者和文史学家，浙江浦江县人。1915年入杭州浙江省立第一师范学校，并参与五四运动。1921年夏来到上海，进入文坛报界，先后任上海暨南大学、复旦大学等校讲师、教授。30年代初与鲁迅结识，并建立了深谊。常有往来，常通书信。于鲁迅逝世后，先后编著有《鲁迅手册》《鲁迅评传》和《鲁迅年谱》等著作。1937年全面抗战开始后，执笔从戎，出任战地记者，辗转南北。1950年定居香港，曾多次返大陆致力于台湾回归祖国的统一大业，并受到毛泽东、周恩来等的亲切接见。1972年7月23日病逝于澳门。一生著述丰厚，达4000余万字，学识渊博。

为了纪念曹聚仁先生百年诞辰，彰显他在中国现代文学、新闻出版和学术文化史上的贡献，有助于人们了解他的生平行事和道德文章、学习他的爱国主义精神，研究他的学术思想，同时也为现代文学史、新闻史和文化史积累有益的参考资料，我们决定编辑出版《曹聚仁先生纪念集》。

征稿工作自去年12月下旬开始，蒙曹先生的生前友好、同事、学生和亲属，以及专家学者大力支持，拨冗命笔，赐掷大作，现已编就。在此，谨致谢忱。

集中部分文章，如夏衍先生的《怀曹聚仁》、邓珂云先生的一组文章等，系先前已发表过的文章，因切合本书的命意题旨，这次也一并收集，其中有的文章在收入时由编者加了标题，个别明显的舛误，迳作了改正。

特此说明。

......

由于水平有限，兼以时间匆促，编校中一定还有错讹疏漏，欢迎读者批评指正。

2000年5月

本版说明：《曹聚仁先生纪念集》2000年曾作为上海史资料选辑第九十六辑出版，现收入本丛书更名为《回忆曹聚仁》。本版收录的曹聚仁年谱是曹聚仁家人提供的最新资料。

2018年7月

图书在版编目（CIP）数据

回忆曹聚仁/上海市政协文史资料委员会编；上海鲁迅纪念馆编. —北京：中国文史出版社，2018.1

（文史资料百部经典文库）

ISBN 978 - 7 - 5034 - 9737 - 7

Ⅰ.①回… Ⅱ.①上…②上… Ⅲ.①曹聚仁（1900—1972）—回忆录 Ⅳ.①K825.5

中国版本图书馆 CIP 数据核字（2017）第 269252 号

责任编辑： 张蕊燕

出版发行：**中国文史出版社**

社　　址：北京市西城区太平桥大街 23 号　　邮编：100811

电　　话：010 - 66173572　66168268　66192736（发行部）

传　　真：010 - 66192703

印　　装：北京新华印刷有限公司

经　　销：全国新华书店

开　　本：16 开

印　　张：22.25　　字数：319 千字

版　　次：2018 年 8 月北京第 1 版

印　　次：2018 年 8 月第 1 次印刷

定　　价：69.80 元
